献礼中国共产党百年华诞

新时代国家治理现代化研究丛书
编委会

- ◇ **顾　问**：李景源（中国社会科学院）
  　　　　　赵剑英（中国社会科学出版社）

- ◇ **主　编**：欧阳康（华中科技大学）
- ◇ **副主编**：杜志章（华中科技大学）
  　　　　　吴　畏（华中科技大学）

- ◇ **编　委**：（以姓氏拼音排序）
  　　　　　杜志章（华中科技大学）
  　　　　　李　钊（江西财经大学）
  　　　　　欧阳康（华中科技大学）
  　　　　　吴　畏（华中科技大学）
  　　　　　杨华祥（武汉轻工大学）
  　　　　　杨述明（湖北省社会科学院）
  　　　　　叶学平（湖北省社会科学院）
  　　　　　虞崇胜（武汉大学）
  　　　　　张　毅（华中科技大学）
  　　　　　赵泽林（华中科技大学）

湖北省公益学术著作出版专项资金资助项目
新时代国家治理现代化研究丛书
丛书主编　欧阳康

华中科技大学
国家治理研究院

◇ 国家社会科学基金重大项目"大数据驱动地方治理现代化综合研究"（项目批准号：19ZDA113）成果
◇ 华中科技大学文科学术著作出版基金资助成果
◇ 华中科技大学文科"双一流"建设项目基金资助成果
◇ 华中科技大学自主创新研究基金"公共卫生安全、超大城市治理与国家治理现代化"项目资助成果

国家治理现代化理论与实践研究

欧阳康◎著

华中科技大学出版社
http://www.hustp.com
中国·武汉

图书在版编目(CIP)数据

国家治理现代化理论与实践研究/欧阳康著.—武汉:华中科技大学出版社,2021.6
(新时代国家治理现代化研究丛书)
ISBN 978-7-5680-7183-3

Ⅰ.①国… Ⅱ.①欧… Ⅲ.①国家-行政管理-现代化管理-研究-中国
Ⅳ.①D630.1

中国版本图书馆 CIP 数据核字(2021)第 122572 号

国家治理现代化理论与实践研究
欧阳康 著

Guojia Zhili Xiandaihua Lilun yu Shijian Yanjiu

策划编辑:周晓方 杨　玲	
责任编辑:张　毅　康　序	
封面设计:原色设计	
责任校对:刘　竣	
责任监印:周治超	
出版发行:华中科技大学出版社(中国·武汉)	电话:(027)81321913
武汉市东湖新技术开发区华工科技园	邮编:430223
录　　排:华中科技大学惠友文印中心	
印　　刷:湖北恒泰印务有限公司	
开　　本:710mm×1000mm　1/16	
印　　张:19　插页:2	
字　　数:267 千字	
版　　次:2021 年 6 月第 1 版第 1 次印刷	
定　　价:129.00 元	

本书若有印装质量问题,请向出版社营销中心调换
全国免费服务热线:400-6679-118　竭诚为您服务
版权所有　侵权必究

内容提要

依制度治党治国，是我们党长期以来不懈探索的重大课题，取得了丰硕成果，形成了推进国家治理体系和治理能力现代化的中国经验和中国智慧。本书从国家治理的价值范畴、演进逻辑、比较优势等理论层面，以及基层治理、政治治理、全球治理、绿色发展和生态治理等实践层面，阐述了我国国家治理的理论创新和实践创新，其中包含作者及其研究团队近年来承担国家社科基金项目等有关国家治理体系和治理能力现代化的大量研究成果。全书注重理论性和实践性相结合、学术性与通俗性相统一，对于提高推进国家治理体系和治理能力现代化的认识，深入理解全球国家治理中的中国方案和中国智慧，有力推进我国治理体系和治理能力现代化都具有重要意义。

总序
新时代国家治理现代化的使命与境界①

习近平总书记强调,面对改革进入攻坚期和深水区、各种深层次矛盾和问题不断呈现、各类风险和挑战不断增多的新形势,必须努力提高改革开放和发展进程中的科学决策水平,推进国家治理体系和治理能力现代化。

当前,中国国家治理正面临着从传统向现代的深度转型。这种转型既是一个渐进的过程,需要延续与传承,又是一个跃迁的过程,需要变革与创新。通过国家治理的理论创新和实践创新,有可能更好地发挥传统治理优势,创造新型治理优势,把两个优势内在地结合起来,为中国国家治理注入新的内容与活力,提升新时期新形势下的治国理政能力,也有可能为人类对更加理想的社会制度的探索提供中国方案。

一、强化使命意识,确立国家治理现代化的战略定位

自党的十八届三中全会首次提出推进国家治理体系

---

① 此序为作者主持的2014年度教育部哲学社会科学研究重大课题攻关项目"推进国家治理体系和治理能力现代化若干重大问题研究"(教社科司函〔2014〕177号)的成果之一;国家社科基金十八大以来党中央治国理政新理念新思想新战略研究专项工程项目"十八大以来党中央治国理政新理念新思想新战略的哲学基础研究"(批准号:16ZZD046)的成果之一;教育部社会科学司2018年"研究阐释党的十九大精神专项任务"的成果之一。

和治理能力现代化以来，中国共产党和中国政府的治国理政提升到了全新思想境界和高度实践自觉。习近平新时代中国特色社会主义思想中包含着治国理政的丰富内容，尤其是党的十九大报告，全面总结中国共产党治国理政的历史经验，将中国国家治理体系和治理能力现代化与中华民族伟大复兴的战略目标内在地结合起来，把全面建设社会主义现代化强国的新征程分为两个具体的阶段，并把国家治理现代化既作为社会主义现代化的必要制度保障条件，也作为其实现程度的重要表征。

第一个阶段，从2020年到2035年，在全面建成小康社会的基础上，再奋斗十五年，基本实现社会主义现代化。在这个阶段，除了经济实力、科技实力、社会文明程度、人民生活状态、生态文明状态等指标外，从国家治理的角度看，那就是"人民平等参与、平等发展权利得到充分保障，法治国家、法治政府、法治社会基本建成，各方面制度更加完善，国家治理体系和治理能力现代化基本实现，现代社会治理格局基本形成，社会充满活力又和谐有序"。第二个阶段，从2035年到21世纪中叶，在基本实现现代化的基础上，再奋斗十五年，把我国建成富强民主文明和谐美丽的社会主义现代化强国。到那时，我国物质文明、政治文明、精神文明、社会文明、生态文明将全面提升，实现国家治理体系和治理能力现代化，成为综合国力和国际影响力领先的国家，全体人民共同富裕基本实现，我国人民将享有更加幸福安康的生活，中华民族将以更加昂扬的姿态屹立于世界民族之林。

由上可以看出，国家治理现代化与民族伟大复兴的三重关系：国家治理现代化是中国特色社会主义现代化的必要制度体系和能力保障；国家治理现代化是中国特色社会主义现代化强国的重要内容和组成部分；国家治理现代化是社会主义现代化强国的突出标志和重要表征。

二、强化历史意识，深入总结中国国家治理的历史智慧

历史是现实的镜子，历史研究是学术研究的基础，也是实践创新的前提。中华民族五千多年的发展历史，留下了历代先哲贤人"修身齐家治国平天下"的丰富历史经验和思想智慧，给我们重要的启示与借鉴。深入研究古往今来中国国家治理从理念、制度、政策到行为等的发展历程，可以更好地总结历史经验，反省重大失误，探究深层原因，明晰历史教训，掌握客观规律，确立决策参照，提升决策智慧。例如：如何在传统之道与现代之势之间更好地保持张力？社会发展的延续性和传承性决定了历史演变规律会深刻地延续并影响到今天，要求我们尊重前人、历史和经验，但社会发展的不可逆性又决定了今天不可能是昨天和前天的简单延续，一定会有新的变革与需求，要求我们会通古今，勇于探索、超越与创新，自觉地从中国社会发展历史经验和教训中学习，不仅有可能使当代中国的国家治理体系和治理能力现代化获得更加丰富的中国经验和中国内涵，也有可能获得更加坚实的历史基础，丰富其理论内容，更新其理论形态。

三、强化创新意识，更好地发挥中国政治制度治理优势

提升国家治理能力首先必须研究如何更好地发挥中国的政治制度和政治治理优势。1949年以来，我们形成了马克思主义指导、中国共产党领导、社会主义道路、人民民主专政四位一体的国家治理体系，并在实践中不断加强和完善。这是我国政治制度的最大优势，已经成为我国国家治理的最基本传统和最重要格局，是我国国家治理的安身立命之所，必须在新时期得到自觉和有效的坚持。

随着时代的发展和中国的进步，它们也需要获得最大发展和创新，以保障和展示中国道路的特殊优越性。为此至少应努力实现四大升华：第一，马克思主义要进一步由外来思想真正内化和升华为"中国思想"，与中国优秀传统文化内在融合，直面并回答当代中国最重大的理论和实践问题，造就中国化的马克思主义新形态，在中国化、时代化的进程中真正融入中国社会，融入中国民众的精神家园；第二，中国共产党要由领导角色进一步落实和升华为"服务角色"，善于团结和汇聚中国各种政治力量，通过科学决策、政治引领和组织保障，强化协商民主，善于支持和激励人大、政协、政府、企业和各种社会组织等多元主体共同治理中国社会，发挥党员个体的先锋模范作用；第三，社会主义要由传统模式进一步拓展和升华为"中国模式"，既能坚持社会主义核心价值体系，践行人类文明进步的基本原则，又能探索中国道路，强化中国特色，激发社会活力；第四，人民民主专政要由国家主导进一步拓展和升华为"人民主导"，坚持依法治国，落实以人为本，切实保障人民主体地位。以上四个方面的变革与创新应当相互影响，良性共振，极大地激发中国国家治理的传统优势，在中国国家治理中发挥更大作用。

四、强化批判意识，透析当前中国社会的价值多元化状态

国家治理既要适应当前中国的价值多元化状态，也要引领中国社会的价值合理化进程，为此要求哲学社会科学研究发挥应有的批判功能。要准确盘点当前中国社会存在的各种社会思潮、各种利益诉求、各种价值取向、各种实践行为等，并对其做出合理性评估，张扬其合理内涵，批判其不合理方面，为人们做出恰当的价值选择提供指导。

当代社会迅速转型，进入价值多元化状态，难免泥沙俱下、鱼

龙混杂、良莠俱存。应当看到，当代中国社会的多元价值并非都是合理的和健康的，为此必须对那些不健康、不合理的价值观进行批判和斗争，对健康、合理的价值观予以保护和张扬，对多元价值进行有机和有序整合，在此基础上构建能够保障各种正当利益和合理价值诉求的社会利益分配机制和价值实现机制，引领多元价值的健康发展方向。例如，要研究当前中国各种价值之"元"之间有无共同基础，探讨国家认同的共同前提在哪里，如何进一步增强；要研究不同的价值之"元"间的基点之间的差异，探讨应否、能否和如何通过一个有机的整体体系整合不同的"元"；要研究中国国家治理的本底基础(底线)和高端目标在哪里，探讨当前中国国家治理体系需要多大的覆盖面、多深的包容度和多元的复杂性，为中国国家治理现代化提供理论保障和对策依据。

正是在这个科学批判的过程中，马克思主义也将更好地展示自己的革命性和批判性，增强其说服力和解释力，在提高全民族的思想自觉和理论自信方面发挥更大作用，实现自身的价值。从社会认识论的角度来看，哲学社会科学在本质上就是人的理性自我认识，且研究哲学社会科学应当为人民"代视"与"代言"。这两个功能规定，要求我们自觉深入到人民群众的生产、生活实践之中，聚焦当代人类、中华民族和个体在生存发展中面临的重大问题，从人类文明进步和中国人生存发展中汲取营养和活力，既敢于为人民"鼓与呼"，发时代之先声，扬人民之精粹，树社会之正义，又善于用科学思想理论武装和感染人民，彰显中国特色，提升人生境界，引领发展方向。

五、强化整合意识，提升中国国家治理能力的有效性

第一，加强顶层设计与荟萃全民智慧。中国国家治理总体上看需要更好地发挥中央和各级组织在战略设计和宏观布局方面的引领作用，以便更好地体现中央意图、政府主导、民族大义、全局利

益,同时又要善于立足大众,尊重个体,关照民意,动员全体,把从上至下与从下至上内在地结合起来。

第二,在法治之刚与德治之柔之间保持张力。社会生活的多层次性和人性的复杂性要求国家治理体系与治理方式的多方面和多层次性。依法治国和以德治国的有机结合既是客观需要,也是治国智慧。一方面要努力通过刚性的法律与法治为社会大众划定行为底线与边界,另一方面要通过柔性的美德提升人们的思想境界与价值追求。

第三,自觉应用现代科技和网络体系参与国家治理。信息化已经并在继续极为深刻地改变着人们的生产、生活与交往方式,也要求新时代的信息化国家治理方式。应努力学习应用现代治理模式与治理技术等,为中国国家治理注入新理念、新技术、新动力。

综上所说,我们只有通过最大限度的创新与创造,把传统优势与创新优势充分发挥出来,才有可能既超越自我又超越西方,不仅为中华民族伟大复兴提供制度和治理保障,也能为全球治理提供中国方案和中国智慧。

"新时代国家治理现代化研究丛书"策划的宗旨是贯彻党的十八届三中全会、十九大和十九届四中全会关于坚持和完善中国特色社会主义制度,推进国家治理体系和治理能力现代化的精神,以"新时代国家治理现代化"为主题,从理论、方法、实践等多维视角对推进国家治理现代化进行探讨。本丛书作者团队以华中科技大学国家治理研究院研究员为主,邀请武汉大学、湖北省社会科学院等相关领域的知名专家共同组成。

欧阳康著的《国家治理现代化理论与实践研究》,从国家治理的价值范畴、演进逻辑、比较优势等理论层面,以及基层治理、政治治理、全球治理、绿色发展和生态治理等实践难题入手,发力国家治理的理论创新和实践创新,为人类对更加理想的社会制度探索的全球治理提供中国方案和中国智慧。虞崇胜著的《国家治理现代化的制度逻辑》,紧紧围绕坚持和完善中国特色社会主义制度这个主题,深入探讨制度建设在国家治理现代化中的重要地位和作用,着重研究不同制度要素之间的逻辑关系,探寻中国特色社会主义制度发展规律,以期为新时代国家治理现代化特别是制度现代化提供理论支撑和实践路径。杨述明著的《智能社会建构逻辑》，集中选取智能社会演进过程中社会建设与社会治理的关键领域，敏感地触及社会智能化的新变化，从智能社会视角尽可能地揭示其演进规律，系统厘清智能社会演进逻辑与建构逻辑，有助于人类更理性、更全方位地认识社会、国家各项机制运转，进而更加积极从容应对新的社会形态图景下的社会生活实践。杜志章著的《中国国家治理现代化综合评估体系研究》，旨在立足中国特色社会主义的现实，广泛借鉴国内外治理评估的理论成果与实践经验，充分结合中国的历史传统和现实国情，坚持普遍性与特殊性相结合，探索既体现人类共同的"善治"追求，又反映中国特色社会主义核心价值体系，具有显著的时代性、民族性和实践导向性的国家治理理论和国家治理评估体系。张毅等著的《网络空间国际治理研究》，从网络空间国际治理的概述出发，分析各国的治理经验，总结治理模式，并对网络空间基础设施、网络数据、网络内容、网络空间治理主体等领域的问题进行分析，试图依据我国"推动构建网络空间命运共同体"的国家战略探讨网络空间国际治理的新趋势。吴畏著的《当代西方治理理论研究》，跨学科、广角度、全景式地论述西方治理理论的历史、概念、逻辑和最新成果，为建构"国家制度和治理体系"的中国话语体系和理论形态提供理论借鉴，为推进新时代国家治理体系和治理能力现代化提供他山之石。叶学平著的《中国经济高质量发展理论与实践研究》，对高质量发展的主要内容、指标体系、衡量标准、统计体系和考核评价体系进行了全面系统的研究和构建，从理论与实践角度对新时代中国经济高质量发展面临的挑战和需要处理的几大关系也进行了分析，并提出了新时代中国经济高质量发展的实现路径和政策建议。赵泽林、欧阳康著的《中国绿色发展理论与实践研究》，旨在开展绿色发展精准治理的政策研究，通过权威部门公开发布的统计数据，利用具有自主知识产权的绿色发展大数据分析平台，客观呈现中国内地大部分省（市、自治区）绿色GDP（国内生产总值）、人均绿色GDP、绿色发展绩效指数的年度变化情况，并对其未来发展提出了合理可行的对策性建议。杨华祥著的《中国传统治理经验及其现代转换研究》，在深入梳理中国古代治理思想主要内容及其发展历程和分析了中国历史上兴衰治乱的深层原因的基础上，提出在新时代国家治理现代化要坚持实事求是和人民至上的原则，推进传统治理思想的创造性发展和传统典章制度的创造性转化，助推国家治理体系和治理能力现代化走向完善。李钊著的《国家治理现代化公共行政理论创新研究》，将公共行政置于国家建构的广泛背景之中，用社会合作型组织取代官僚制模式，依靠多维度运作的模型使公共行政切合现代社会领域分化的趋势，以期在使中国国家治理各项目标切实可行的基本前提下，借助公共行政的媒介塑造各社会领域的内在秩序，把中国文化和制度的宏观建构推向新的高度。

本丛书的出版将是国家治理领域的重大研究成果，在学术上有利于深化和拓展对国家治理理论的研究，在实践上可以为推进国家治理体系和治理能力现代化提供参考。

华中科技大学国家治理研究院院长
华中科技大学哲学研究所所长
国家万人计划"教学名师"

2020 年 6 月于武汉喻家山

目 录

第一章 国家治理研究的问题视域 / 1

第一节 国家治理研究的价值取向、问题域和支撑体系 / 1

第二节 推进国家治理体系和治理能力现代化 / 7

第三节 强化国家制度优势,提升国家治理效能 / 28

第二章 国家治理现代化的学理探析 / 36

第一节 21世纪中国的马克思主义时代华章 / 36

第二节 中国哲学话语体系的反思与建构 / 40

第三节 新时代社会认识与国家治理现代化 / 44

第三章 国家治理体系的演进逻辑 / 56

第一节 从真理标准探讨到构建人类命运共同体 / 56

第二节 当前中国的问题透析、价值重构与综合创新 / 69

第三节 汇聚时代精神 引领社会发展 / 76

第四章 国家治理现代化的时代使命 / 81

第一节 党的十九届四中全会《决定》的里程碑意义 / 82

第二节 协商民主与当前中国政治建设 / 87

第三节 强化国家治理研究中的价值自觉与善治导向 / 92

第五章　国家治理现代化的变革创新　/ 97

第一节　加速中华新兴经济体建设,强化民族复兴国家战略　/ 97

第二节　创新是引领发展的第一动力　/ 105

第三节　大数据与人文社会科学研究的变革与创新　/ 108

第六章　国家治理现代化的文化根基　/ 113

第一节　新时代中华文化建设与民族伟大复兴　/ 113

第二节　以德治国与孝廉文化　/ 137

第三节　《周易》与新时代中华文化建设　/ 147

第七章　国家治理现代化的制度建设　/ 156

第一节　切实增强"制度执行力"　/ 156

第二节　让制度真正"活"起来　/ 161

第三节　以大数据促进制度优势向治理效能转化　/ 165

第四节　省级治理的定位与使命　/ 166

第八章　国家治理现代化的生态意蕴　/ 173

第一节　生态悖论与生态治理的价值取向　/ 173

第二节　开展绿色GDP绩效评估指引绿色发展　/ 183

第三节　绿色GDP绩效评估论要:缘起、路径与价值　/ 189

第九章　国家治理现代化的全球视域　/ 199

第一节　全球治理变局与中国治理能力的时代性提升　/ 199

第二节　地缘政治中的中日关系问题　/ 204

第三节　全球治理变局中的"一带一路"　/ 215

第四节　"一带一路"建设与中国国家治理现代化　/ 232

结语　推动构建人类命运共同体 / 238

附录 1　访谈：全球治理变局与中国-波兰关系 / 240

附录 2　访谈：将制度优势更好地转化为治理效能 / 256

附录 3　访谈：现代化视域中的中国共产党百年伟业 / 271

参考文献 / 287

第一章

国家治理研究的问题视域

国家治理问题的提出有一个重大的背景,那就是"中华民族伟大复兴"的时代主题,为此应当紧密围绕"两个一百年"的战略目标,集中关注中国未来发展所需的国家内部治理结构和国际关系与环境问题。本章立足国家治理研究的意义与价值,系统梳理了国内外相关研究成果,提出了本课题的研究目的、视域、思路、框架与方法等,构建了一个包含国家治理的理论与比较、体系与政策、评估体系与实施方案、信息采集与数据处理、决策支持系统等比较完整的研究体系。

第一节 国家治理研究的价值取向、问题域和支撑体系

党的十八届三中全会提出的"推进国家治理体系和治理能力现代化",是中国共产党治国理政的全新境界。

一、中国共产党治国理政的新境界

从1949年中华人民共和国成立,建立起中国共产党领导、人民民主专政、人民当家作主的国家制度,加强国家治理、促进社会发展就成为中国共产党的重要使命。改革开放四十多年来,我们根据当时的国情,实行的主要是改革和差异化战略,按照先易后难的原则,有轻有重、有急有缓、有快有慢地对经济、政治、社会、文化和生态文明各个领域梯度性地推进改革开放,让一部分地区、一部分行业、一部分群体先发展起来。

改革开放四十多年来成就辉煌,但也面临新的问题和挑战。时至今日,各行业相互支撑、各领域相互协调、各环节相互衔接、各群体和谐相处已经成为中国发展的全局性、战略性、根本性问题,需要科学合理的国家治理体系,要求极强的国家治理能力。为此必须从全局上加以谋划、制度上加强建设、整体上加以推进。党的十八届三中全会回应了这种紧迫需求,提出推进国家治理体系和治理能力现代化。这是中国共产党治国理政的全新境界。从全面深化改革和加强整体性制度建设谋篇布局,努力推进国家治理体系和治理能力的现代化,对内有助于全面调动各方面各地域各群体的积极性,加速中华民族伟大复兴,对外有助于展示负责任大国的健康形象,必将为人类文明发展做出更大贡献!

二、国家治理研究的价值取向

对于国家治理的关注,要求我们把视野由科学地认识世界更多地转向合理地改造世界,这正是马克思的墓志铭所提出的要求,哲学家们只是以不同的方式解释世界,而问题在于改变世界。

当前中国国家治理最大的挑战可能是价值多元化的挑战。我们学习借鉴了世界现代化的几乎所有模式,但并不是简单地原样照搬,而是吸收其某些要素,并获得了红利。这些要素原来是在不同的体系里面的,刚刚引进时比较弱小,可以和平相处,发挥出积极作用,但现在这些要素各自都长大了,要有与之相适应的思想观念、价值体系和制度,这就造成了体系的内部冲突,呈现为发展而又尖锐的矛盾与冲突,这就要求体制性解决。国家治理不得不提上紧迫的议事日程。

研究国家治理,最大的难点也许是如何做到三种视界的融合:治理者的视界、被治理者的视界、研究者的视界。这三种角色与身份各有其价值要求,研究国家治理也许最为重要的是打破他们之间的隔离,把治理变成自理,促进视界的融合,形成最大限度的共识,让所有成员各居其位、各司其职、各得其所,化治理于无形,这就是"善治"。"善治"就是无为而治,是中国治理思想和实践的最高境界。

三、国家治理研究的问题域

第一层面,学理上的概念辨析。围绕"国家治理体系和治理能力现代化",每个概念都需要进行学理辨析,譬如什么是"国家"?什么是"治理"?什么是"现代化"?治理体系与治理能力是什么关系?治理体系和治理能力现代化意味着什么?学理层面的概念和原理如果不搞清楚,后面应用层面的研究就失去了基础和前提。

第二层面,治理的历史研究。所有现行的治理体系、政策、措施、办法都是历史生成的,绝对不是简单联结,都一定有因果关系,不能用一种比较线性的方式来考虑复杂的社会治理问题。治理研究一定要有历史感,不仅要研究中国传统治理的经验,也要研究西方文明史中的国家治理。对于已经形成的一些经验,需要认真加以总结。比如,就中国传统治理而言,中国传统社会是一种超稳态结构,这个根就是中国治理的核心价值。就西方国家而言,为何近年来协商民主在西方国家这么热,这是一个现实问题,但要追溯其历史,是因为选举民主不能恰当地解决西方社会的问题。

第三层面,中国当前治理现状评估。中国当前的治理状况到底是令人满意还是令人不满意,理想还是不理想,成功还是不成功,需要做出理性的评估。就中国当前的治理状况而言,总体来说还是成功的,否则不可能解释中国为何能够取得如此大的进步,能够一直保持稳定、快速发展。但是也存在着一些问题,现在恰恰是治理体系不够自觉、不够清晰、不够有效,甚至治理的合法性都成了问题,这就需要在这个体系内部进行协调。改革开放40多年最大的成就就是从局部出发再走向全局,现在最大的问题就是一个全局性的、统摄性的治理体系还没有形成。

第四层面,中国国家治理的价值依据。根据什么来治理?往哪个方向治理?这就属于国家治理的价值依据问题。国家治理体系看起来是一个制度化、规范化、方法化的东西,其实内在的核心是价值。推进国家治理体系和治理能力现代化,要大力培育和弘扬社会主义核心价值体系和核心价值观,国家治理需要核心价值的统领。价值体系是国家治理之魂、国家治理之基,决定着国家治理的方向。任何一种社会制度的背后,都有其价值体系。国家治理体系是价值体系的体现,国家治理体系既包括制度体系也包括价值体系。

第五层面,中国当前国家治理结构中的复杂关系。中国当前的国家治理结构中,面临着一系列的复杂关系。从国家宏观的角度看:①各个地域之间的关系;②五大建设之间的关系;③党和政府、企业等之间的关系,等等。从内在微观的角度看:①授权与受权的关系;②集权与分权的关系;③强制性与自主性的关系;④治理与自治的关系;⑤规范性与灵活性的关系;⑥利益与正义的关系;⑦多样性与统一性的关系,等等。这些问题需要进行深入研究。

第六层面,各个具体领域的治理问题。现在中国治理的核心问题,就是在总体框架里如何让这个制度的优势能够最大限度地发挥出来,如何在大数据时代、复杂性时代把治理变得更加自觉,如何从"摸着石头过河"到从上而下地进行顶层设计,这都需要进一步研究。针对各个具体领域的治理问题,既要从学科出发,又要超越学科,要以问题来带动综合协同研究。另外,还需要学会一套研究治理问题的思维方式和话语方式。

四、当前国家治理研究的一些紧迫而又重大的问题

国家治理问题的提出有一个重大的背景,那就是"中华民族伟大复兴"的时代主题,为此应当紧密围绕"两个一百年"的战略目标,集中关注中国未来发展所需的国家内部治理结构和国际关系与环境问题。

在国家内部治理结构方面,从全面深化改革和民族伟大复兴高度看中国道路和国家治理体系与治理能力现代化建设问题,凸显以下视域:一是发达国家的治理道路与治理经验及其中国启示;二是马克思主义的治理理论及其中国意义;三是中国传统文化中的治理理论及其当代意义;四是20世纪以来中国社会治理的经验总结与教训解析;五是当代中国国家治理体系的内在要素、结构与功能探析;六是国家治理能力与治理手段现代化;七是从国家治理视角看民族素养与公民教育,等等。

在国家治理问题研究中要凸显以下重点问题:一是注意两岸四地的协同治理与未来良性健康和平发展道路,加速祖国和平统一,为伟大复兴提供内在前提;二是注意建构经济、政治、社会、文化、生态建设之间的良性协调和可持续发展机制;三是注意中国各地域发展协调战略和中部崛起的战略支撑;四是注意政党与政府、中央与地方、计划与市场、企业与社会、城市与农村、地方与军队等多元力量的有机整合,推进国家治理体系和国家治理能力现代化;五是注意法治中国与司法文明建设;六是中国共产党建设与中国长治久安之道;七是湖北区域治理中的特殊问题,为湖北"建成支

点、走在前列"、实现跨越式发展和科学发展提供制度保障。

国家治理需要良好的国际关系和外部环境。我们应当努力拓展国际视野,积极探索有利于中国和平崛起的国际环境,尤其关注以下问题:一是国际治理和国际善治及其中国意义;二是中国和平发展所需的新型大国关系,尤其是中、美、日、俄、欧盟五角关系,探索以中国和平发展为轴心的大国间良性健康、互动共治模型;三是中国的地缘政治与周边国家关系治理,探索南海与东海问题治理的合理前景;四是中国对外开放新战略、海洋强国战略、"丝绸之路经济带"和"21世纪海上丝绸之路"。

五、构建"五位一体"的现代国家治理研究和支撑体系

现代国家治理是具有现代视野和现代科学技术手段支撑的有机体系,这个体系应当大体包含以下子系统。

子系统之一:国家治理的理论和价值体系。目标在于厘清治理、国家治理、国家治理体系、国家治理能力等核心概念,研究国家治理体系和治理能力现代化的标准,探讨推进国家治理体系和治理能力现代化的手段和措施,并广泛吸收和借鉴古今中外的治理理论和实践经验,探索具有中国特色的国家治理理论体系和国家治理的实践体系。

子系统之二:国家治理体系与政策系统。目标在于解决国家治理体系的正当性和有效性问题。所谓正当性问题,即国家治理体系在客观上要经过科学论证而具有合理性,在主观上要得到普遍认同而具有合法性;所谓有效性问题,即国家治理主体在能力上是否具有完成国家治理目标的手段及其绩效问题。本子系统的功能目标在于建构一套适合中国国情的国家治理的价值体系、方法体系以及合理而有效的政策法规体系。

子系统之三:国家治理评估指标体系。根据"善治"的标准,从正当性与有效性两个方面设计一套国家治理的综合评估指标体

系，这一体系既力图体现从政治学和法学的应然性视角对于中国治理状况的评价指标，从正当性视角反映在中国价值体系下价值的"善"，也力图包容对国家治理基础能力实然要素的强调，反映能力的有效性。

子系统之四：国家治理信息采集与数据处理。本子系统将深入研究建立国家治理综合评估数据库的必要性和可行性，并对建立国家治理综合评估数据库在技术、方法以及设备条件等方面进行论证。在前期研究成果"国家治理评估指标体系"的基础上，尝试性地采集各类评估指标数据，建立国家治理综合评估数据库，并尝试性地对地方政府、企事业单位进行预评估，进一步完善评估指标体系和数据库信息。

子系统之五：政府决策支持系统。本子系统将重点解决建立政府决策支持系统的必要性和可行性问题，对建立政府决策支持系统在技术、方法及设备条件等方面进行论证，并在已建立的国家治理综合评估数据库的基础上，借助电子信息工程、自动化、人工智能等方面的人才和技术优势，实验性地开展专项决策建模，不断修订和完善，最后建成系统完备、功能强大的政府决策支持系统。

第二节　推进国家治理体系和治理能力现代化[①]

党的十八届三中全会提出了"推进国家治理体系和治理能力现代化"的重要任务，党的十八届四中全会进一步提出，坚持依法治国、依法执政、依法行政共同推进，坚持法治国家、法治政府、法

---

① 本节内容为作者主持的教育部哲学社会科学研究重大课题攻关项目"推进国家治理体系和治理能力现代化若干重大理论问题研究"（教社科司函〔2014〕177号）的中期成果之一，相关课题研究纲要由作者主持制定，参加课题研究设计的有欧阳康、齐海滨、吴毅、王晓升、陈刚、钟书华、杜志章、杨治、栗志刚、饶传平、张俊超、王玉明、楼宗元等。

治社会一体建设,实现科学立法、严格执法、公正司法、全民守法,促进国家治理体系和治理能力现代化。这是中国共产党治国理政的全新境界,依法治国就是国家治理的法治化,是实现国家治理体系和治理能力现代化的必然要求。

一、中国话语体系构建和理论决策支撑

对推进国家治理体系和治理能力现代化的若干重大理论问题深入开展研究,目的就是要在理论上厘清何为国家治理体系和治理能力现代化、如何推进国家治理体系和治理能力现代化等重大理论和实践问题,为国家治理实践提供理论参考和决策依据。具体说来,研究的意义和价值有如下几个方面。

(一)有利于在学术上厘清与国家治理相关的若干理论问题

完善中国特色社会主义制度,推进国家治理体系和治理能力现代化,是当前中国全面深化改革的总目标,为此有必要对国家治理的诸多理论问题开展深入研究。一是"治理""国家治理""国家治理体系""国家治理能力""国家治理体系和治理能力现代化"等基本概念及内涵有待厘清;二是"谁治理""治理什么""怎么治理""何为善治""谁来评估和裁决治理效果"等国家治理的基础理论问题有待研究;三是"国家治理的原则""国家治理的方法""国家治理的手段"等国家治理的程序和过程有待探讨。通过对上述国家治理若干理论问题的深入研究,形成一系列国家治理的理论成果,为当前中国国家治理提供理论支撑。

(二)有利于建构有中国特色的国家治理话语体系

"治理"是西方政治学、社会学的主流话语。20世纪90年代,西方学者采用"治理"一词,强调政府放权和向社会授权,实现多主体、多中心治理,并且主张社会自我治理以及社会组织与政府的平等共治。"学术者,天下之公器",当今中国的国家治理必须借鉴西方的治理理论。基于中国有不同于西方的文化传统,推进中国国家治理体系和治理能力现代化的理论与实践不能简单照搬西方,而应在借鉴其他国家积极成果的基础上充分结合本国的历史传统和时代特征建构具有中国特色的国家治理话语体系。建构国家治理理论与实践的中国话语体系正是本研究的重要使命之一。

(三) 为党和国家提供"治国理政"的咨询报告或决策建议

本研究将从全面深化改革和民族复兴的高度研究国家治理体系和治理能力现代化的若干重大理论问题,具体研究以下视域:一是发达国家的治理道路与治理经验及其中国启示,二是马克思主义的国家和社会治理理论及其中国意义,三是中国传统文化中的治理理论及其当代意义,四是20世纪以来中国社会治理的经验总结与教训解析,五是当代中国国家治理体系的内在要素、结构与功能探析,六是国家治理能力与治理手段的现代化,七是从国家治理视角看民族素养与公民教育。上述研究的理论成果和决策建议将会为当今中国国家治理提供理论支撑和决策参考。

(四) 为当前中国国家治理提供技术支持

本研究将从以下三个方面为当代中国国家治理提供技术支持:一是建构一套国家治理评估的指标体系,二是建立国家治理专项数据库,三是建立政府决策支持系统。研究将根据"善治"的内涵,从正当性与有效性两个方面设计评估指标体系,在此基础上采集国家治理评估的各类数据。建立国家治理评估数据库,用系统科学的理念和系统工程定性与定量相结合的综合集成方法,开展国家治理理论和实践的科学研究,最终实现政策制定信息化、政策评价定量化、政策预演模拟化、政策实施数据化。希望研究成果有助于减少仅靠经验决策和决策信息不完备导致的决策盲目性问题,从而提高行政决策的科学性、合理性。

二、治理体系与治理效能需求迫切

在国际学术界,国家治理理论近年来也已引起广泛关注。20世纪90年代以后,随着新自由主义与凯恩斯主义在西方发达国家实践中受挫,学术界逐渐转向以治理为主题词,讨论社会与国家出现的各类问题,治理及其理论随之以惊人的速度流行起来。当代治理理论认为,在治理主体方面,不仅包括社会公共机构和行为者,还包括非公共机构和行为者,也就是说,不仅包括国家和政府,还包括市场与企业、社会及其社会组织等;在行为方式方面,不仅包括权力或权威,还包括参与、协商和谈判等网络机制。随着理论分析的深入与经验研究的推进,治理理论开始成为一个真正有效的分析框架,其中对中国治理经验的研究成为这一理论的重要组成部分。

中国的崛起引起西方治理研究学者对中国经验的关注。认可中国治理成就的学者与政治家乔舒亚·库珀·雷默、美国前副国务卿佐利克等人提出了中国世纪说、中国模式论、中国责任说等理论。质疑中国治理成就的学者村井龙秀、托马斯·罗斯基、莱斯特·布朗等提出了"中国威胁论"、"统计数字水分论"和"中国崩溃论"等理论。但西方学者评估中国治理成就的标准与价值体系是以本国国情与价值取向为出发点的,其对策研究亦以本国利益为依归,其研究未必符合或反映了中国国家治理的实际情形,这就对中国学者提出了建立适应中国实际的研究与评估中国国家治理水平与状况的治理理论的要求。

中国学者在20世纪90年代末开始引进治理理论研究中国的国家治理。俞可平在1999年和2001年相继发表《治理与善治引论》与《治理和善治:一种新的政治分析框架》,并主编《治理与善治》一书,对治理进行全面系统的分析,并积极推动国内学术界对治理理论的深入理解。刘军宁在《governance:现代"治道"新概念》一文中明确提出治理"是 90 年代以来国际政治学界和经济学界新拓展的一个研究领域",徐勇的《governance:治理的阐释》和《治理转型与竞争——合作主义》认为治理是学界新拓展的论域。除理论探讨外,还有学者从全球、国家与区域的视角,分别考察了治理的宏观环境与微观效果。郑永年的《全球化与中国国家转型》,主要从国家转型、现代化和全球化背景下分析如何进行国家治理。何增科的《治理、善治与中国政治发展》,用治理和善治的理论框架分析了当代中国政治发展的成就及未来方向。杨光斌的《制度变迁与国家治理——中国政治发展研究》,指出关键时刻形成的制度决定着常规时期的基本政治走向。胡鞍钢、王绍光和周建明的《第二次转型——国家制度建设》,提出国家需要确立以制度建设为中心的应对思路。俞可平的《国家治理评估——中国与世界》,对国家治理评估指标进行了理论述评,并提出较为系统的关于国家治理的评估指标体系。

上述研究及其成果为中国国家治理研究提供了许多积极的思想借鉴和方法论启示,具有非常重要的意义。但是从总体上看,关于国家治理的理论与实践研究尚不能适应当代中国国家治理体系和治理能力现代化的要求。从方法论上看,已有的研究大多从单学科视角展开,少有从多学科角度进行深入梳理和综合性挖掘的研究;关注的大多是一些局部问题,从整个全局视角来总体性考察国家治理的成果相对较少;从概念角度和观念层面探讨较多,基于全面、系统深入调查研究的实证研究较少。

在当前中国国家治理体系和治理能力现代化的若干重大理论和实践问题中,我们重点关注以下五个方面:第一,构建能够整合古今中外国家治理思想精华的关于国家治理的科学理论体系和价值观念体系,尤其是将社会主义核心价值观和价值体系转化为国家治理体系和治理价值导向;第二,对于当前中国国家治理体系和政策问题的深度透析,探讨其内在合理性,自觉揭示其不完备性,探索其复杂原因,寻找改进的方向、途径和政策系统;第三,对于国家治理状态和效能的科学合理的评估体系,以"善治"为导向,通过科学合理和持续的评估,为国家、政党、政府、企业、社会组织等指出改进和努力方向;第四,关于国家治理的各种基础性、战略性、前瞻性信息的科学采集和大数据处理,运用现代科学和信息技术为国家治理提供最为重要的技术支持;第五,关于国家治理和决策科学化的支持系统,尤其是借助于现代系统集成方法和决策模拟仿真系统为科学决策提供技术支持。

三、大数据推动研究方法的变革与创新

(一)文献法

通过前期对大量文献的整理分析,找出对"善治"概念的不同定义,厘清其学理渊源,探索主要的理论维度,并结合中国实际,分析整合不同视角对善治概念的理解。

(二)田野调查

通过深入剖析一到两个县市的实际案例,提炼并比对文献法中关于善治的理论维度,完善分析框架和评价体系。其中结合访谈、二手数据分析、焦点小组讨论等多种方式,全面收集信息,多角度观察,并利用三角测量完善理论构念的内容,提出可行的操作化量表。

(三)问卷法

通过主观问卷调查,收集各层次人群对善治的主观理解,并比对理论框架进行修正;从问卷调查中提炼新的理论维度,并发现可用的量化指标。所收集的问卷还可以作为主观测量的一部分信息计入评估体系内,运用现代化决策方法、综合客观数据构建决策支持系统基础数据库。

（四）统计分析

运用 Stata、Liserial 等统计分析软件,检验指标体系内各项指标的相关性,运用因子分析、主成分分析,确认理论维度与观察维度是否一致,以结构方程模型为基础,量化分析最后各统计指标的拟合信效度,并发展相关的计量回归模型,构建统计预测方程。

（五）数据仓库构建

首先将建立以关系数据库(relational database,RD)为主干的数据库,收集公共领域的公开数据,并通过与相关政府合作采集数据。根据评估排名和决策支持系统的需要,以数据库(database)为基础,构建有数据逻辑结构的数据仓库(data warehouse,DW)。以数据库和数据仓库为基础,用联机分析处理(on-line analytical processing,OLAP)技术开展国家治理能力和治理水平的定量评估和排名。

（六）数据挖掘法

用数据挖掘(data mining,DM)技术开展国家治理和决策的优化研究。以数据库和数据仓库为基础,使用"DW＋OLAP＋DM"的综合方法来建设基本的决策支持系统。

（七）建模仿真

研究社会经济系统的建模与仿真、复杂决策仿真系统建模问题,以数据库和数据仓库为基础,综合使用当代西方的系统动力学(system dynamics,SD)和多智能体(agent)建模与仿真(MABMS)的政策实验方法、钱学森主张的"综合集成研讨厅"系统工程方法,实现与国家治理相关的政府决策的建模、仿真、模拟、推演系统,以完成政策预演的模拟化。

四、研究的总体框架、目标和基本内容

（一）国家治理的理论和价值研究

1. 国家治理的概念辨析

研究将首先介绍国家治理概念的来源、西方学者对于治理概念的理解，分析治理与善治、执政、管理等概念的联系和区别，厘清国家治理的概念。

2. 国家治理的思想来源

研究将从三个方面来吸取国家治理的思想资源。

（1）研究马克思主义经典著作关于国家治理理论的论述、传统社会主义国家的国家治理经验和教训，以及中国共产党创建以来的国家治理经验和教训。

（2）分析中国传统文化中有关治理的思想。在"中华元典"创造时代，儒、墨、道、法、兵诸家学说都富有治国理政的智慧，在两千多年的实践中形成了"德主刑辅，礼法并用"的治国传统，这无疑是当前中国国家治理的优秀传统文化资源。

（3）研究世界各国特别是西方发达国家的国家治理成功经验和教训。"他山之石，可以攻玉"，重点研究美国、日本、韩国、英国、德国、法国、瑞典、丹麦、新加坡等现代化国家治国理政经验，发掘中国国家治理的世界资源。

3. 讨论国家治理的价值目标和国家治理的评价问题

社会主义核心价值观是国家治理体系和国家治理能力现代化所要追求的最根本目标，也就是说，通过国家治理体系与治理能力的现代化建设，实现国家富强、民主、文明、和谐的目标，建构社会

自由、平等、公正、法治的秩序,培育个人爱国、敬业、诚信、友善的品格。这种体现国家、社会和公民个人的理想目标并非简单依靠加强国家对于社会和个人的控制就能实现,而是要通过推进国家治理体系与治理能力现代化,努力实现民主、法治和社会公平正义,真正体现人民当家做主,让每一个中国公民过上自由、富足、体面、安全和有尊严的生活。

4. 国家治理体系和治理能力的基本要素

国家治理体系应当包括治理国家所需要的物质基础、制度保障和观念导向。物质基础包括国家治理所需要的人、财、物等,包括先进的设备和技术手段;制度保障包括国家的制度、法律、规章及其他行为规范等;观念导向包括国家治理的价值导向、思维方式等。国家治理能力,是指国家治理体系充分发挥作用的能力,其中最重要的当属有效的认证能力,所有社会群体都被视为国家治理体系的当然对象。没有身份认证,就不会出现"公民"概念;没有财产认证,就没有"纳税人";没有福利认证,就没有稳定的社会;没有社会经济认证,就没有安全的农工商业产品。纳税人、福利受益人、消费者,以承担国家治理、遵守国家法治和社会秩序的义务来获得作为公民的权利地位。每一个个体在国家范围内、在社会结构中都有相应的身份,都有明确的权利、义务和责任。

5. 国家治理的组织结构

国家行政机关、政党、市场、社会组织、家庭、公共领域,或者可以按照黑格尔的方式概括为家庭、市民社会(包括市场、社会组织、公共领域)、国家(执政党、国家机关、其他政党等),这些不同的组织结构在国家治理中扮演着不同的角色,而它们所扮演的角色又是由国家的法律、制度所规定的。国家通过法律、制度来保证它们有效协调地运行。

6. 国家治理的范围

国家治理的范围究竟有多大,这涉及国家与社会、政府与市场的关系。在西方最初的市场经济体系中,国家治理的范围非常有限,随着市场经济的发展,国家治理的范围在日益扩大。而在许多发展中国家,治理范围非常广泛,但是治理效果却不理想。对于中国而言,国家治理的范围究竟有多大,哪些该交给政府,哪些该交给市场,哪些该交给社会,哪些该交给个人,这些都是需要深入研究的问题。

7. 国家治理的有效性和合法性

按照韦伯的观念,国家统治的合法性有许多不同的形式,比如,传统文化、个人魅力、民主制度都可以使国家的统治合法化。实际上有效性在一定程度上也可以使国家统治合法化。这些不同的合法化手段都会在一定程度上在国家治理中发挥作用。在传统西方社会中,民主制度的合法化功能可能会更强,而在中国,传统文化在国家统治中的合法化效力可能要比西方国家更大。但是无论是哪一个国家,如果合法化没有产生有效性,合法化就会受到质疑。

8. 国家治理的主要手段和影响

国家治理除了传统的法律和行政手段之外,还包括协商、公民自治组织(比如各种商会、行业协会)、国家指标体系、数据管理、身份认证等。有些人提出,国家治理应该是一种系统治理,这就是在公共机构中由科层和市场转向网络与合作;在国内和国际领域渗入公民社会;国家的角色由干涉和控制转向掌舵与协调;国家活动相应的由法制和指挥转向谈判与外交;非国家机关进入政策过程中;强调地方自治;决策中增加公众参与;公共政策采取更加灵活的回应模式,等等。这些不同的手段在国家治理中所产生的影响是不同的,必须对这些治理手段进行适当的评价。

9. 国家治理的中国特色和中国价值

中国的国家治理在技术层面上可以吸收西方的各种治理手段,但是却不能照搬西方国家的政治制度。中国国家治理的目标是要体现社会主义核心价值观,即富强、民主、文明、和谐,自由、平等、公正、法治,爱国、敬业、诚信、友善。在这里,要特别重视中国共产党在国家治理中的领导地位,要从治理结构变迁的角度探讨如何增强党的执政能力、先进性和社会认同;同时也要重视中国的历史文化传统,中华人民共和国诞生以来探索国家治理的经验教训,当下中国的现实境遇,以及中华民族伟大复兴的愿景,在追求"中国价值"的过程中突显"中国特色"。

(二)国家治理的体系和政策研究

1. 中国国家治理体系的转型

所谓国家治理体系,是指规范国家权力运行、维护公共秩序的一系列制度和程序,它的实质是通过制度体系建设,将国家治理的主体、范围、方式等全面纳入制度规范中来,以维护国家治理的正当性和有效性。中国的国家治理,在新中国成立多年来已完成由政府全能型模式向政府主导型模式的转变。1949年建立的政府全能型模式改变了传统的"一盘散沙"式的旧中国社会结构,有强大的动员和组织能力,但窒息了经济发展动力,摧毁了社会自治组织秩序。改革开放三十多年来逐渐建立起来的政府主导型模式虽然为经济发展释放了巨大动能,但仍然与经济发展、社会组织和公民成长的要求不完全适应,引发了政府与市场主体、社会组织和公民个人的矛盾。2013年11月,党的十八届三中全会通过《中共中央关于全面深化改革若干重大问题的决定》,提出全面深化改革的总目标是要推进国家治理体系和治理能力现代化,到2020年,形成系统完备、科学规范、有效运行的制度体系。在这样的制度体系中,其核心是合理界定政府、市场、社会的行为边界,共同应对公共事务治理的政府失灵、市场失灵及组织失灵问题,以增强国家治理体系的正当性,提升国家治理体系的有效性。

2. 现代国家治理体系建设的内在要求

国家治理体系建设,首先要解决国家治理体系的正当性问题,即国家治理体系在客观上要经过科学论证而具有合理性,在主观上要得到普遍认同而具有合法性。目前而言,中国国家治理体系建设的核心问题是处理好政府与市场的关系。那么,正当的政府与市场关系应该是怎样的呢?《中共中央关于全面深化改革若干重大问题的决定》指出,要让市场在资源配置中起决定性作用。这就要求:①完善党的领导体制,推进党同国家政权组织关系的规范化、制度化;②合理界定政府职能,明确政府承担公共责任的职能与方式,避免政府对市场和社会的过度干预;③保护社会组织(个人)的合法权利,开放社会组织自治空间,提升社会组织(个人)的自治能力与参政能力,激发社会组织(个人)在市场与社会秩序形成中的积极性与创造性。

3. 解决国家治理体系的效能问题

国家治理体系的效能问题即国家治理主体在能力上是否具有完成国家治理目标的手段及其绩效问题。国家治理主体包括政党、政府、社会组织和其他自治主体,但政党与政府仍然是主要主体,它不但要有能力承担它所应承担的治理责任,而且要向市场、社会组织和其他自治组织开放更多权力空间,以发挥非政府组织在国家治理中的作用。无论政党执政、政府行政还是非政府组织功能的发挥,均应该在法律的轨道上运行,排除人为的随意性,最终形成政府与市场(社会)之间"行政主体法无授权不可为、市场主体法无禁止即可为"的法治安排,以保证国家治理体系的长久稳定性和有效性。国家治理体系和国家治理能力是一个有机整体,只有拥有了良好的国家治理体系,才能提高国家治理能力。换言之,只有提高国家治理能力,才能充分发挥国家治理体系的效能。

4. 中国国家治理体系建设的基本原则

推进国家治理体系和治理能力现代化,必须坚持如下原则:以人为本、统筹协调、依法治国、程序正义、民主协商、效率效益、公平合理、客观科学、价值引导等。本研究将结合国家治理体系和治理能力建设的具体内容论证上述原则的重要意义以及坚持这些原则的具体要求。

5. 中国国家治理体系的基本框架

国家治理体系包括国家系统和社会系统两部分,其中国家系统包括政党、政权、政府等子系统,是国家治理的主导系统;社会系统包括经济、社会、文化、生态等各领域的治理体系。

(三) 国家治理的评估指标体系研究

1. 建立国家治理评估指标体系是核心目标

根据对"善治"的理解,善治既包含价值的善,也包含工具的善。价值的善体现在治理的正当性、合法性,工具的善体现在治理载体的有效性。

2. 研究世界上已有的主要国家治理评估指标

目前世界上关于国家治理的评估指标非常多,存在上百种指标体系,包括世界银行的世界治理指标、国际政策与制度评估、治理与反腐调查,联合国开发计划署的民主治理指标框架、人类发展报告、人文治理指标等。这些指标体系既有非常值得学习借鉴的地方,也有一系列同有的先天问题。综合评价其优点,主要有以下几个方面:第一,指标量化具体。所有这些有影响的评价体系都能够通过量化的数量指标反映其测量的主要概念维度。第二,适应面广。这些有影响的评价体系能够对不同的国家做出横向评价,从而反映不同国家在相关方面的差异。第三,发布机构较权威。不论是联合国开发计划署还是世界银行,都是相对独立的权威性国际机构,从而使得这些指标的国际认可度较高。

但是,这些评价指标体系也存在一系列同有的缺点:第一,价值导向以西方的普世价值为核心,因此不论指标如何量化,其本质上是反映西方价值标准的评价。第二,评估重点各有不同,未必能够概括和体现国家治理的全部内容。这些评估有的侧重人权(如经济合作与发展组织(OECD)的人权与民主治理评价),有的评估政府(如透明国际的腐败指数),因此从国家治理的角度上讲各有偏颇。第三,评估指标忽视了各国在历史、文化、体制、经济发展阶段的差异,片面强调民主和法治程度,以一把尺子量遍世界。

因此,国内学者近年来不断呼吁并开始研究具有中国特色的国家治理评价指标,比较有代表性的是俞可平和王绍光提出的评价指标。俞可平在2008年建立的治理评估体系包含公民参与、人权与公民权等12个维度的三级指标。王绍光的国家基础能力评价,包含国家的强制力、濡化能力、认证能力等8项基础能力。这些研究对于提出中国自己的国家治理体系评价指标体系做出了非常重要的贡献,也为进一步完善国家治理评估体系打下了良好的基础。

3. 提出具有中国特色的国家治理评估体系

设计具有中国特色的国家治理评估指标体系应遵循如下原则:第一,体现中国价值观,充分反映中国转型社会的特点和改革开放的实践;第二,搭建与国际评估评价体系对话交流的平台,能够通过本研究在国际上发出声音;第三,体现不同时期、不同阶段、不同地区的治理差异,为决策者提供翔实的数据支持;第四,能够指导未来中国国家治理发展的方向;第五,量化指标应具备可操作性。

在上述原则下,研究拟设计一套适合中国实际的国家治理评估指标体系。国家治理体系包括国家(政府)系统和社会系统两个层面:前者主要指向政权体系,包括国家权力的运行体系,也包括社会对国家权力体系的参与;后者主要指向作为政治和政权体系作用对象的广义范畴的社会,具体又可分为经济、社会(相对于经济、政治等的狭义的社会)、文化和生态等领域。

国家治理的评估标准,就是通常人们所理解的"善治",包括正当性和有效性两个维度。所谓国家体系的正当性,主要指其作为国家上层建筑的制度与价值的正当性;所谓社会系统的正当性,主要指国家上层建筑建构基本社会秩序、规范的制度与价值的正当性。两大部分均可进一步层层细分,如政权体系包括政党、立法、行政、司法等子体系,而每一个体系和子体系及进一步延伸的子体系又可用若干可以操作和量化的指标进行测量,以这些细化的指标来测量其正当性程度。有效性主要检察国家体系和社会系统在运行中的能力与效率,测量能力与效率的标准包括秩序、效率、活力与适应变化等方面,同理,它们也需细分为若干环节,每一环节分为若干层级,再对每一层级中若干可操作化的指标进行有效测量。

可见,正当性中包含了现代化的治理对国家体系和社会系统在制度结构和价值形态方面的要求,这种正当性也融合了历史、现实与变迁和普世与特色两个方面的要求。而有效性主要评估通过法律和行政是否能够有效达成治理目标,所以,这套体系既包容了俞可平在中国治理评估框架下主要从政治学和法学视角对中国治理状况的评价,从正当性视角反映其在中国价值体系下的"善",也包容了王绍光对于国家基础性能力的强调,反映其有效性的"治",是"善"与"治"两个方面的有机结合。

研究初步设想出一个五级指标体系,并拟将这些指标具体地操作化,以供具体评估之用。评估指标体系及其实际应用力图体现宏观与微观、定性与定量、客观与主观、静态与动态、动机与效果等多方面考量的有机统一和良性互动。各项指标还可能会层层细化,最后实现量化指标的体系化。由于篇幅所限,这个评估指标体系作者将另文陈述。

(四)国家治理的信息采集与数据处理研究

1. 根据国家治理评估指标体系采集数据并建立若干关系数据库

高质量的数据是满足能力评估、横向比较和纵向挖掘的分析需求的基础,也是为科学决策提供有效支持的基本保障。在国家治理评估指标体系的基础上,需要对每一个度量指标和观测变量进行严格的内涵界定和范围设定,并通过建立统一的数据质量度量标准和定义数据质量目标,对采集数据进行有效的监督和及时的清理。在数据采集上,遵循全面、系统的原则。因为每种数据来源都有一定的局限性,事物的本质和规律隐藏在原始数据的相互关联之中,只有融合集成各方面的原始数据,才能反映事物的全貌。根据大数据的时代特征,"数据化意味着要从一切太阳底下的事物中汲取信息,甚至包括很多以前认为与'信息'根本搭不上边的事情"。所以除了收集公共领域的公开数据以及与相关政府合作采集数据之外,还会通过网络问卷调查及田野调查等形式采集不同类型的数据,并在此基础上建立以关系数据库(RD)为主干的数据库。

2. 建立基于国家治理评估主题分析的数据仓库

数据只是一些离散的元素,本身并没有什么意义,通过联结和整合数据,才能将其变为有用的信息,通过对信息的分析,最后才能转换为知识并产生行动和价值。因此,从不同的关系数据库中进行数据提取、转换和装载(data extracting, transformation and loading, ETL),将多种来源的数据按照统一的定义和格式整合起来,以主题(如政治、社会、法制、行政等)为目标,建立以分析为主要功能的数据仓库,是让各种数据转化为有利于治理决策和战略规划知识的最基础也是最关键的一步。"数据仓库(DW)是一个面向主题的(subject-oriented)、集成的(integrated)、相对稳定的(non-volatile)、反映历史变化(time variant)的数据集合,用于支持管理决策。"(Bill Inmon,1991)只有建立统一的数据仓库,才便于对不同地区、不同部门的治理能力进行横向比较以及沿时间轴进行纵向深入研究,让连续检测、分析、计划、决策成为可能,使得数据的潜在价值得到最大限度发挥。

3. 运用联机分析处理技术对国家治理能力进行现状评估和排名、实时监控

虽然依靠数据支持决策已经有很长的历史,但数据介入决策所能达到的深度、广度以及所具备的潜力却有待挖掘。联机分析处理(OLAP)技术是数据仓库系统的主要应用,专门设计用于支持复杂的分析操作,侧重对决策人员和高层管理人员的决策支持,可以根据分析人员的要求快速、灵活地进行大数据量的复杂查询处理,并且以一种直观且易懂的形式将查询结果提供给决策人员,以便他们准确掌握组织的发展状态,及时发现问题并进行主动干预。研究将运用这一技术对不同地区、不同部门的治理能力现状进行实时评估、排名和监控,及时发现问题并提供决策数据支持。

(五)国家治理的政府决策支持系统研究

1. 通过数据挖掘技术探求国家治理能力提升的未来发展之道

预测未来,是大数据的核心价值,大数据使得规律的发现和验证变得更为便捷可行。根据数据去探讨"发生了什么"或"什么正

在发生"并不是最有价值的过程,只有在众多数据中找到新的关联,发现新的模式,在此基础上预测未来的发展趋势并根据这种趋势进行下一步的决策和行动,才能创造数据最大的价值。数据挖掘(DM)技术就是利用强大的数据搜索和视觉化的分析方式,从杂乱无章的数据中发现规律,寻找到那些未知的关系和模式,并利用这些新的发现寻求未来的发展之道。所以,利用数据挖掘技术对国家治理能力中的不同要素与变量进行分析,可以帮助我们发现仅仅凭借已有经验难以发现的不同要素之间的相关关系,从而获取潜藏的、有用的信息和知识,根据数据挖掘的结果来调整已有政策,设计新的政策和措施,在此基础上提高决策效率与效益,促使有关部门的治理能力得到提升。

2. 用"DW+OLAP+DM"的综合方法来建设初级的决策辅助支持系统

研究的目标不是建立机器决策系统,而是建立政府决策辅助支持系统,即支持决策过程中的分析与判断,而不是代替人决策。决策不仅是为了提高决策的效率(efficiency),更是为了提高决策的有效性(effectiveness),它是一个应变能力强、交互式的人机系统,把人的判断力和计算机的信息处理能力结合在一起,在提高决策者的效能的同时不妨碍他们的主观能动性,可以避免仅靠经验决策和决策信息不完备导致的决策盲目性,从而提高行政决策的科学性、合理性,支持与强化决策过程。本研究将在数据库、数据仓库和数据挖掘的基础上,使用"DW+OLAP+DM"的综合方法来建立基本的决策辅助支持系统,也就是用DW来克服决策支持系统在早期传统数据库中的大量历史数据缺乏组织性、没有统一的格式标准、数据杂乱且不稳定、难以求解复杂的半结构化等决策问题;用DM方法,从半结构化数据仓库中寻求因果关系和恒久关联,实现提高决策质量和调整政策方案的目的;用OLAP来实现决策需求的数据查询输入,完成复杂的分析操作和大数据量的复杂查询处理，最终达到人机的有机结合，实现初级的决策辅助支持系统。

3. 通过社会经济系统的建模与仿真来建设高级的政府决策辅助支持系统

SD(system dynamics)和多 agent 建模与仿真(MABMS)的政策实验方法是当代西方最常用的两种政策仿真方法。SD 方法的主要特征是适合实现以数据库和数据仓库为基础的宏观指标仿真，而 MABMS 方法则适合从微观的角度来模拟系统的内在运行过程。本研究将综合使用两种方法来达到国家治理具体系统的宏观和微观的模拟，以及国家治理具体系统的内在机制和外在行为的仿真。除了西方流行的方法外，还将使用钱学森主张的"综合集成研讨厅"系统工程方法，解决与国家治理相关的政治、经济、社会、文化等复杂决策仿真系统建模问题，实现决策系统的仿真、模拟、推演系统，以完成政策预演的模拟化。华中科技大学此前在军事系统和水电系统中已经成功实现系统模拟和兵棋推演系统，下一步的目标是在政府的政治、经济、社会等系统中实现建模、系统模拟、仿真和推演。通过政策预演的模拟化来实现政策制定信息化、政策评价定量化、政策实施数据化，最终实现行政决策的科学性、合理性，达到支持与强化决策过程的目的。

五、研究拟突破的重点、难点和主要创新之处

（一）重点在价值取向与治理评估指标体系研究

1. 中国国家治理体系的价值取向研究

国家治理即"善治"，不仅仅是一个治理手段问题或者治理的有效性问题，更是治理价值目标的问题。只有根据一定的价值目

标,才能判断各种治理手段在达成治理目标上的有效性。中国是一个拥有悠久历史和传统文化的社会主义国家,传统文化与社会主义的核心价值体系是中国国家治理体系所要达到的目标,应该根据这个总目标来选择各种治理手段。

2. 当代中国国家治理制度体系调查研究

国家治理体系不仅涉及正当性问题,还涉及有效性问题。前者强调国家治理体系的科学性与被认可性,这需要全面深化政治、经济、社会、文化、生态以及党的领导体制改革;后者强调国家治理体系的执行能力,这需要深化行政体制改革,全面提高政府行政能力和法治水平。鉴于此,发现并完善符合上述要求的中国国家治理制度体系,需要对与此相关的立法和行政做出全面调查与研究。

3. 建立具有中国特色的较为全面的国家治理评估指标体系

目前国内外关于国家治理的评估指标非常多,但各有利弊,不太全面,且忽视了各国在历史、文化、体制、经济发展阶段的差异。本研究在前人研究的基础上,根据中国价值观与转型社会特点,吸取改革开放四十多年来的成功经验,拟设计一套切实反映中国价值观、能够指导未来中国国家治理方向、包含五级指标、具有可操作性的国家治理评估指标体系。

(二)难点在国家治理评估指标体系建构

根据前述国家治理评估指标体系,运用数据挖掘技术开展国家治理和决策的优化研究,进而建立政府决策辅助系统,是本研究的难点。目前已经实现的政府决策支持系统一般是关于较为容易定量计算的物理系统,比如,水库调度决策辅助系统、电网管理决策辅助系统、地理信息系统等。在政治社会领域(如国家安全问题、重大突发事件应急管理问题等)实现决策辅助系统,不仅涉及系统复杂性(决策问题规模宏大、参与部门众多、涉及要素多、要素间耦合关系复杂等)、系统不确定性(环境态势复杂多变,信息不完全、不准确或不确定)、横向领域跨度大(管理科学、社会科学、经济学、政治学、军事学等),还涉及人的主观能动性。

目前中国政府及公共领域公开与共享的数据非常有限,且进程缓慢,如何通过多种渠道采集、整合系统而全面的数据是本研究的难点所在。

(三)运用数据挖掘方法建立政府决策辅助系统

1. 初步提出具有世界视野和中国特色的中国国家治理理论和实践体系

通过深入研究中国传统善治思想与社会主义核心价值体系,借鉴西方较为成熟的国家治理经验,提出符合当代中国人民与政府价值取向和现实需求的国家治理体系建设的理论体系、基本目标、原则、框架,是本研究在理论研究上有可能取得的重大创新之处。

2. 构建具有世界视野和中国特色的国家治理评估体系

尝试将具有中国品格的国家治理体系目标、原则、框架具体化为具有中国特色的较为全面的国家治理评估指标体系,为国家治理的科学化、规范化提供可供测评的评估体系,为理论与实践的互动提供多方面、多层次、高程度的转换机制和运行通道。

3. 构建具有中国特色的国家治理的信息采集、数据处理和决策支持系统

尝试将最新的科学技术和数据处理系统服务于中国的国家治理体系,提升国家治理能力,尝试运用数据挖掘的方法建立政府决策辅助系统,为全面提高国家治理能力提供翔实的数据分析和技术支持,是本研究在现实应用上有可能取得的重大创新之处。

第三节　强化国家制度优势，提升国家治理效能①

十九届五中全会提出了我国"十四五"规划和 2035 年远景目标的建议，从更好坚持新时代中国特色社会主义和加速中华民族伟大复兴战略全局的高度，提出了对于国家治理现代化的特别要求，明确要求在未来一段时期，"国家治理效能得到新提升"，"社会治理特别是基层治理水平明显提高"。这样的国家治理建设目标，既是党的十八届三中全会提出推进国家治理体系和治理能力现代化战略构想的延续，也是十九届四中全会要求发挥中国国家制度优势，提升国家治理效能的具体实现，这既标志着习近平总书记的治国理政思想的时代性升华，也是马克思主义治国理政理论的进一步丰富、完善和提升，为中国共产党在新时代治国理政提供了更加清晰的思想指南和明确的行动纲领。本节围绕十九届五中全会所提出的"国家治理效能得到新提升"这个时代性使命，探析习近平国家治理现代化思想的演进过程，梳理其内在逻辑，着力探讨如何将国家制度优势转化为国家治理效能，推进国家治理现代化建设。

一、深刻领会国家治理现代化思想的演进逻辑

习近平总书记关于国家治理现代化的思想提出的时间并不算长，但却也经历了不断丰富、发展和提升的演进过程，有着清晰的内在逻辑。

---

① 本节内容为作者主持的国家社会科学基金重大项目"大数据驱动地方治理现代化综合研究"（19ZDA113）的研究成果之一，发表于 2021 年 3 月 31 日中国社会科学网《中国社会科学报》，略有删改。

首先,提出任务。党的十八届三中全会专题研究全面深化改革,首次创造性提出坚持和完善中国特色社会主义制度,推进国家治理体系和治理能力现代化,并将其作为全面深化改革的总目标,被誉为中国共产党人提出的"第五个现代化",而这也成为党的十八大以来加强中国国家制度建设和推进国家治理现代化的总纲领。

其次,战略布局。在此后每年一度的党的十八届四中、五中和六中全会上,党中央先后专题研讨全面依法治国、全面建成小康社会和全面从严治党,构建起了"四个全面"战略布局和"五个全面"总体布局,并赋予它们非常丰富的时代性内涵,提出非常具体的可操作性方案,从思想理论、制度建设和实践应用方面全面推进,深刻地改变着中国相关领域的面貌,中国的治国理政在思想理论上进入新阶段,在实践路径上进入新境界。

再次,未来规划。立足于党的十八大以来在推进国家治理现代化的丰硕成就和丰富经验的基础上,党的十九大报告首次提出了中华民族伟大复兴从 2020 到 2050 年的"两步走"发展战略,经过从 2020 到 2035 年的努力,基本实现社会主义现代化,国家治理体系和治理能力现代化基本实现,经过 2035 到 2050 年的努力,建成富强民主文明和谐美丽的社会主义现代化强国,实现国家治理体系和治理能力现代化,综合国力走在世界前列。在这里,可以看出社会主义现代化与国家治理体系和治理能力现代化的水平和程度呈正相关的关系,国家制度建设的现代化水平既是社会主义现代化的有机内容,也是其突出表现,也是其制度保障。

又次,完善构架。为了更好地推进国家制度现代化建设,经过党的十九届二中全会和三中全会认真研究,提出了党和国家机构改革的建议,并经全国人民代表大会通过,得到全面实施。这次在中央层面新组建了 25 个单位,涉及 80 多个单位,用 3 个月的时间顺利完成,又用了一年左右的时间将其推广到全国各个层次,完成了新中国成立以来对于党和国家机构也许是规模最大的一次革命性重塑。2019 年 7 月 5 日在深化党和国家机构改革总结会议上,习近平总书记在《继续完善党和国家机构职能体系》讲话中总结了此项重要工作及其所坚持的科学原则。其最根本的意义在于为中国社会未来长远发展准备更加科学合理和功能强大的国家机构，极大地推进了国家治理体系现代化。

最后，强化功能。完成党和国家机构的组织重构和结构优化之后如何更好发挥其功能？党的十九届四中全会专题研究国家治理现代化，通过了《中共中央关于坚持和完善中国特色社会主义制度、推进国家治理体系和治理能力现代化若干重大问题的决定》。该决定系统阐述中国特色社会主义制度和国家治理体系发展的历史性成就和显著优势，提出新时代坚持和完善中国特色社会主义制度、推进国家治理体系和治理能力现代化的重大意义和总体要求，分别探讨中国特色社会主义制度的根本制度、基本制度、重要制度及其本质要求，系统阐释了我国国家制度和国家治理体系的13个显著优势，指出了必须自觉坚持十三个方面的制度，尤其探讨如何把制度优势转化为治理效能。本次会议标志着中国共产党人治国理政的高度制度自觉。

二、深刻认识制度优势与治理效能之间的互动性

习近平总书记深刻指出，制度优势是一个国家的最大优势，制度竞争是国家间最根本的竞争。而制度优势是通过治理效能而得到表现和实现的，为此，必须认真探讨制度优势与治理效能之间的内在相关性。

一方面，制度优势是治理效能的必要前提。只有成功构建并不断完善先进科学合理的国家制度和治理体系，才有可能推进良法善治，激发人民群众的主体性和创造性，有效推进治理现代化，创造出优良的发展绩效，凸显治理效能。另一方面，提升治理效能既是强化制度优势的积极结果，也是必要证明。只有通过良好的发展绩效和治理效能，让人民更好当家做主，创造时代伟业，才能

彰显国家制度的先进性、科学性和合理性,彰显治理体系的功能特征和显著优势。

就中国而言,中国特色社会主义的国家制度优势是中国共产党人在实践中不断坚持和完善党的全面领导而获得的,是在不断推进马克思主义中国化的理论探索和实践创新进程中得以展开的,也是在为中国人民谋求自由解放和幸福生活的不懈努力中建构起来的,还是在带领中华民族从站起来到富起来再到强起来的历史进程中得到表现和实现的。正是在探索中国特色社会主义的革命、建设与改革开放和现代化道路中,在有效解决中国经济政治社会文化和生态发展中的重大理论和实践问题中,也是在促进中国社会发展和文明进步中,中国国家治理体系的现代化建设既获得了客观的要求,也获得了发展的机遇;既得到了施展的空间,也展示出强大的效能;既获得了无穷活力,也获得了快速发展。

就其治理效能来看,中国国家制度和治理体系的最大优势是帮助中国共产党人和中国人民不仅创造出"经济快速发展"这个世所罕见的奇迹,也创造了"社会长期稳定"这个世所罕见的奇迹。在第二次世界大战以来世界风云变幻莫测、全球治理格局深刻变化的历史进程中,这两个"世所罕见"的奇迹在同一个时期中在中国大地同步得以创造和实现,不仅独一无二,也特别难能可贵。中国共产党人依托于中国国家治理体系和治理能力,在不长的时间里带领全体中国人民消除了绝对贫困,全面建成了小康社会,走在了全体人民共同富裕的中华文明大道上,极大地彰显了中国制度优势和国家治理效能。

而面对着突如其来而且前有未有的新冠肺炎疫情,习近平总书记亲自指挥、亲自部署,中国共产党人毫不犹豫地始终坚持"人民至上""生命至上"的价值理念,建立起强大的中央指挥中心和联防联控机制,将军民、医地、平战等前所未有地内在结合起来,形成新型"举国体制"与"万众一心"的奇妙有序结合,汇聚起最优秀的医疗队伍、科研队伍和社会工作队伍,切实做好应检尽检、应隔尽隔、应收尽收、应治尽治,切实病人救治和疫情防控这两个"第一线"发动起最强大的抗击新冠疫情的人民战争、总体战、阻击战,取得了疫情阻击战的决定性成果,不仅造就了英雄的武汉和英雄的人民,也形成了"生命至上,举国同心,舍生忘死,尊重科学,命运与共"的伟大的抗疫精神。这再次从功能实效上最大限度地说明了中国特色社会主义国家制度相对于其他社会制度而言所具有的独特优势,也彰显出中国共产党治国理政的独特效能,甚至可以说正在展示出某种具有独特魅力的"中国国家治理奇迹"。

三、认真探索如何将制度优势更好地转化为治理效能

制度优势向治理效能的转化是一个非常复杂和重大的系统性问题。人类社会文明发展进步的突出特点是开放性和开拓性,已有的制度优势是否能够长期保持为发展优势,转化为治理效能,取决于我们是否能够在思想上积极探索创新,在实践上继续变革开拓。中华民族正处于"两个一百年"的交汇期,能否在中国共产党百年华诞之际,在中国全面建成小康社会之后,顺利开启未来30年建成社会主义强国的宏伟目标,在很大程度上取决于我们能否在"固根基、扬优势、补短板、强弱项"等四个方面积极开展工作并切实取得成效。

固根基就是要夯实中国国家制度和治理体系的思想基础、政治基础、经济基础、文化基础、社会基础、法律基础和民众基础等,使之既能切实立足中国大地,又能切实站在人类制度文明建设的发展高地,把世界视野与中国特色内在结合起来,切实引领当代中国自觉行进在当代人类制度文明的发展大道,指引人类和中华制度文明发展方向。

扬优势就是要探讨中国国家制度和治理体系发挥积极作用所需要的环境条件和内部机理,创造良好的思想舆论环境,发掘和激发国家制度的内在潜能,彰显中国国家制度的比较优势,切实提升

国家治理能力，使之得以最大限度地发挥和实现。

补短板就是要研究中国国家治理体系中各种制度之间的相关性和匹配度，探寻其内在合理结构和功能实现机制，及时发现其不足、缺失和短板，加强对其的理论探讨和实际提升，防止出现制度性短板和政策性疏漏，促使其整体性完善和功能性提升。

强弱项就是要研究中国国家制度体系中各项制度之间的发展程度和功能互补机制，加强对于薄弱环节的巩固和建设。要根据社会不同方面的发展进步所提出的制度性需求，审视和发现国家制度体系中与需要相应的缺失方面和薄弱环节，探寻其存在的原由及其消解途径，有重点地加以弥补和建设，探寻其功能性整合机制，优化国家制度的整体功能。

正是通过固根基、扬优势、补短板、强弱项等系统而又细致的功能性构建，才能更好地构建起系统完备、科学规范、运行有效的国家制度体系，切实加强系统治理、依法治理、综合治理、源头治理，才能将其科学地转化为最广大社会成员的共识，合理地转化为趋向未来理想目标的实施路径，有效地转化为最广大民众的自觉行为规范，激发出社会成员的奉献社会和发展自我的积极性与创造性，展示出优秀国家制度之"大道无形"和"无处不在"的特点和优势，把我国制度优势更好转化为国家治理效能。

四、从提升治理效能视角反思和强化制度优势

经过数十年的努力，中国国家制度建设、国家治理体系和治理能力取得了前所未有的成就，尤其是党的十九大以来我国的党和国家领导体制已经进行了革命性的重塑，通过十九届四中全会决定的系统梳理，我们一方面可以更好地将制度优势转化为治理效能，另一方面也可以从提升治理效能的角度对加强国家制度建设，强化其优势提出要求和建议。

首先，要从提升治理效能的角度认真探索如何更好地坚持和

完善各种层次的国家制度和治理体系。十九届四中全会明确地将中国国家制度体系分为根本制度、基本制度和重要制度三个大的层面。对这三个层面的国家制度和治理体系,我们都需要努力加以坚持和完善,但各自又有不同的具体情况,需要分层次和分程度地来加以把握。例如,根本制度涉及我们的国体和政体,是必须毫不动摇加以坚持的。我们既要勇于坚持也要善于改进党的领导,既要勇于坚持也要善于拓展中国特色社会主义方向,既要勇于坚持马克思主义本真精神也要善于不断推进其中国化、时代化、大众化,既要勇于坚持也要善于完善人民代表大会制度等。对于基本制度,重点在于各种制度内部与不同方面的有机协调与功能融合。对于各项重要制度则须根据实践发展而不断推进改革和创新。

其次,要努力探寻和克服妨碍制度优势转化为治理效能的各种障碍。这里的障碍可能是来自思想认识水平方面的,可能是来自价值观念差异方面的,可能是来自体系机制不周全方面的,也可能是来自执行能力方面的,等等。我们要努力提升思想认识,理顺价值关系,健全运行机制,有针对性消除各种障碍,促进系统功能的优化。

再次,要切实关注当代中国价值多元化对于中国国家制度及其治理效能的严重挑战。随着所有制形式、分配方式的多样化和市场经济建设,中国社会出现了巨大的社群分层与分化,不同的人群实际生活在中国社会的不同圈层之中,各自有不同的思想观念和价值诉求,如何更好地满足不同的人群对美好生活的不同理解和不同要求,对中国国家制度的包容性和开放性提出了很高的要求。

又次,要特别注意中国国家制度从中央到基层的组织性畅通与功能性贯通问题。中国国家制度包含着从中央经过省、市、县、乡镇到社区村队等诸多层次和诸多环节,其中任何层次或者环节不畅都会妨碍整体功能的实现,影响到国家治理的效能。

最后,在当前要特别注意国家制度体系的基层组织建设和末梢功能构建。国家制度的组织优势需要通过系统的末梢功能而融入到社会生产社会生活的各个领域和各个方面,就像人体需要各种类型的毛细血管渗入到肌肉、皮肤等而保持肌体的活性与活力。良好的基层治理才能将制度优势切实有效地转化为民众的幸福感和获得感,展示出国家治理的善治效能,促进中华民族伟大复兴。

第二章

国家治理现代化的学理探析

党的十九大首次提出和全面系统阐释"习近平新时代中国特色社会主义思想",并将其作为中国共产党的指导思想和行动纲领写入《中国共产党章程》,载入马克思主义发展史、中国共产党的发展史和中国特色社会主义现代化发展进程的伟大史册,并将深刻地影响到世界格局和人类未来发展。本章尝试梳理习近平新时代中国特色社会主义思想的内在逻辑结构,同时探寻国家治理的中国话语体系和学理根基。

第一节 21世纪中国的马克思主义时代华章

习近平新时代中国特色社会主义思想是21世纪中国的马克思主义的时代华章,是马克思主义中国化的最新成果,具有严密的内在逻辑结构。

一、准确把握历史方位:中国特色社会主义进入新时代

准确判定历史方位是马克思主义中国化的必要前提,也是马

克思主义指引党和国家做出科学战略定位的时代要求。党的十九大明确指出,经过长期努力,中国特色社会主义进入了新时代,这是我国发展新的历史方位。

1978年以来,中国共产党带领全国人民经过40多年的艰苦卓绝而又极富成效的努力,取得了巨大成就。从国内来看,我国经济实力、科技实力、国防实力、综合国力进入世界前列,中国特色社会主义道路、理论、制度和文化建设不断加强,党的面貌、国家的面貌、人民的面貌、军队的面貌、中华民族的面貌发生了前所未有的变化,迎来了由站起来、富起来到强起来的巨大飞跃,中华民族伟大复兴展现出前所未有的光明前景。从国际来看,中国特色社会主义道路、理论、制度、文化不断发展,拓展了发展中国家走向现代化的途径,给世界上那些既希望加快发展又希望保持自身独立性的国家和民族提供了全新选择,为解决人类问题贡献了中国智慧和中国方案。

二、深度透析社会矛盾:把握中国社会主要矛盾新变化

准确分析当代中国国情和社会主要矛盾是确定党和国家战略的又一重要前提,也是马克思主义中国化的重要内容。一方面,从总体上看,我们仍处于并将长期处于社会主义初级阶段,仍然是世界上最大的发展中国家。另一方面,我国国内生产总值已稳居世界第二,我们已经稳定地解决了十几亿人的温饱问题,正处于全面建成小康社会决胜阶段。在这样的背景下,人民向往更加美好的生活,不仅对物质文化生活提出了更高要求,对民主、法治、公平、正义、安全、环境等方面的需求也日益增长。面对这样的需要,发展不平衡不充分的问题已经成为满足人民日益增长的美好生活需要的主要制约因素。我国社会主要矛盾已经转化为人民日益增长的美好生活需要和不平衡不充分的发展之间的矛盾。我国社会主要矛盾的历史性转化,对党和国家工作提出了许多新要求,也为

21世纪中国的马克思主义的当代发展提供了机遇和挑战。我们要在继续推动发展的基础上,着力解决好发展不平衡不充分问题,大力提升发展质量和效益,更好地满足人民在经济、政治、文化、社会、生态等方面日益增长的需要,更好地推动人的全面发展、社会的全面进步。

三、科学确立战略目标:确立"两个一百年"目标新征程

科学确立中国社会未来发展长远目标是21世纪中国的马克思主义更好地发挥指导作用的重要基础。新时代我们党对我国社会主义现代化建设作出新的战略安排,就是在全面建成小康社会、实现第一个百年奋斗目标之后,乘势而上开启全面建设社会主义现代化国家新征程,向第二个百年奋斗目标进军。综合分析国际国内形势和我国发展条件,我们党科学确立了"两个阶段"的战略安排:第一个阶段是从2020年到2035年,基本实现社会主义现代化;第二个阶段是从2035年到21世纪中叶,在基本实现现代化的基础上,再奋斗十五年,把我国建成富强、民主、文明、和谐、美丽的社会主义现代化强国。

"两个阶段"的战略安排,是在全面总结分析近五年来党和国家事业发生历史性变革,准确把握中国特色社会主义进入新的历史方位,深度透析中国社会主要矛盾发生历史性转化的基础上,统筹推进经济建设、政治建设、文化建设、社会建设、生态文明建设的必然要求,也是坚韧不拔、锲而不舍,奋力谱写社会主义现代化新征程的必由之路。

四、大力推进理论创新:习近平新时代中国特色社会主义思想

习近平新时代中国特色社会主义思想,立足于中国特色社会主义现代化建设的伟大实践,既是对马克思列宁主义、毛泽东思

想、邓小平理论、"三个代表"重要思想、科学发展观的科学继承,具有非常坚实的理论根基,又依据于改革开放以来的革命性变革,汇聚了党和人民的实践经验与集体智慧,尤其是依托于近五年来党和国家事业发生的深层次的、根本性的、历史性的变革,获得极大拓展与丰富。习近平新时代中国特色社会主义思想,科学地回答了新时代坚持和发展什么样的中国特色社会主义、怎样坚持和发展中国特色社会主义等一系列重大理论和实践问题,全面阐述了新时代坚持和发展中国特色社会主义的总目标、总任务、总体布局、战略布局和发展方向、发展方式、发展动力、战略步骤、外部条件、政治保证等基本问题,并且根据新的实践对经济、政治、法治、科技、文化、教育、民生、民族、宗教、社会、生态文明、国家安全、国防和军队、"一国两制"和祖国统一、统一战线、外交、党的建设等各方面作出了深入的理论分析和政策指导,内容丰富,体系完整,博大精深,是马克思主义中国化的最新成果,是中国特色社会主义理论体系的重要组成部分,是全党全国人民为实现中华民族伟大复兴而奋斗的行动指南,必须长期坚持并不断发展。

五、全面构建基本方略:系统规划中国特色社会主义新方略

实现中华民族复兴伟大梦想需要建设伟大工程,进行伟大斗争,推进伟大事业,为此必须在新时代坚持和发展中国特色社会主义基本方略,这就是坚持党对一切工作的领导、坚持以人民为中心、坚持全面深化改革、坚持新发展理念、坚持人民当家做主、坚持全面依法治国、坚持社会主义核心价值体系、坚持在发展中保障和改善民生、坚持人与自然和谐共生、坚持总体国家安全观、坚持党对人民军队的绝对领导、坚持"一国两制"和推进祖国统一、坚持推动构建人类命运共同体、坚持全面从严治党。十四条基本方略经过有机统摄、科学整合与合理提升,构成全面系统的方略体系,是习近平新时代中国特色社会主义思想重要组成部分,科学地指出

了中国特色社会主义的实践道路!

新时代中国特色社会主义思想,依据中国特色社会主义发展的新时代,反映了当代中国社会主要矛盾的深刻变化,是马克思主义中国化的最新成果,构成了21世纪中国的马克思主义的时代华章,展现出更强大、更有说服力的真理力量,将长期指引中华民族伟大复兴中国梦的伟大进程!

第二节 中国哲学话语体系的反思与建构

构建当代中国哲学话语体系绝不仅仅是以更好的话语方式来表述现有哲学内容的问题,而是对于新的哲学体系和哲学形态的构建过程,因而是一项非常复杂、艰巨的哲学学术创新工程,为此必须自觉反思和努力超越当前中国哲学研究的内部分化与隔离状态,以强烈而又清晰的哲学问题为导向拓展哲学研究的视域,在传统与现代、中国与世界、科技与人文的深度融合之中合理解读当代世界和中国问题,在把握时代脉搏、提升时代精神、引领文明进步的过程中凸显中国哲学的中国意义和世界意义。

一、超越当前中国哲学话语体系的学科分立状态

改革开放以来,中国的哲学研究取得了极大进展,但就学科分布和研究方式而言,仍然处于中国传统哲学、西方哲学和马克思主义哲学相分立的状态。相应地,存在着中国传统哲学、西方哲学和马克思主义哲学研究群体之间的话语差异,哲学研究工作者自觉或不自觉地局限于一定的哲学二级学科,沿着该学科的规范从事研究和教学,彼此间少有实质性交往与深层次沟通。这种情况的存在妨碍着当代中国哲学话语体系的整体建构,应予以反思和超越。

近代以来尤其是20世纪以来,中国的哲学(在中国的哲学)经历了也许是有史以来的最大分化与转变,并逐步形成了学科分立的状态:一是以儒学为核心的中国传统哲学经过"五四"新文化运动的批判而逐渐失去主导地位,经过"文化大革命"的根本否定而被指涉为负面思想文化的代表,在改革开放以后以"新儒学"或"国学"等形态重新复出;二是以科学主义和人本主义分流的西方哲学在近代以来迅速传入中国并获得相当重要的学术地位,在"文化大革命"中被作为资产阶级哲学而被拒斥,改革开放后在学界逐渐成为显学;三是马克思主义哲学在俄国十月革命后为中国共产党所接受并成为中国的主流哲学之一,随着改革开放和社会多元化发展,马克思主义的中国化进程取得非常丰硕的成果。

与中西马这三种主要哲学形态之间的复杂互动关系相适应,中国哲学话语体系也呈现出多样化的发展态势。与此同时,哲学的诸多分支学科,如宗教哲学、科技哲学、道德哲学、逻辑哲学等也都努力开拓着自己的话语体系。这造成了中国哲学研究中的学科分化、领域分化和话语分化。这种分立和分化状态一方面依据经济社会文化的多元化发展态势,展示着社会的丰富性和多样性,另一方面也妨碍着哲学研究的深化与整合,有必要在深度分化的基础上推动其高度综合。

二、以"哲学问题"为导向拓展当代中国哲学研究视域

深入拓展的经济全球化和世界一体化为当代中国哲学研究打破狭隘的学科隔离状态、构建整体性的中国哲学既提出了紧迫的要求,也提供了现实的可能。当代中国哲学话语体系的整体构建应当立足于世界经济政治和社会文化的一体化发展,通过问题导向和问题聚焦,推动哲学研究的视域扩展和交织互动。这里所说的哲学问题导向有三个基本向度:历史向度、时代向度和中国向度。

就其历史向度而言，当代中国的哲学研究应当更加自觉地走向历史的深处，以提升当代哲学的历史自觉。人类的哲学思维在历史上是一元发生还是多元发生的？不同的种族特性和民族哲学文化对哲学形态发生何等的基础性影响与作用？哲学智慧在人类智慧的提升进程和多层次体系中居于什么样的地位？哲学的系统发生如何在个体发生中得到遗留和传承？等等。搞清楚这些问题，对于理解哲学的历史与今天甚至未来都有极为重要的意义。为此，有必要在自然进化史、文明发生史、民族进步史、社会演变史和人类智慧史的交织、互制与互动中深度探讨人类哲学智慧多元发生、多线演进、多族互动、多派分化、多域实现的复杂进程和未来走向，加深对人类哲学思维发展宏观脉络、演进逻辑、主要环节和发展趋向的理解，在寻根究底、追踪溯源、探寻极限、寻求超越、瞻前窥远、预见未来等方面作出更大努力，提升当代中国和世界的哲学史自觉。

就其时代向度而言，当代中国的哲学研究要自觉关注当代世界哲学的多元碰撞和整体互动。区域史、民族史、国度史向世界史、人类史、全球史的转变，到底引发了哪些世界性的哲学变革？科学主义与人本主义的分野在什么意义上是必然的和合理的，在什么意义上是不合理的和应当消除的？经济全球化和世界一体化要求什么内容与形态的哲学？文明的冲突是否会带来哲学的冲突？高新科技带来的信息化、网络化、虚拟化给人类哲学思维带来了什么？这都是当代人类所面临的世界性难题。为此，我们应努力超越仅仅关注国别哲学史、民族哲学史、区域哲学史、流派哲学史的狭隘眼界，把国度哲学、民族哲学、地域哲学和流派哲学与人类的文明发展进程内在联系起来，把握各国度、各民族、各地域、各流派哲学发生、发展的背景和特殊性，探索当代科技进步和人文发展所提供的哲学资源，透析当代人类文明内部冲突对于哲学智慧所提出的挑战，努力把握现时代的时代精神及其精华，达到对于当代世界哲学的整体性把握与构建。

就其中国向度而言,当代中国的哲学研究既需自觉探讨当代中国特色社会主义现代化的哲学需求,也应当能够为中华民族的伟大复兴提供哲学支撑。马克思主义哲学如何融入当代中国人的精神世界并成为其思想指导?中华民族伟大复兴需要什么样的哲学思维?中国道路在何种意义和程度上顺应和代表着人类文明发展方向?当代中华民族一方面应自觉总结反思中华民族的哲学成就,另一方面应善于引领中华民族伟大复兴的进程。为此,必须善于在"中西马"的良性健康互动中整合各种哲学资源,积极推动哲学与科技、人文的内在互动,立足当代中国实践做出新的哲学创造,为中华民族伟大复兴提供必要的智慧支持。

三、以"视域融合"构建当代中国哲学话语体系

哲学是智慧之学,致力于追寻最高的智慧。哲学思维具有致极性特点,始终活跃在已知与未知、有限与无限、确定与不确定的边界,致力于对已知、有限和确定性的超越。人民是哲学的主体,人民的精神境界和哲学素养决定着哲学的水平与形态。当代中国哲学话语体系的构建,既是当代哲学寻求超越的目标,也是哲学工作者自我超越的结果。为此,既需要全体哲学工作者的学术探索和自觉超越,也需要极大提高全民族的哲学素养。这里最为关键的是要自觉打破各种有形与无形的隔离状态,促使哲学研究在深度分化基础上的高度综合。

要自觉打破"中西马"的学科隔离和思想藩篱,探索整合古今中外优秀哲学与文化资源,构建新哲学形态的可行途径。要自觉打破科技与人文的隔离,把高科技与新人文内在结合起来,以人文精神规范和引领科技发展,以科学精神丰富人文精神,在科技与人文的融汇中提升哲学的方法论自觉。要自觉打破理性与非理性的隔离,把理性的激情与激情的理性内在整合起来,探索整合理性与非理性的有效途径。要自觉打破理论与实践的隔离,善于把理论

运用于实践,指导实践,在与实践的互动中将实践经验提升为哲学理论。要自觉打破论坛哲学、讲坛哲学与大众哲学的隔离,让哲学研究的最新最好成果及时进入讲坛,走进大众,提升全民族的哲学素养,推动各界的视域融合,以哲学的方式共同讲好中国故事,展示中国风格,凸显中国气派,造就一个真正哲学的世界,中国的哲学也才能够真正成为世界的哲学。

第三节　新时代社会认识与国家治理现代化[①]

　　本节立足重要时间节点,探析马克思主义哲学的本真精神,探寻其帮助人们更加科学地认识世界和合理地改变世界的双重旨趣,梳理马克思主义哲学与人类命运同频共振的演进逻辑,探讨新时代社会认识所面临的机遇与挑战,探索新时代国家治理现代化的实现途径,强化中国特色社会主义制度的比较优势。哲学研究只有自觉站在历史、现实与未来的交汇点上,才能更好地把握新时代精神的精华。我们要把握时代精神,更好地发挥其世界观、价值观和方法论的指导作用,实现中华民族伟大复兴,这也必将促进马克思主义哲学在新时代的大发展。

　　2018年是一个很不平凡的年份,我们迎来了马克思诞辰200周年、《共产党宣言》发表170周年和改革开放40周年！世界和中国正在进入一个新时代！立足于当今这个特殊时间节点来回顾、反思与展望人类文明发展史、中华民族发展史、国际共产主义运动史、中国共产党的革命和建设史,有许多历史经验需要科学总结,有许多时代问题需要深层透析,有许多未来挑战需要合理前瞻。

---

① 本节内容发表于《哲学研究》2018年第10期,略有删改。

一、本真精神：马克思墓志铭揭示真谛

伟大的时代需要伟大的思想，也需要伟大的哲学。从方法论上来看，我们需要更加自觉地立足于新时代，深刻领会马克思所指出的，"哲学家们只是用不同的方式解释世界，问题在于改变世界"所具有的特殊启示。

我们一直强调坚持和发展马克思主义哲学，那么，坚持什么？发展什么？回答是：坚持马克思主义哲学的本真精神，并使其在新的时代条件下得到运用与发挥，促使其发展与升华。那么，何为马克思主义的本真精神？对此人们可能会有不尽相同的解读。在作者看来，就是要回到马克思主义哲学的双重旨趣：科学地认识世界和合理地改变世界，并在二者的良性互动中促进人的自由解放和全面发展。

为此我们有必要重温马克思的墓志铭，回到马克思《关于费尔巴哈的提纲》第十一条："哲学家们只是用不同的方式解释世界，问题在于改变世界。"① 无论是从《关于费尔巴哈的提纲》在马克思思想转型和哲学革命中的地位，还是体会恩格斯将其置于马克思墓志铭地位的考量，都不难看出这段话所具有的意义。可以说，它帮助我们更好地理解马克思哲学革命的实质和马克思主义哲学本真精神的意义。在马克思看来，古往今来的哲学家们重在以不同的方式解释世界，这是必要的，但还不够，我们不能仅仅局限于解释世界，因为"问题在于改变世界"。

在《关于费尔巴哈的提纲》中，马克思立足于实践来理解人及其本质，理解人与世界的关系，批判费尔巴哈的直观的唯物主义，阐发自己的新唯物主义。在马克思看来，人的本质，在其现实性上是一切社会关系的总和，而社会生活在本质上是实践的，因此，"环

---

① 马克思恩格斯选集(第1卷)[M].北京：人民出版社，1995：136.

境的改变和人的活动或自我改变的一致,只能被看作是并合理地理解为革命的实践"①。只有从实践的角度,才能真正理解人,而这正是费尔巴哈哲学的根本缺陷和失足之处。马克思认为,从前的一切唯物主义,包括费尔巴哈的唯物主义在内,其主要缺点就是只从客观的或者直观的形式去理解事物、现实和感性,而不是从人的感性活动方面,从人的实践方面去理解,因此他们最多也只能做到对于市民社会的单个人的直观。马克思高度强调革命的实践批判活动的意义,强调在实践中证明思维的真理性,消除各种形式的神秘主义。他尤其明确地把自己的新唯物主义奠基于人类社会或社会化的人类的坚实基地之上,这就为他后来进一步将自己的哲学规定为"实践的唯物主义"做了准备。

认识世界和改造世界是人与世界的两种最根本和最基础的关系,也是人自觉有效地处理人与世界关系的两个最广泛和最重要的方面。它根源于人类社会产生和发展所造成的物质世界与精神世界的二元分化,它要求人们在思想上和行动中将这两个世界内在地统一起来。人对世界的超越性并没有改变人对世界的依赖,但人对世界的依赖却必须通过人对世界的掌握来实现。人对世界的掌握包含着观念的掌握和实践的掌握这两个基本的方面。人对世界的观念掌握是在不改变事物的现实存在状态的情况下使之成为人的思想观念的内容,以思想观念的方式掌握世界。这就产生了人对世界的认识和解释,形成了认识活动和真理性追求。人对世界的实践掌握就是通过对事物的改变来使之成为人的现实生活的组成部分,以实际的方式掌握世界,构成了人对世界的价值性追求。

正是以实践为基础将认识世界与改造世界的双重价值统摄起来,马克思主义哲学展示出对于传统哲学的超越性,并获得了独特的革命性质和意义。第一,马克思并没有否认和低估认识世界的

---

① 马克思恩格斯选集(第1卷)[M].北京:人民出版社,1995:134.

重要性,因为如果没有对世界的认识,就不可能有人在实践中的自觉性。第二,马克思并不停留于和局限于认识世界,而是在此基础上突出强调对世界的变革与改造,因为一方面人们只能在实践中获得对于世界的认识并使其得到运用和检验,促使其发展,另一方面人们只有通过实践才能不仅在观念中也在实际中改变世界。第三,马克思在新的思想高度上对认识世界与改变世界提出功能要求:一方面,立足于能动的实践基础而谋求对世界的科学性认识,要求人们尽可能客观真实和科学地认识和解释世界;另一方面,依据于科学认识和正确价值取向而谋求对世界的合理性改造,要求人们尽可能合理有效地改造和变革世界。正是在这样的双重思想高度和功能上形成马克思主义哲学的双重旨趣:客观科学地认识世界与合理有效地改变世界,凸显了马克思主义哲学的双重追求——真理性追求和价值性追求,形成了马克思主义哲学的双重原则——真理性原则和价值性原则,并要求我们把二者内在有机地结合起来。

二、演进逻辑:马克思主义哲学与人类命运同频共振

马克思主义哲学既是一种思想理论,也是一种价值体系,还是一种方法论。运用这种科学的思想理论、价值体系和方法论来帮助人们更好地认识世界和改造世界,催生了人类文明发展史上从思想到运动到制度的全新变革。自马克思诞生以来,尤其是《共产党宣言》发表以来,马克思主义的哲学变革首先是促成了社会主义思想从空想到科学的转变,进而引发了无产阶级革命运动,开启了对于社会主义制度的探索,开创了对社会主义现代化道路的全新追求。正是在这个不断拓展和深化的历史进程中,马克思主义哲学通过不同国家的理论探索与实践创新,形成科学社会主义理论,指导无产阶级革命与解放事业,与社会主义制度和社会主义现代化道路逐步全面融合,为人类文明进步提供全新的思想、运动、道

路、制度，引领人类文明新的发展方向。马克思主义哲学的发展逻辑正是在与各国革命与建设的实践逻辑的交互作用中展现出来，并与人类命运同频共振，不断获得发展。

在马克思主义的初始阶段，马克思和恩格斯的主要贡献在于：

第一，通过不断的理论批判和理论创新，将马克思主义作为一种科学的理论完整地创立起来。通过对于黑格尔唯心主义和费尔巴哈唯物主义的批判，以实践哲学为基础将唯物主义与辩证法内在地结合起来，将对自然的唯物主义解释与对社会历史的唯物主义解释内在地结合起来，建立起辩证的、历史的、人道的、实践的唯物主义，构建起原初形态的马克思主义哲学。通过对于古典政治经济学的批判而在剩余价值学说的基础上建立马克思主义的政治经济学；通过科学实践观而促使社会主义由空想到科学的转变，创立科学社会主义；通过对于人类命运与自由解放运动的深切关注而构建起丰富的马克思主义人类学思想，在此基础上构建起马克思主义的完整理论体系。

第二，运用马克思主义的理论与方法，全方位展开对于资本主义私有制的批判，提升无产阶级的阶级意识，发起无产阶级的革命运动，推进无产阶级的阶级解放，并在此基础上探寻人类解放道路。

第三，提出构建新社会的基本原则，尝试建立无产阶级专政的社会制度，并建立起巴黎公社。巴黎公社存在的时间尽管非常有限，但作为人类文明史上的第一个无产阶级政权，其意义不可低估。马克思和恩格斯为人类勾勒出替代资本主义的未来理想社会雏形，指出人类文明的发展方向，那就是自由人的联合体，并把每个人的自由发展设定为一切人自由发展的条件。

列宁主义是马克思主义与俄国革命相结合的产物，是马克思主义的派生形态。苏联时期的主要进展与主要贡献在于：

第一，将马克思主义运用于认识俄国社会，大力推进理论创新，在与俄国内部各种复杂思想的激烈斗争中坚持和发展了马克思主义,创立了列宁主义。

第二,依托于对俄国的科学认识,运用马克思列宁主义探索俄国革命道路。这里最重要的是超越第二国际修正主义的"议会道路"与"和平过渡"思想,坚持马克思、恩格斯设想的暴力革命道路,成功地在农奴制和半农奴制的俄国发动了无产阶级革命,推翻了沙皇政府,在人类文明史上第一次建立了无产阶级政权。

第三,使社会主义思想在人类文明史上第一次变成了一种国家制度,在社会主义制度的大格局中建设和发展苏联。

第四,在一个落后的农奴制和半农奴制国家建立和发展一个社会主义强国,为第二次世界大战胜利做出了非凡的贡献。战后继续探索社会主义现代化,在一定时期展示了社会主义制度的优越性。

第五,将马列主义思想和社会主义制度传播到中国和东欧国家,促使一大批国家走上了社会主义道路,构建起具有巨大版图、强大实力和重要世界影响的社会主义阵营,使之成为抗衡资本主义的重要力量,并在20世纪中叶与资本主义两个阵营殊死抗争。当然,众所周知,在这个过程中,由于国际国内形势的复杂演变,尤其是苏联共产党在思想理论上的失误与内部价值观的分化,苏联在20世纪最后十年遭遇解体,成为我们需要深入研究反思的特殊历史案例。

马克思主义在20世纪初期通过俄国走进中国,与中国共产党和中国人民的革命与建设实践相结合,不仅开启了中国社会发展的全新时代,也使马克思主义开启了全新发展阶段,具有特别重要的世界意义。百年来马克思主义与中国社会的共同进步与特殊贡献在于:第一,马克思列宁主义在中国的革命和建设实践中发挥积极指导作用,并不断得到传承与创新,先后产生了毛泽东思想、邓小平理论、"三个代表"重要思想、科学发展观和习近平新时代中国特色社会主义思想,使马克思列宁主义在当代中国获得了前所未有的丰富与发展,也使中国站在了马克思主义当代发展的制高点。

第二，指引中国共产党成功地领导中国的无产阶级革命，取得土地革命战争、抗日战争和解放战争的伟大胜利，不仅为人类反法西斯战争做出重大贡献，也使占世界人口四分之一的中国人民获得了伟大解放。第三，以1949年10月1日为标志在中国建立起社会主义制度，使中国实现了由半殖民地半封建社会转变为社会主义社会的根本性革命，中国人民走上社会主义道路。第四，在中国化马克思主义的指导下，中国共产党不仅在新中国成立后努力坚持和发展社会主义，而且在改革开放以来开启了中国特色社会主义现代化道路，使社会主义在道路、理论、制度和文化等多方面得到了极大丰富和发展。第五，中国共产党人将社会主义与现代化、中国优秀传统文化与西方先进文化、市场经济与现代科学技术、中国共产党领导与民主法治等当代人类文明先进元素，创造性地融入中国特色社会主义现代化进程，整合成为内涵极为丰富的中国特色社会主义现代化道路，加速了中华民族伟大复兴的进程。第六，中国的发展和成功不仅解决了中国自身的问题，也给世界上那些既希望加快发展又希望保持自身独立性的国家和民族提供了全新选择，并将在一定意义上引领人类文明的发展方向。

三、视域扩展：当代社会认识的机遇与挑战

1978年关于"实践是检验真理的唯一标准"的大讨论，恢复了一个马克思主义哲学的基本观点，引发了中国社会的巨大思想政治变革和改革开放进程，展示了哲学对于中华民族伟大复兴所具有的特殊指导意义。40年来，中国的经济、政治、社会文化、生态建设取得了举世瞩目的成就，发生了历史性的变化，中华民族迎来了从站起来、富起来到强起来的伟大飞跃，中国特色社会主义进入了新时代。新时代依托于中国新的社会主要矛盾，这就是人民日益增长的美好生活需要和不平衡不充分的发展之间的矛盾；新时代孕育了新思想，这就是习近平新时代中国特色社会主义思想；新

时代开启了新征程,这就是通过两个阶段在2050年建成富强民主文明和谐美丽的社会主义现代化强国;新时代承载着新使命,这就是中华民族的伟大复兴。中国国家治理现代化面临着前所未有的机遇与挑战,也为社会认识论研究提供了特别的机遇与挑战:

第一,社会的自然基础正在极大拓展,一个大自然与大社会深刻融汇互动的自然生态—人—社会大系统正在形成。随着现代科学技术的广泛运用、生态文明建设的确立与扩展,人们对生存的自然环境的要求越来越高,自然界在越来越大的范围内和越来越深刻的程度上成为人类社会生活的内在组成部分,资源、环境等成为极为严肃与紧迫的社会问题。

第二,社会的空间内涵正在极大拓宽,一种既有民族特色又有国际风范的多元文化大社会正在形成。随着经济全球化,各个国家与民族中的社会文化问题前所未有地受到国际文化的影响,原来局限于国内的小社会,越来越深刻地与全球经济和世界格局融为一体,成为人类命运紧密相连的大社会。

第三,社会的组织结构与运行方式正在极大改变,一种以新型信息系统为纽带的新的社会组织形式和社会运行方式正在形成。高新信息科学技术的广泛应用、社会高度信息化,不仅改变着社会的生产方式、生活方式和交往方式,也改变着社会的宏观结构和组织方式,造成社会运行模式的极大改变。

第四,社会的发展速度和节奏正在发生着极大变化,一个以加速运行作为常态的新社会运动正在形成。现代化、市场化、信息化等几乎所有的社会要素都推动着社会的加速发展,社会运行的节奏加快,周期缩短,未来的震荡变得更加鲜明突出,很多预计未来才会发生的事情提前到来,社会发展中的"钟慢尺缩"与"钟快尺长"交错发生,极大地增加了社会发展中的不确定性与风险。

我们要自觉学习运用复杂性的思维和方法,充分认识新时代认识系统中主客体之间通过中介而构成的自我相关与自相缠绕,充分认识社会利益纠葛与价值取向分化对于主体认识活动的多维牵引作用,充分认识社会信息的不确定性和不均衡性对于认识科学性和认知正义的影响,努力探索社会认识的科学化发展道路。

四、强化优势:推进中国国家治理现代化

党的十八届三中全会首次提出推进国家治理体系和治理能力现代化,中国共产党的治国理政进入新境界。社会认识与国家治理之间处于极为密切的互动关系,认识的正确性与科学性决定着国家治理的合理性和有效性。改革开放40年来,在探索中国特色社会主义道路的艰难历程中,我们从"摸着石头过河"到高度自觉的顶层设计,形成经济、政治、社会、文化、生态建设"五位一体"总体布局,形成了全面深化改革、全面依法治国、全面建成小康社会、全面从严治党的"四个全面"战略布局,经历了高度自觉的认识发展历程和实践探索历程。

党的十九大和全国人民代表大会通过的党和国家机构改革方案,标志着中国共产党治国理政体系的整体升级与全新构建。这是新中国成立以来党和国家机构改革重组新建力度最大的改革方案。

现在,需要我们做的工作:

首先,要深刻认识全球治理变局及其对中国的影响,探索人类文明发展大道及其对中国未来发展所提供的机遇与挑战。当代世界处于快速演进和深度转型之中,经济全球化和世界多极化同步展开,各种思潮风云激荡。第二次世界大战以来的世界格局面临深刻挑战,全球治理变局日趋明显,意识形态的冲突并未根本消除,文明的冲突日益展现,道路的选择面临困惑,人类命运共同体在多重意义上凸显。我们要深入研究新时代人类文明发展道路和各国的自主选择机制,研究全球治理变局及其演进趋势,善于统筹国际国内两个大局,大力推进全球治理,努力构建当代人类命运共

同体。

其次，要认真关注当代中国社会价值多样化发展并做出合理性评估，直面社会主要矛盾变化对新时代国家治理所提供的机遇与挑战，大力探索良法善治的理论体系和实现途径，推进新时代中国特色社会主义现代化道路。改革开放以来中国社会发展的最大进步之一是努力走出封闭僵化和单一模式，走向多元性与多样化的发展进程：所有制形式多样化、生产方式多样化、分配方式多样化、生活方式多样化、社会价值多样化、思想观念多样化，等等。社会价值利益的复杂性和多样化要求与之相适应的思想观念和制度体系，这就造成了体系内部的思想理念分歧和制度性冲突，要求体制性解决。要在价值多元背景下实现"善治"目标，就必须强化国家治理中的价值自觉与导向，要认真分析当前中国多元价值的状态：一是定性分析，看清在多元价值中哪些是合理的，哪些是不合理的，原因何在，我们如何选择等；二是定量分析，看清不同的价值之"元"在中国占多大比例是合适的，价值各元在中国各有和应有多大的生存与发展空间；三是定时研究（或历时性研究），看清在多元价值中，哪些代表着过去，哪些代表着现在，哪些代表着将来；四是相关性研究（或共时性研究），即在不同"元"之间，哪些是可以并列共存的，哪些是矛盾冲突的；五是代表性研究，看清多元价值各代表哪些阶层（或群体）的诉求，各有什么样的特点，如何才能让每一个群体在社会价值体系中各居其位，各得其所；六是主导性研究，看清在多元价值背景下如何更好地建构核心价值或主流价值，寻求最大公约数，扩大社会共识的同心圆。

再次，要认真研究如何在中国共产党的领导下更好地坚持人民主体地位，坚持依法治国，彰显中国特色社会主义的制度优势。从总体上看，中国的政治制度是从新中国成立起便由毛泽东等第一代领导人建立的。中国的根本制度是人民代表大会制度，基本制度有民族区域自治制度、基层群众自治制度、中国共产党领导的多党合作和政治协商制度。新中国成立70多年来，尤其是改革开放40多年来，我们按照邓小平提出的"一个中心、两个基本点"要求，不断深化改革，扩大开放，推进体制机制创新，为国民经济快速发展和社会健康发展提供了制度保障。中国特色社会主义政治制度最重要的政治智慧和最成功的秘诀在于：

第一，高度自觉和毫不动摇地不忘初心，牢记使命，这就是为中国人民谋幸福，为中华民族谋复兴。为此，中国共产党始终坚持"以人民为中心"，把人民利益放在最高位置，坚持全心全意为人民服务，确保人民当家做主，实行最广泛的人民民主。中国共产党作为最广大人民群众及其根本利益的最大代表，得到人民群众的极大拥戴，获得了最为广泛和坚实的群众基础和执政基础。

第二，通过统一战线和政治协商制度，与各民主党派和无党派人士积极开展政治合作，汇聚各种政治力量参政议政，积极推进民主监督、协商民主。

第三，全面依法治国，把权力关进法律的笼子里，科学立法、严格执法、公正司法、全民守法，努力建设法治国家，把依法治国和以德治国结合起来，把依法治国和依规治党结合起来，努力提高全民族的法治素养和道德素养，把中国共产党的领导贯彻落实到依法治国全过程和各方面，坚定不移走中国特色社会主义法治道路。

第四，坚定不移全面从严治党，在思想建党和制度建党两个方面同时发力，抓住"关键少数"，强化"以上率下"，净化党内政治生态，严厉惩治腐败，大力提升中国共产党的自我净化、自我完善、自我革新、自我提高能力，保持党与人民的血肉联系。

中国特色社会主义的道路、理论、制度和文化优势是在历史中生成的，已经彰显出巨大力量，我们对其有着充分的自信。而只有国家治理体系适度超前于经济政治社会文化生态发展需求，才能更好地引领发展，创造出新的优势。国际国内形势的变化和中国发展目标的提升，对我们的制度建设提出了更高的要求，要求国家治理体系的升级换代,要求国家治理能力的不断提升。

马克思主义哲学作为时代精神的精华,激励并指引着我们不断深化改革,扩大开放,加速发展,实现中华民族伟大复兴的中国梦。

第三章

国家治理体系的演进逻辑

改革开放40年来,中国共产党带领中华民族经历了从确立实践是检验真理的唯一标准到构建人类命运共同体的思想发展历程。40年的实践变革与理论创新很多,从国家治理的角度来看,最为重要的也许是确立中华民族伟大复兴的战略目标并以此为价值导向推进国家治理体系和治理能力现代化,形成中国道路与中国制度的强大比较优势。通过对改革开放40年来我国发展历程的思想境界、政治制度、经济体制、世界视野和价值引领等方面的回顾与思考,可以探析中国国家治理体系的演进逻辑、价值取向和比较优势。

第一节 从真理标准探讨到构建人类命运共同体[①]

1978年关于"实践是检验真理的唯一标准"的大讨论,恢复了一个马克思主义哲学的基本观点,引发了中国社会的巨大思想解

---

① 本节内容发表于《马克思主义理论学科研究》2018年第5期,略有删改。

放、政治变革和改革开放进程，展示了哲学对于中华民族伟大复兴所具有的特殊指导意义。40年来，中国的经济、政治、社会、文化、生态建设取得了举世瞩目的成就，发生了历史性的变化，中华民族迎来了从站起来、富起来到强起来的伟大飞跃，中国特色社会主义现代化建设进入了新时代。40年来，快速发展和欣欣向荣的中国情景与世界经济下行、各国政治纷争、区域战争不断、一些国家甚至民不聊生等情况形成鲜明对照，展示出中国特色社会主义所独具的制度优势和治理效能。40年来的中国智慧与中国进步可以从很多方面去体会和总结，从国家治理的角度来看，作者以为，最为重要的就是依托于中国社会历史的巨大进步而确立了加速中华民族伟大复兴的"中国梦"，并将其具体化为通过两个阶段去实现在2050年建成富强、民主、文明、和谐、美丽的社会主义现代化强国这样一个既神圣崇高而又现实可感的发展目标，由此形成了巨大的感召力和价值引领，从而构建起既有广阔世界视野又独具中国特色的国家治理体系，彰显出中国道路与中国制度的巨大比较优势。正如习近平在党的十九大报告中深刻指出的，"中国特色社会主义道路、理论、制度和文化的不断发展，拓展了发展中国家走向现代化的途径，给世界上那些既希望加快发展又希望保持自身独立性的国家和民族提供了全新选择，为解决人类问题贡献了中国智慧和中国方案。"①

  本节通过对我国改革开放40年来思想境界、制度体系、运行机制、国际视野和价值取向等多方位的反思与回顾，探寻中国道路的生成逻辑、价值意蕴与比较优势。

---

① 习近平.决胜全面建成小康社会　夺取新时代中国特色社会主义伟大胜利——在中国共产党第十九次全国代表大会上的报告[M].北京：人民出版社，2017：10.

一、思想境界：在科学地认识世界与合理地变革世界的统一中占领当代人类精神制高点

伟大的时代需要伟大的思想，也需要伟大的哲学。1978 年在全国上下广泛开展的"实践是检验真理的唯一标准"的大讨论，恢复并强化了马克思主义哲学的一个基本观点，引领了全党全国的思想大解放，引领中华民族由封闭走向开放，开启改革发展新征程。关于真理标准问题的大讨论作为新时代的思想起点，帮助中国共产党人站在新的时代高度回到马克思主义哲学的本真精神，更好地领会马克思的墓志铭所指出的"哲学家们只是用不同的方式解释世界，问题在于改变世界"①所具有的特殊启示，强化马克思主义哲学帮助人们科学地认识世界和合理地改变世界的双重价值旨趣，并在二者的良性健康互动中促进人的自由解放和全面发展。

认识世界和改造世界是人与世界的两种最根本和最基础的关系，也是人自觉有效地处理人与世界关系的两个最广泛和最重要的方面。正是以实践为基础将认识世界与改造世界的双重价值整体地统摄起来，马克思主义哲学展示出其对于传统哲学的超越性，并获得了独特的革命性质和实践意义。一方面，立足于能动的实践基础而谋求对世界的科学性认识，要求人们尽可能客观真实和科学地认识和解释世界；另一方面，依据于科学认识和正确价值取向而谋求对于世界的合理性改造，马克思主义哲学要求人们尽可能合理适度有效地改造和变革世界。正是在这样的双重思想高度和功能上形成了马克思主义哲学的双重旨趣——客观科学地认识世界与合理有效地改变世界，凸显了马克思主义哲学的双重追求——真理性追求和价值性追求，形成了马克思主义哲学的双重

---

① 马克思恩格斯选集(第 1 卷)[M].北京：人民出版社，1995：136.

原则——真理性原则和价值性原则,并要求我们把二者内在有机结合起来。马克思主义哲学正是因此而更加清晰地展示出自己所特有的理论品格和实践品格,并作为科学的世界观、价值观和方法论引领着中国共产党人在探索和创造中国特色社会主义思想、道路、制度和文化发展进程中不断进行实践变革与思想理论创新,形成了中国共产党人独特的思想理论优势。

40多年来中华民族的最大进步是思想进步,其标志就是在马克思主义的指导下,以前所未有的开放心态,开展了全方位多路向的思想探索与精神创新活动。一是深入发掘和重新阐释中华优秀传统文化与历史智慧,为当代中华民族寻找最为深沉的传统文化之根,又努力促进其创造性转化和创新性发展,使之得以活化,进入到当代中华思想文化体系,也使当代中国思想文化变得更加深沉与厚重。二是向当代世界现代化的先进思想文化学习,为当代中华民族寻找最为先进的现代思想和发展道路借鉴,又努力使之适合当代中国的国情,极大提升了中华民族的现代化意识和实践水准。三是"回到马克思",探析马克思主义的本真精神,促进马克思主义的中国化、时代化、大众化,使之成为中国共产党和中华民族的科学指导思想,使中华民族在精神上由被动变为主动。通过三种路向的积极探索为当代中国提供了其他任何国家所不可比拟的丰厚的思想资源,极大强化了我们的历史意识、时代意识和价值意识,更重要的还在于,我们自觉地将马克思主义、中华传统思想智慧与西方先进思想文化内在结合起来,既运用于指导当代中国实践,赋予其丰富的精神内涵,又立足于当代中国人民的实践进行全新的创造,实现了一种创造性转换与创新性发展。通过深刻植根于传统,敏锐把握时代精神,坚持正确价值导向,中华民族终于站在了当代人类文明进步的精神和价值的制高点。

改革开放以来,在马克思列宁主义和毛泽东思想指引下,先后产生了邓小平理论、"三个代表"重要思想、科学发展观、习近平新时代中国特色社会主义思想。它们分别针对当时中国社会发展所面临的最重大最紧迫问题,提出了新的思想理念和方法,丰富了中国共产党的指导思想,科学引领了中国社会的发展,发挥了非常重要的思想引领作用。

习近平新时代中国特色社会主义思想既是前述思想的自觉传承,也是其在新时代的重大创新,具有极为丰富的内容,构成了完整的体系。就其世界观和方法论而言,是坚持马克思主义的辩证唯物主义和历史唯物主义及其方法论指导;就其根本目标而言,是实现中华民族伟大复兴的中国梦;就其近期目标而言,是全面建成小康社会;就其核心价值而言,是以人民为中心;就其世界视野而言,是构建人类命运共同体;就其发展阶段而言,是通过未来两个十五年的阶段性努力,实现富强、民主、文明、和谐、美丽的社会主义现代化强国;就其社会基础而言,是紧扣人民不断增长的对于美好生活的向往和不平衡不充分的发展之间的矛盾开展工作;就其国内举措而言,是"四个全面"的战略布局和"五位一体"总体布局;就其国际举措而言,是大力推进"一带一路"建设,与世界各国合作共赢;就其政治原则而言,是坚持和改善党的领导;就其制度保障而言,是推进国家治理体系和治理能力现代化;就其实施途径而言,是整合出"十四条基本方略",等等。

这些新理念、新思想、新战略、新举措无疑既有极为深厚的历史根基,又有中国化的马克思主义为思想指导,也有世界现代化的时代精神。正是依托于这样三位一体的思想指导下的实践创新和制度创新,中国共产党和中国人民令人自豪地站到了当代人类文明的制高点。从某种意义上可以说,正是依据于这些特殊精神优势,中国共产党人获得了并不断强化着中国特色社会主义的道路自信、理论自信、制度自信和文化自信,引领着中华民族伟大复兴的前进方向!

二、制度优势:在党的领导下以人民为中心依法治国,构建科学坚强高效的制度体系

中华民族伟大复兴需要科学合理的社会政治制度支持。从总体上看,中国的政治制度是从新中国成立起由第一代领导人建立的。中国的根本政治制度是人民代表大会制度,基本制度有民族区域自治制度、基层群众自治制度、中国共产党领导的多党合作和政治协商制度。新中国成立70多年来,尤其是改革开放以来,我们按照邓小平提出的"一个中心、两个基本点"要求,以经济建设为中心,坚持四项基本原则,坚持改革开放,在坚持这些根本制度和基本制度的前提下,不断深化改革,扩大开放,推进体制机制创新,为国民经济快速发展和社会文明健康发展提供了制度保障。

党的十八届三中全会以来,党中央首次提出推进国家治理体系和治理能力现代化,把坚持和加强中国共产党领导、人民当家做主、全面依法治国内在结合起来,创造出巨大伟力,彰显出中国特色社会主义政治制度的特殊优势。中国特色社会主义政治制度最重要的智慧和最成功的秘诀在于:

第一,旗帜鲜明地坚持中国共产党的领导,并将其转化为中国特色社会主义政治制度的最大优势。在现代世界的政党政治中,中国共产党作为一个成立100年的老党,领导着世界上人口最多的国家,历经战争与和平、革命与建设、苦难与荣光,将灾难深重的旧中国建设成为繁荣富强的新中国,领导中华民族经历了从站起来、富起来到强起来的时代性变革,并且通过不断自我更新自我发展创造出新型政党制度。中国共产党的领导成为中国特色社会主义政治制度的最大优势,领导着人类历史上最伟大的事业,取得了史无前例的成就,得到了最广大人民群众的拥戴,彰显出特殊的政治魅力。

第二,不忘初心,牢记使命,把为"中国人民谋幸福,为中华民

族谋复兴"作为中国共产党的根本使命,始终把人民利益放在心中的最高位置,毫不动摇地坚持"以人民为中心",实行最广泛的人民民主,坚持全心全意为人民服务,确保人民当家作主,调动起最广大人民群众的智慧与热情,共同推进中华民族伟大复兴的事业。

第三,通过最广泛的统一战线和政治协商制度,与中国的各民主党派和无党派人士积极开展政治合作,汇聚当代中国各种政治力量参政议政,民主监督,积极推进协商民主。协商民主包含立法协商、行政协商、民主协商、参政协商、社会协商等多种形式,是我国社会主义民主政治的特有形式和独特优势,是中国共产党的群众路线在政治领域的重要体现,应当也有可能运用于中国社会政治生活的几乎所有领域。推进协商民主广泛多层和制度化发展,有助于构建程序合理、环节完整的协商民主体系,拓宽国家机关、政协组织、党派团体、基层组织、社会组织的协商渠道,使中国的民主政治建设进入极为广泛的领域,获得最为丰富的形式,发挥出极为重要的功能。

第四,全面依法治国,把权力关进法律的笼子,依法执政,依法行政,努力建设法治国家、法治政府、法治社会,把依法治国和以德治国结合起来,把依法治国和依规治党结合起来,努力提高全民族的法治素养和道德素养,把中国共产党的领导贯彻落实到依法治国全过程和各方面,坚定不移地走中国特色社会主义法治道路。

第五,坚定不移全面从严治党,在思想建党和制度建党两个方面同时发力,抓住"关键少数",强化"以上率下",净化党内政治生态,严厉整治腐败,大力提升中国共产党的自我净化、自我完善、自我革新、自我提高能力,保持党与人民的血肉联系。

正是以上各个方面的有机结合和整体性运作,不仅促进了中国经济、政治、社会文化的快速发展,而且为中华民族伟大复兴奠定了坚实有效的制度保障。

三、经济体制：在政府主导市场运作下的万众创新激发经济社会发展强大活力

强大的经济基础是中华民族伟大复兴所必不可少的前提条件,40多年来中国经济持续快速增长所创造的中国经济奇迹,彰显了中国特色社会主义经济制度和经济发展道路的独特优势。历史地看,中国特色社会主义经济制度的建立和完善经历了长期和艰辛的探索。新中国成立后我们完全学习苏联模式,搞单一公有制,"一大二公",计划经济。改革开放后我们积极引进市场机制,经过"有计划商品经济"阶段,在1992年党的十四大上决定建立社会主义市场经济,经过十年努力在2001年加入世界贸易组织(WTO),构建起与经济全球化相适应又独具中国特色的社会主义经济发展道路。这条道路的最大特点就是在传承中创新,一方面将历史上曾经在中国经济建设中发挥了积极作用的因素都以一定方式保留下来,另一方面又以极大的广度和力度开展引进、探索和创新,形成了世界上独一无二的中国特色社会主义经济运行模式和经济发展道路。

中国特色社会主义经济发展道路以社会主义市场经济为基础,坚持政府以必要手段和适当程度的科学宏观调控,大力激发全民族的创新创造活力,促进了社会经济的快速发展,彰显了中国特色社会主义的治理效能和制度优势。

第一,就所有制而言,我们毫不动摇地坚持公有制的主导地位,既保持足够强大的公有制,作为中国经济社会发展的"压舱石",保持社会主义制度的经济基础,又允许并支持外资、合资、民营、个体等各种性质和形式的所有制在中国发展,还发展出各种形式的混合所有制,在当代中国建立起当今世界也许最为多样和开放的所有制体系,使各种所有制形式和各种经济资源都能在中国寻找到发挥作用的适当场所,极大地扩展了中国经济的运行空间

和发展形式。

第二,就其经济运行形式而言,既有全面覆盖的社会主义市场经济,并努力让市场在资源配置中发挥基础性甚至决定性作用,调动起各种市场主体的巨大积极性和活力,但又不完全放任市场,保持政府对于经济运行的宏观指导和必要政策调控,警惕盲目的市场化可能带来的破坏性作用,防止价值规律这只"看不见的手"对经济发展可能产生的负面影响甚至经济金融风险。

第三,就国际发展与国内发展而言,40多年来我们坚持不断深化改革,扩大开放,在"引进来"和"走出去"这两个方面全面着力。一方面向世界各国全方位开放中国的消费市场、资金市场、劳动力市场等,欢迎他们来中国投资,让中国成为世界投资热土,用巨量的外来投资发展中国;另一方面积极顺应世界和时代对中国的需要,积极地走出去,为世界各国提供中国产品、中国劳动力、中国技术,让"中国制造"走遍世界,成为时代标志。尤其是十八大以来,根据中国与世界经济实力对比关系的变化,我们更加积极地统筹国际国内两个大局,积极开展"一带一路"建设,更是极大地拓展了中国的发展空间,与"一带一路"沿线国家通过共商共建共享而实现深度友好的合作共赢。

第四,就发展趋势而言,我们坚持创新、协调、绿色、开放、共享的新发展理念,积极认识、顺应和引领经济新常态,以高新科学技术尤其是信息化为导向,以高质量发展作为目标,带动全层次生产力体系的转型升级和更新换代,激发创新创造活力。创新创业本质上是对一代新人的塑造,通过激励大众创业、万众创新,我们最大限度地激发出全民族尤其是年轻一代的创新创造活力,促进了经济社会快速发展,也为中国特色社会主义道路塑造出一代代新人。

四、国际视野:以人类命运共同体思想引领全球治理变局

中华民族伟大复兴是在经济全球化的背景中展开的,应当在

与世界各国人民的友好交往与合作中得到更加充分和有效的实现。马克思和恩格斯在170多年前发表《共产党宣言》，创立科学社会主义，呼唤无产阶级革命，谋求阶级解放和人类解放。经过一个多世纪的发展，社会主义思想从空想变成科学思想，唤起无产阶级革命运动，建立了社会主义制度，极大改变了人类文明发展进程。20世纪社会主义一度成为巨大阵营，展开了社会主义现代化历程，与资本主义激烈抗争，经历了自己的辉煌，却也由于种种复杂原因在20世纪的最后十年遭遇挫折。就在西方学者宣布人类文明发展"终结于"西方资本主义之际，科学社会主义在21世纪的中国焕发出强大生机活力。中国在世界上高高举起了中国特色社会主义伟大旗帜，中国特色社会主义道路、理论、制度、文化不断发展，拓展了发展中国家走向现代化的途径，给世界上那些既希望加快发展又希望保持自身独立性的国家和民族提供了全新选择，为解决当代人类问题贡献了中国智慧和中国方案。正是在这样的背景下，习近平提出与世界各国共同构建"人类命运共同体"的倡议，代表了当代中华民族在其伟大复兴进程中所具有的高度人类意识、精神境界和使命自觉。现代化的全球性扩展深刻地改变着各地域、各民族和各国度之间的关系，使人类命运共同体产生出全新的形态和特点，也正在引起全球治理体系的深刻变化，需要人们深度认知和反思。人类命运共同体意味着在地球生命圈范围内生存繁衍的人们超越其地区、国度、民族、人种和文化差异，在其根本性的生存基础和发展前景上形成内在相互关联、彼此依存、你中有我、我中有你的有机格局。由中国共产党最高领导人提出并努力推进，对于人类命运共同体的阐发和构建具有非常重要的意义。

第一，从思想上来看，这意味着对于经济全球化所造就的当代世界格局的一种高度清醒认识。现代化的全球性扩展正在促进世界经济的一体化发展，人类命运共同体由原初的以家庭和种族为单位，经过以民族和国度为单位，形成以国度、民族、宗教、生态等复杂交织的格局，人类命运中的共性、普遍性正在前所未有地展示出来,有很多方面需要以人类作为整体单位来考量。这是人类文明进步的全新阶段,也是各国各民族发展都必须自觉面对的大趋势。

第二,从实践上来看,人类命运共同体理论为全球治理提供最为根本和基础性的思想前提和价值导向。当代人类面临着前所未有的挑战,第二次世界大战以来的全球治理格局正面临着极为深刻的变迁,人类未来走向何方已经成为极为重大而又紧迫的问题。我们认为,第二次世界大战以来的世界格局是经过两次世界大战人类付出巨大代价换来的,对于当代人类命运共同体的构建发挥了积极作用,是一个总体上有利于世界和平稳定和发展的体系。以人类命运共同体理念引领全球治理体系变革,就是要坚持"共商共建共享"原则,维护第二次世界大战以来的世界秩序,保护和扩展中国的发展空间。

第三,从中国未来看,人类命运共同体意识由中国领导人提出和阐释,表明了中国发展所带来的与世界力量对比关系的变化,展示着中国的世界影响力,为中国的和平崛起提供了重要的理论背景,为中国经济参与全球治理提供了更大的可能性空间,使中国有可能为人类命运共同体的当代建构做出更大的贡献。一方面,我们要继续学习和跟进世界现代化,努力拓展中国在既有世界发展格局中的可能性空间,尽最大可能尽快尽好地发展中国;另一方面,我们要通过"一带一路"建设,以项目带动与各国交往,分区域突破,在世界总体复杂格局中逐步打破一些国家对中国的封堵,开拓更加有利于中国的新发展领域和新发展空间。当代中国的发展仅仅靠跟随世界发达国家已经远远不够,必须努力寻求以中国为主导的新型发展模式,以便超越西方发达国家的局限。中国主导的"亚投行"、金砖国家体系、"一带一路"等正是以中国为主导,由"点"到"线"到"面"到"体"到"系统"等,逐渐拓展、深化、提升,通过加量来改变世界现有格局,为中国开拓发展空间作出积极尝试。我们要努力通过中国在经济、政治、社会、文化、生态等方面的进一步全面健康发展,与越来越多的国家良性健康合作共赢,构建新的跨国度合作发展道路,回应世界各国对于当前人类发展道路的疑惑,展示中国制度的优越性,为不同国家对于更加美好的社会制度的探索提供中国方案,争取对于全球未来发展的话语权、主导权,引领世界文明发展方向。

五、价值引领:加速推进国家治理体系和治理能力现代化

中华民族伟大复兴需要现代化的国家治理体系和治理能力。党的十八届三中全会首次提出推进国家治理体系和治理能力现代化,中国共产党治国理政进入了新境界。改革开放40年来,在探索中国特色社会主义道路的艰难历程中,我们从"摸着石头过河"到高度自觉的顶层设计,形成了经济建设、政治建设、社会建设、文化建设、生态建设"五位一体"的总体布局,形成了全面深化改革、全面依法治国、全面建成小康社会、全面从严治党的"四个全面"战略布局,经历了高度自觉的认识发展历程和实践探索历程。当前中国国家治理现代化的核心任务是在习近平新时代中国特色社会主义思想指引下,强化当代中国国家治理体系的价值引领功能。

首先,要深刻认识全球治理变局及其对中国的影响,探索人类文明发展道路及其对中国未来发展所提供的机遇与挑战,更加自觉地把当前中国的国内事务与当代世界的国际事务高度自觉地融为一体,一方面自觉有效地把国内发展提升到国际水平,另一方面自觉有效地把国际事务融入国内发展。为此,必须科学合理地统筹世界和中国两个大局并推动全球治理格局和中国国家治理均向着更加健康合理的方向发展。从国际方面看,既要能够主动适应全球治理变局及其多维挑战,更要能够引领全球治理变局走向健康方向;从国内方面看,既要依托于国家治理现代化,也要能够引领国家治理现代化。正是通过这种特殊的和高水平的"内外兼修",并真诚谋求与相关国家和地区的"合作共赢",我们才有可能

在二者的有序有机结合上既加速推进中华民族伟大复兴,也为人类命运共同体的当代构建做出更加积极有效的贡献。

其次,要继续深化改革、扩大开放,推动治理体系的科学化进程。党的十九大对深化机构和行政体制改革作出重要部署,党的十九届三中全会通过了《深化党和国家机构改革方案》[①],具有丰富的内容和极为重要的意义。其全面性在于覆盖了中国党政军民学所有领域所有机构;其主导性在于以全面加强党的领导为中心重构中国国家治理体系;其新颖性在于以强化中国国家治理的功能和绩效来构建体系和布局;其深刻性在于触及当前从中央到地方诸多机构设置和干部命运;其复杂性在于打破中国体制机制运作几十年的惯性而开启全新的组织和运行方式;其前瞻性在于为中华民族伟大复兴提供了在未来相当时间内可以依托和运用的创新性国家治理构架。

最后,要深度关注当代中国社会价值多样化发展并作出合理性评估,深入探讨社会主要矛盾变化对新时代国家治理所提供的机遇与挑战,大力探索良法善治的理论体系和实现途径,推进新时代中国特色社会主义现代化道路。改革开放以来中国社会发展的最大进步之一是允许并鼓励一元主导基础上社会价值的多样化发展,中国社会的多样化价值格局得到极大拓展,价值的多样性状态也前所未有地显现出来:所有制形式多样化,生产方式多样化,分配方式多样化,生活方式多样化,社会价值多样化,思想观念多样化,等等。这种价值多样性与中国的巨量人口、辽阔国土和多元民族等相交织而得到强化和放大。就其本质而言,多样化是天下大势、中国大势,是中国社会的巨大进步,给了中国经济更多发展空间,给了社会更多发展机遇,给了人们更多可能选择,给各方面以更大动力,给社会以巨大活力。社会价值利益的复杂性和多样化要求与之相适应的思想观念和制度体系等,这就造成了体系内部

---

① 深化党和国家机构改革方案[N].人民日报,2018-03-22(1).

的思想理念和制度性冲突,呈现为复杂而又尖锐的社会矛盾与冲突,需要体制性解决。在价值多样的背景下,实现"善治"目标,必须强化国家治理研究中的价值自觉与善治导向。要认真分析当前中国多样价值的状态:一是定性分析,看清在多样价值中哪些是合理的,哪些是不合理的,原因何在,我们如何选择等;二是定量分析,看清不同的价值之"样"在中国占多大比例是合适的,各样价值在中国各有和应有多大的生存与发展空间;三是定时分析,看清在多样价值中,哪些代表着过去,哪些代表着现在,哪些代表着将来;四是相关性分析,即在不同"样"之间,哪些是可以并列共存的,哪些是矛盾冲突的;五是代表性分析,看清多样价值各代表哪些阶层(或群体)的诉求,各有多大的数量和特点,如何才能让每一个群体在社会的总体价值体系中各居其位,各司其职,各得其所;六是主导性分析,看清在多样价值背景下如何更好地建构核心价值或主流价值,寻求最大公约数,扩大社会共识的同心圆,促进中国国家治理体系和治理能力现代化。

第二节　当前中国的问题透析、价值重构与综合创新[①]

繁荣发展具有中国特色的哲学社会科学,必须坚持问题导向,深切关注并合理解读转型期中国所存在的复杂问题,同时要重视价值取向,准确把握并积极引领当前中国的价值演变与体系重构,还要善于变革创新,在理论与实践的互动中拓展和深化中国特色社会主义发展道路,推进综合创新。

---

① 本节内容发表于《理论视野》2016 年第 9 期,略有删改。

一、深度透析当代中国的复杂问题

改革开放以来,中国经济社会发展获得了长足进步,成就举世瞩目,令人自豪,但也存在诸多极为复杂的困难与问题,必须警醒与重视。应该说,当前中国的几乎所有问题都是在20世纪中国快速而又深度转型的历史进程之中发生和扩展的。对这个转型过程及其复杂性的正确认知,决定着把握当代中国问题的深度、广度和准确程度。

20世纪以来,中国的社会转型是好几个方面同时发生、好几个阶段交错展开的。从社会性质上看,是传统封建社会半封建社会经过新民主主义社会和传统的社会主义社会向中国特色社会主义社会的转型;从意识形态上看,是由封建主义与资本主义的混杂体系经过比较传统的苏联式马克思主义向中国化马克思主义的转型;从所有制上看,是由传统封建土地所有制经过大一统的社会主义公有制向以公有制为主导多种所有制并存体系的转型;从经济体系上看,是由自然经济形式经过大一统的计划经济体系向社会主义市场经济体系的转型;从生产方式上看,是由传统农业生产和小生产体系经过高度统一的大生产向多元化多层次的现代生产体系的转型;从分配方式上看,是由传统的按土地和资产占有分配经过带有平均主义色彩的按劳分配向按劳分配为主各种要素都参与的复合分配形式的转型;从文化上看,是由传统中华文化经过革命文化与半殖民地半封建文化杂拌并存向现代一元主导多元文化并存转型;等等。

20世纪中国社会转型过程的显著特点是:第一,转型内容跃迁度大,先后经历了三种主要的时代性形态,包含了从最传统落后的社会形式到最现代的社会形式;第二,转型时间短,在不到一个世纪里多种社会形态纷至沓来,交错发生,交替登场,让人目不暇接;第三,转型因素复杂并存,经济、政治、社会、历史、文化等各种要素既有自己的转型要求和规律,又相互渗透与出现不对应和错位,多种相互对立的历史形态和性质对立的因素同时存在;第四,转型动力内外交错,国内与国际、内政与外交之间矛盾交相辉映;第五,转型过程不彻底,一个阶段尚未完成,下一个阶段又开始了;等等。

正是由于这种极为复杂、特殊而又迅捷的转型,造成了当代中国社会极为复杂的交错性矛盾与互渗性社会问题。其突出特点是:

第一,背反性要素的系统性碰撞。改革开放以来,中国以前所未有的开放心态,自觉主动地向世界各种文明类型学习,把迄今为止人类文明发展中的各种积极价值要素都吸收到了中国,融汇到中国的社会发展进程中,又在不断学习、移植、借鉴、转化的过程中创造出许多新的价值元素,使之成为促进中国社会发展的积极力量,从中获得了许多发展机遇和红利。但这些要素原来各自发生、生存于非常不同的社会有机系统,依托于不同的经济、政治和社会文化体系,各有其发生作用的背景条件和支撑体系的需求和功能,彼此之间不发生接触,也不会有矛盾与碰撞。现在纳入一个新的社会系统中,彼此之间有的相互配合和协调,有的难以形成有机融洽体系,还有可能产生摩擦与矛盾,甚至对峙与碰撞,有的时候这种要素间的冲突还会非常尖锐、激烈,甚至必然会发生矛盾与冲突。例如,传统社会主义与中国特色社会主义、社会主义与资本主义、马克思主义与非马克思主义、计划经济与市场经济、按劳分配与按资分配、传统文化与现代文化,等等。

第二,历时态矛盾的共时态汇聚。中国当前所存在的问题是累积性难题,所面临的矛盾是压缩性矛盾。中国在落后的农业社会的基础上在20多年的历程里快速经历了西方发达国家几百年走过的现代化历程,获得了极大成就,也难免将其几百年间所经历的各种矛盾以压缩的方式汇聚于当今的中国社会。自然经济时期的懒散与低效,资本原始积累时期的贪欲与卑劣,大工业时期的组织高效性与理性,高科技时期的高效与风险,后现代时期的反叛与消解,等等。现在复杂的社会问题群中,既有传统社会主义的矛盾,也有传统资本主义的矛盾;既有新社会主义的矛盾,也有现代资本主义的矛盾;既有传统文化现代转型的矛盾,也有社会自身不断产生出来的新的矛盾,等等。各个时期的问题与矛盾集中于中国大地,时序交错,空间异构,问题交织互渗,带有很强的悖论性特点,复杂性程度是其他国家并不多见的,可以被看作当前中国所独有的"中国难题"。

二、积极引领当代中国的价值重构

社会生活的核心是价值,社会转型的关键是价值的解构与重构。当代中国处于实现中华民族伟大复兴的关键时期。价值多元化给中国社会的发展提供了更大的空间和更多的机遇,使社会变得更加丰富多彩,更具活力,但也在一定程度上淡化了主流价值,削弱了核心价值,影响到社会各种力量的凝聚与整合。为此必须对社会的多元价值现实做出定性、定量与定时分析,更好地把握复杂的多元价值体系,引领未来走向。

第一,就其定性判断而言,当前社会复杂价值体系中的价值元素中哪些是正当和合理的?哪些是不正当和不合理的?各自的正当性和合理性依据何在?哪些是顺应社会文明进步方向从而可以依靠并积极扶持的?哪些是代表消极落后并应当逐步削弱和消解的?

第二,就其定量判断而言,这些不同的价值元素各自在中国社会占什么地位和多大比例是合适的?一个和谐发展的中国社会应当给不同的价值实体多大的生存和发展空间?

第三,就其定时判断而言,不同的价值元素各自所处的时代特征如何?是代表着过去的历史残留从而丧失其时代性和生命力的?还是作为文明的萌芽而代表着未来发展趋向的?在当下存和发展的价值与态势如何？

第四，就其社会相关性而言，不同的价值元素之间的相关性如何？是可以并存与和谐相处的？还是相互制约彼此消解的？还是矛盾冲突此消彼长的？

第五，就其社群代表而言，不同的价值元素各自以哪些人群以及阶层为代表？这些不同社会群体以及不同阶层的哪些利益诉求是正当的？哪些是不正当的？正当性及其程度如何？

第六，也是最核心的问题，多样化的价值元素挑战社会的核心价值和主流价值，影响到社会的凝聚与整合。应当看到，在复杂的国际国内形势下，在快速走向现代化的社会剧变与转型期，社会价值多元多样相互激荡，难免出现泥沙俱下、鱼龙混杂的情况。

三、勇于推进当代中国的综合创新

中华民族的和平崛起需要理论支撑，也需要智慧引领。既要学会以复杂性的思维看世界、看中国，又要学会应对价值多元化的复杂局面，抓住矛盾凸显期、改革攻坚期、发展决胜期的核心问题，推进中国的思想理论进步和社会实践进步。在这里，一方面必须正视社会价值多元化的现实，勇于进行理论批判，深化理论研究，使其具有更高的科学性与合理性；另一方面必须警惕社会的蜕化，勇于进行实践批判，通过正当有效的国家治理来引领和规范社会价值状态，使之趋于合理化和健康化。

当代中国的理论创新，核心在于科学解释和合理应对当前中国的价值多元化及相关的一系列重大理论和实践问题。例如，人类文明发展的当代逻辑是线性单一进程还是多元复合进程？原来设想社会发展沿着原始社会、奴隶社会、封建社会、资本主义社会、社会主义社会、共产主义社会的单一进程，几种社会形态相互衔接，依序替代，从低级走向高级，从过去走向未来。现在看来，确实存在比较复杂的情况，除了当年恩格斯曾经提出的跨越资本主义的"卡夫丁峡谷"的必要性和可能性之外,中国社会内部有的区域和民族也经历了发展阶段的跨越,尤其是当前还面临着如何解读20世纪社会主义曾经有过的兴盛和20世纪最后十年所出现的解体与曲折。

其次,性质不同的社会制度之间只能是你死我活相互取代还是可以多元并存合作共赢?原来曾经认为社会主义与资本主义是根本对立的两种社会制度,两种社会制度是根本对立、你死我活的,社会主义只能作为资本主义的替代社会而产生和存在,社会主义的社会形态不同于也高于资本主义的社会形态,社会主义一定会取代资本主义。现在看来,由于马克思主义作为资本主义的批判性力量,长期存在于资本主义社会,发挥着极为重要的批判作用,促使着资本主义的自我更新与调节,社会主义的很多原则自觉不自觉地在资本主义社会中变成了现实。而社会主义也把原来被认为是专属资本主义的私有制、市场经济等纳入自己的发展体系之中,并获得更大的发展动力和空间。

再次,社会主义世界现代化的多种模式中哪些更能代表和引领人类文明发展趋向?迄今为止,人类社会关于现代化的探索主要有五种模式,即西欧国家为主体的最为早期和经典的现代化、美国的依托于《五月花号公约》而建立的超越欧洲的现代化、苏联和东欧的社会主义现代化、东亚的依托儒家文明而构建的现代化、拉美的在"华盛顿共识"指引下的现代化,等等。这五种现代化各有其时段特点、地域特色和国度特色,当年我们都曾经有所学习和运用,但不是其中任何模式的简单照搬。现在看来,如何在全球化背景下探索出能够保存各国文化传统的现代化道路,已经成为各国尤其是当代中国面临的严峻挑战。

最后,社会主义制度到底应当并可能在哪些方面优胜于和超越非社会主义制度?苏联和东欧社会主义的解体给中国共产党以警示,也为社会主义制度的建设与探索提出了紧迫的要求。中国特色社会主义尝试着把马克思主义思想指导、社会主义制度建设、中国传统文化基础、现代化管理制度、全球化经济金融体系、市场经济、人的社会主体地位等多种元素内在结合起来,才有可能超越现存的一切制度,为人类对理想社会制度的探索提供科学合理而又可行的中国方案。也只有在这样的意义上,中国道路才有可能顺应和代表着人类文明发展方向。

实践是理论的基础,理论与实践的统一是马克思主义的基本原则,因此,推进理论创新的必要前提是实践创新,为此必须勇于和善于对实践进行合理性反思与批判。应当注意到,理论有科学与非科学之分,实践也有合理与不合理之分,在非科学的理论与不合理的实践之间有一种相关性,非科学的理论表达着也必然造就不合理的实践,不合理的实践也实现和论证着非科学的理论。因此,理论工作者所追求的理论与实践的统一,是科学理论与合理实践的内在统一。一方面,只有科学的理论才能正确地反映和指导合理的实践;另一方面,只有合理的实践才能产生和支持科学的理论。应该说,科学发展观的提出,就其实践论意义而言,正是要对理论的科学性和实践的合理性做出具体的区分与评价,做出必要的取舍,以使我党的发展观念趋于科学化,并以其作为党的指导思想,努力消除和减少那些不全面、不协调、不可持续的发展,促进中国社会的全面协调和可持续发展。

科学理论与合理实践的统一,是在相互促进、协调发展动态过程中的具体历史统一。这个过程,既是对不科学的理论和不合理的实践展开双重批判的过程,也是努力实现对于科学理论与合理实践的双重建构的过程。

马克思主义的中国化既是一个马克思主义理论融入中国实践的思想创造过程,也是中国实践获得马克思主义理论阐发并得以提升的过程。在这个理论与实践的互动中打造马克思主义中国话语体系,当然也就不是仅仅用中文来更好地表述马克思主义的问题,而是要让马克思主义更好地获得中国内涵、融入中国精神、指导中国道路、汇聚中国力量、展示中国故事、讲出中国风格、创造中国形态等,从而具有更加丰富的实际内涵和价值旨趣。就其思想渊源而言,不仅要努力传承马克思主义的本真精神和丰富内容,也要努力注入当代西方优秀文化精华和中华优秀文化精华,促进"中西马"的时代性融合,并由此而获得巨大的超越性和丰富性。就其现实对象而言,就是要更加深入地扎根于和依托于中国特色社会主义现代化实践,升华其理论表现,无愧于其思想指导,正确引领中国道路,发展中华文明。就其精神气质而言,就是要努力汇聚以爱国主义为核心的中华民族精神和以改革开放为核心的时代精神,展示当代世界与当代中国最为宝贵的时代精神。就其现实形态而言,就是要自觉植根于并活跃在当代中华民族和中国人民最广泛的生产、生活和实践之中,获得最为鲜活的生命和最多样的形态。就其世界意义而言,就是要彰显中国文化、突出中国声音、唱响中国旋律、创造中国价值,为世界文明发展做出中华民族应有而又独到的贡献。

第三节　汇聚时代精神　引领社会发展①

哲学的时代使命,概括地说,就在于汇聚时代精神、提炼核心价值、提升人类智慧、引领时代发展。当代中国哲学要完成好这一使命,需充分发挥反思、批判、前瞻等功能,会通古今、领航时代。

一、在理性反思中增强思想自觉

黑格尔说过,"哲学的认识方式只是一种反思——意指跟随在事实后面的反复思考"。他进一步强调,"反思以思想的本身为内

---

① 本节内容发表于2014年1月26日《人民日报》。

容,力求思想自觉其为思想"。思想自觉的前提是"对认识的认识""对思想的思想",为此他把哲学比喻为"密涅瓦的猫头鹰",只有到了傍晚才能悄然起飞,去探索世界白天走过的历程。人类的思想自觉和文化自觉,都是以清晰的历史意识作为基础的。哲学要提升人类的思想自觉和文化自觉,就要通过理性反思实现对历史经验的深刻总结、对历史进程的清晰把握。

当代中国哲学要成为中华民族伟大复兴的重要智力支撑,应系统梳理5000多年的中华文明史,找出其不灭、不断、不散的文化基因,以便在新时期进行传承和传播;系统梳理社会主义理论和实践产生以来500多年的历史,探寻其中国基础和中国内涵;系统梳理中华民族在近代落后挨打的历史,检讨其原因并引以为戒;系统梳理我们党成立以来、新中国建立以来尤其是改革开放以来的历史进程,总结经验、汲取教训,掌握其规律性,做出哲理性解读,将其转化为积极的历史——思想资源。

自觉反思我国社会历史发展的经验和教训,能使当代中国哲学获得更加坚实的历史基础,并进一步丰富理论内容、更新理论形态,增强说服力和解释力,在提高全民族的思想自觉和文化自觉方面发挥更大作用。

二、在改造现实中开创美好未来

马克思曾深刻指出,"哲学家们只是用不同的方式解释世界,而问题在于改变世界"。改变世界源于对现实不满足,目的是创造一个更加理想的世界,为此人们必须保持对现实世界的批判精神。批判性是开放性与超越性的内在基础,是人类文明进步的重要思想条件。批判既是为了更好地坚持真理、修正错误,也是为了更好地作出价值评判和科学决策。黑格尔曾说,"凡是现实的,都是合理的;凡是合理的,就是现实的"。也就是说,只有合理的东西才是具有必然性和应当存在的。为此,哲学应在批判现实中检验现实,为开创美好未来奠定良好的思想基础。

改革开放以来,我国引进了人类文明发展迄今为止几乎所有的积极要素,让它们在社会发展中发挥作用,使我国成为世界上思想和文化最为多样化的国家之一。思想和文化的多样化给我国经济社会发展带来了更大的活力,为人们提供了更大的发展空间,使我国社会生活变得丰富多彩,但也给我们带来了全新的问题与挑战,尤其是在一定程度上淡化了主流价值、削弱了核心价值,影响到社会各种力量的凝聚与整合。

当代中国哲学应对我国社会多样化的思想文化进行批判性审视。首先,思想文化多样化的实质是什么?思想文化的多样化与生产方式、分配方式、生活方式等的多样化相伴而生,而在这些多样化的背后是利益关系和价值取向的多样化。其次,在多样化的思想文化中哪些是合理的,哪些是不合理的?在不同的价值诉求中哪些是合理的,应当满足和保护;哪些是不合理的,应当加以遏制或引导?再次,如何包容多样性、差异性,使多样化的思想文化能够在同一个社会制度和社会体系中和谐相处?如何通过科学治理和调控,把这个多样化的社会整合为一个有机统一的系统?等等。

当代中国哲学应科学盘点我国的各种社会思潮、各种利益诉求、各种价值取向,并对其作出合理性评估,张扬其合理内涵,批判其不合理方面,为人们作出恰当的价值选择提供指导。应当看到,社会转型和变革时期难免泥沙俱下、鱼龙混杂、良莠并存,当代中国社会的多元价值观并非都是合理和健康的。因此,应对那些不健康不合理的价值观进行批判和斗争,对健康合理的价值观予以肯定和弘扬,构建能够保障各种正当利益和合理价值诉求的社会利益分配机制与价值实现机制。

三、在科学前瞻中实现时代引领

马克思曾把哲学比作迎接黎明的"高卢雄鸡",能够知晓未来、预示发展趋向。哲学正是在科学前瞻和预见中,实现其对时代发展方向引领的。

人是社会的主体。人在社会生活中的主体性,既表现在对人类已有文明成果的接受与传承,又表现在可以根据新的情况对待历史、创造未来。因此,人类文明从总体上看是一个不断进化与发展的历程。虽然其间也不排除逆行与退化,或者中断与停滞,但无论进化、停滞还是退化,都不可能是历史的完全重演和简单再现。从这个角度看,社会发展既有与过去的相似性,又有不可逆性、不可完全重复性、不确定性。处于社会历史发展进程中的人们,一方面不能没有经验指导与历史借鉴,不懂得历史就不可能懂得现实和未来;另一方面不能仅仅靠经验来指导现实和未来,因为现实和未来一定包含着历史上尚未产生的新东西、新内涵。正因为如此,人们既不能不摸着石头过河,又必须不断进行前瞻和预见,并据此开展顶层设计和规划,以实现对社会发展的引领。

当代中国哲学应具有科学的前瞻能力,在对现代化、经济全球化、社会信息化、文化多样化等的深刻把握中预见世界发展大趋势,把握中国未来走向,指引中国特色社会主义的发展方向。应当看到,和平与发展仍然是当今世界的主题,但有了全新的内容和特点;同时,经济全球化并没有取消国度的差异和国家的作用,反而使其变得更加突出和重要。中国特色社会主义整合了世界现代化经验、社会主义核心价值、中华优秀传统文化等多个要素,是人类发展史上全新的文明类型,既需要加强理论探索,也需要推进实践创新。正是在对中国特色社会主义发展道路的理论探索和实践创新中,当代中国哲学可以走入中国人的实际生活与精神家园,发挥重要的预见和引领作用。

反思、批判和前瞻并不是分离的,而是相互支撑和彼此协调的,它们构成了当代中国哲学的基本精神气质和责任担当。其中反思是前提,批判是基础,前瞻是目标。如果能有效发挥这"三位一体"的功能,当代中国哲学就能对当代中国的重大理论与现实问题进行合理解读与解答,从而有效担当引领时代发展的历史使命。

第四章

国家治理现代化的时代使命

习近平总书记"七一"重要讲话展示出当代中国共产党人立足于清醒的历史意识和时代意识而不断升华的使命意识。在人类社会发展历程中,有一种非常奇特的现象:文明发展得越是久远,越是彰显出一种要在精神与价值上回归本源的特性。从哪里来?为何而来?将走向何方?何以走得更好?通过对这些问题的追问,实现更高的精神与价值自觉,而且越是成熟和优秀的民族,越是需要做出更加清晰的回答。

在中国共产党成立95周年之际,面向"两个一百年"目标,习近平总书记总结中国共产党人通过新民主主义革命、社会主义革命与建设、改革开放新的伟大革命,为人类文明和中华民族做出了"伟大历史贡献",使中华文明、科学社会主义和中华民族由此焕发出"新的蓬勃生机"。通过三个"历史告诉我们",总结出坚持马克思主义、坚持共产党领导、坚持社会主义制度和国家发展战略等的根本经验,彰显出清晰的历史意识;通过对当前世情、国情、党情和社情的分析,告诫全党"要时刻准备应对重大挑战、抵御重大风险、克服重大阻力、解决重大矛盾",确立了清晰的忧患意识;通过八个"不忘初心、继续前进",提出了坚持和发展马克思主义,坚持共产主义和社会主义,坚持理论自信、道路自信、制度自信和文化自信,坚持"五位一体"和"四个全面",坚持人民主体地位,坚持全面深化改革,坚持和平发展道路和合作共赢战略,坚持独立自主的和平外交政策和祖国统一,坚持从严治党,把伟大使命具体化为科学可行的全面战略与工程,全面准确回答了我们党从哪里来、到哪里去和如何去等重大问题,展示出中国共产党人高度的使命意识。

第一节 党的十九届四中全会《决定》的里程碑意义

党的十九届四中全会通过的《中共中央关于坚持和完善中国特色社会主义制度、推进国家治理体系和治理能力现代化若干重大问题的决定》(以下简称《决定》),是推进国家治理体系和治理能力现代化的纲领性文件,意味着中国特色社会主义制度的时代性提升,是新时代中国国家制度建设和国家治理体系现代化的重要里程碑。

一、在传承与创新的结合中提升制度自觉

中国共产党自成立那天起,就把建立一个更加美好的社会制度作为奋斗目标。在1921年党的一大通过的纲领性文件里,明确提到"推翻资本家阶级的政权,承认无产阶级专政"。从井冈山、中央苏区到陕甘宁边区,中国共产党在领导根据地建设的进程中努力探索新的社会制度。毛泽东等党的第一代领导人在新民主主义时期已经积极探索和谋划社会主义新中国的国家制度。1949年9月召开的第一届中国人民政治协商会议和通过的《中国人民政治协商会议共同纲领》,规定了新中国的国体和政体,组建了以毛泽东为主席的中央人民政府,开启了新中国社会主义制度建设史。1954年第一届全国人民代表大会和通过的首部《中华人民共和国宪法》明确我国为"工人阶级领导的、以工农联盟为基础的人民民

主国家"。

70多年来中国的国家制度为中国社会发展和文明进步提供了重要的制度保障。在对历史经验和教训的总结中,邓小平明确指出:"领导制度、组织制度问题更带有根本性、全局性、稳定性和长期性。""制度好可以使坏人无法任意横行,制度不好可以使好人无法充分做好事,甚至会走向反面。"1992年,邓小平在南方谈话中进一步提出:"恐怕再有三十年的时间,我们才会在各方面形成一整套更加成熟、更加定型的制度。"党的十四大明确提出:"到建党一百周年的时候,我们将在各方面形成一整套更加成熟更加定型的制度。"从那以来,历届党的中央委员会都对制度建设提出了明确要求,做出了积极贡献。

党的十八大把制度建设摆到更加突出的位置,强调"全面建成小康社会,必须以更大的政治勇气和智慧,不失时机深化重要领域改革,坚决破除一切妨碍科学发展的思想观念和体制机制弊端,构建系统完备、科学规范、运行有效的制度体系,使各方面制度更加成熟更加定型"。党的十八届三中全会首次提出"推进国家治理体系和治理能力现代化"这个重大命题,并把"完善和发展中国特色社会主义制度、推进国家治理体系和治理能力现代化"确定为全面深化改革的总目标。党的十八届五中全会进一步强调,"十三五"时期要实现"各方面制度更加成熟更加定型,国家治理体系和治理能力现代化取得重大进展,各领域基础性制度体系基本形成"。党的十九大以来,推进党和国家领导机构改革并将其推广到全国的所有治理层次,使中国特色社会主义国家制度站在了中华民族制度文明建设史的百年制高点。

二、在世界与中国的结合中创造制度优势

中国共产党人以前所未有的开放心态,自觉地向人类文明成果学习,又切实立足于中国的国情,在改革实践中不断探索与创新,构建起了既具广阔国际视野,又有深厚中国传统,还有鲜明中国特色的国家制度和国家治理体系。正如习近平总书记所说,中国特色社会主义制度和国家治理体系是以马克思主义为指导、植根中国大地、具有深厚中华文化根基、深得人民拥护的制度和治理体系,是具有强大生命力和巨大优越性的制度和治理体系。这个制度的最大优势就是最大限度地激发出中国人民的创新创造活力,创造了世所罕见的"经济快速发展奇迹"和"社会长期稳定奇迹",帮助中华民族迎来了从站起来、富起来到强起来的伟大飞跃。

自党的十八届三中全会首次提出"推进国家治理体系和治理能力现代化"以来,经过6年的理论探索和实践创新,党的十九届四中全会首次厘清中国特色社会主义制度和国家治理现代化的关系,明确指出,中国特色社会主义制度是党和人民在长期实践探索中形成的科学制度体系,我国国家治理一切工作和活动都依照中国特色社会主义制度展开,我国国家治理体系和治理能力是中国特色社会主义制度及其执行能力的集中体现,是能够持续推动拥有14亿人口大国进步和发展、确保拥有5000多年文明史的中华民族实现"两个一百年"奋斗目标进而实现伟大复兴的制度和治理体系。

中国共产党的领导是中国特色社会主义制度的最大政治优势,而这个最大优势从多个方面得以形成并得到保障。第一,中国共产党把自己的初心和使命定位于为中国人民谋幸福、为中华民族谋复兴,明确指出中国共产党没有人民利益以外的任何特殊利益,能够在理论和实践的统一中全心全意为人民服务,确保人民当家做主。第二,中国共产党创造性地构建起中国共产党领导的多党合作和政治协商制度,将民主党派和无党派人士团结起来,开展最广泛的政治协商,构建起独具中国特色的社会主义协商民主政治体系。第三,中国共产党人坚持全面从严治党,不断加强自己的思想建设、政治建设、组织建设和作风建设,提高党科学执政、民主执政、依法执政水平,同时不断推进自我革命,不断纯洁党的队伍,保证党的肌体健康，保持生机与活力。党的十九届四中全会明确提出，建立不忘初心、牢记使命的制度，使之制度化，将对中国共产党在新时代保持先进性、纯洁性、战斗性发挥非常积极的作用。

中国特色社会主义制度的最根本价值取向是人民当家做主。为此我们建立人民代表大会制度这个根本政治制度，一方面，努力发展人民民主，密切联系群众，紧紧依靠人民推动国家发展；另一方面，坚持以人民为中心的发展思想，建立社会治理共同体，努力强化社会公平正义；同时，努力统筹城乡的民生保障制度，通过精准脱贫，全面建成小康社会，努力发展公共服务设施，解决发展不平衡和不充分的问题。《决定》首次提出"建立解决相对贫困的长效机制""健全人民文化权益保障制度""构建服务全民终身学习的教育体系"等，从社会不同层面人群的现实需要出发，有针对性地制定相应的政策，不断满足人民日益增长的美好生活需要，增进人民福祉，走共同富裕道路。

中国特色社会主义制度的经济体制和运行机制突出展示了中国共产党人的学习、探索与创新。按照传统理解，公有制、计划经济、按劳分配，与私有制、市场经济、按资分配，二者处于非此即彼的分化与对立状态。中国共产党人经过数十年的积极探索与改革创新，建立起了以公有制为主体、多种所有制经济共同发展的所有制形式，建立起了以按劳分配为主体、多种分配方式并存的分配形式，并且将社会主义制度和市场经济有机结合起来，建立了社会主义市场经济体制。中国特色社会主义经济制度，既能通过社会主义公有制发挥国家经济力量的主导地位和压舱石作用，又能借助多种所有制拓展发展渠道、扩展多样空间、创造生机活力；既能通过按劳分配维护劳动者基本权利和保障社会公平，又能通过多种分配方式鼓励个性化发展、奖励先进、激发效率；既能通过市场经济为社会经济发展创造最大可能性空间，最大限度最快时间调动社会资源，又能通过政府的宏观管理实施重大战略、推进重大项目和防范化解重大风险。正是这种世界上独一无二的中国特色社会主义经济制度,展现出特有的制度优势,为中国改革开放 40 多年来,既创造出世所罕见的经济持续快速发展奇迹,又创造出世所罕见的社会长期稳定奇迹提供了坚实的制度保障。

中国特色社会主义制度有着最为深厚的思想资源和文化依托。当代中国文化建设最突出的是三个方面的有机整合:一是中华优秀传统文化的创新性转化和创造性发展,二是对于世界各种先进文化的学习和经验借鉴,三是学习传承马克思主义的思想文化。更重要的是把它们在中国大地上有机整合起来,立足当代中国的经济、政治、社会,构建起丰富多彩的文化体系,展现出中华文化所具有的特殊的力量和魅力。

三、在坚持与完善的结合中提升治理效能

党的十九届四中全会首次明确提出将制度优势转化为治理效能,并明确提出了"固根基、扬优势、补短板、强弱项"的实施路径,提出了"加强系统治理、依法治理、综合治理、源头治理"的工作重点,这不仅有助于中国共产党在新时代更好地治国理政,加速中华民族伟大复兴,也有助于在全球治理变局中彰显中国道路及其比较优势,为各国人民对于更加美好社会制度的探索提供中国方案和中国智慧。中国特色社会主义国家制度和国家治理体系确实是具有强大生命力和巨大优越性的制度和治理体系,正是依据这样科学的制度自觉和深厚的制度自信,站在"两个一百年"的历史交汇点上,在党的十九大报告作出的未来 30 年战略谋划的基础上,党的十九届四中全会进一步将坚持和完善中国特色社会主义制度、推进国家治理体系和治理能力现代化的发展目标,与社会发展的分阶段目标有序衔接起来,构成同步发展阶梯。会议明确指出,到我们党成立 100 年时,在各方面制度更加成熟更加定型上取得明显成效;到 2035 年,各方面制度更加完善,基本实现国家治理体系和治理能力现代化;到新中国成立 100 年时,全面实现国家治理

体系和治理能力现代化,使中国特色社会主义制度更加巩固,优越性充分展现。

第二节　协商民主与当前中国政治建设

党的十八大提出了国家治理体系和治理能力现代化的建设目标,党的十八届三中全会对协商民主作出了更加全面、深入和清晰的论述,协商民主制度是国家政治治理体系的重要组成部分。民主协商能力是国家政治治理能力的重要构成,加强协商民主制度建设是当前中国政治建设的一个重要组成部分。

一、将关于协商民主制度的认识提升和统一到十八届三中全会的战略高度

政治协商由来已久,至少可以回溯到1949年的中国人民政治协商会议,但协商民主在当代中国仍然是一件新事物,要使之成为科学制度和有效规范,得到大家尤其是各级领导的思想认同和自觉践行,还有很长的路要走;要使之真正制度化、规范化和程序化,更需付出艰巨的努力。在党的十八大报告的基础上,党的十八届三中全会通过的《中共中央关于全面深化改革若干重大问题的决定》对协商民主的性质、地位、功能和途径作出了更加全面、深入和清晰的论述,对其战略地位有很大拓展和提升。全党全社会应当将对协商民主制度的认识提升并统一到十八届三中全会的战略高度上来。对此作者尝试从以下方面加以概括和解读。

就其地位而言,"协商民主是我国社会主义民主政治的特有形式和独特优势,是党的群众路线在政治领域的重要体现"。协商民主应该也有可能成为中国共产党领导下的社会主义民主政治的特

有形式,成为中国政治文明的独特优势,为中华民族伟大复兴提供政治保障,也可以为人类的政治文明建设提供一种新的类型,做出特殊贡献。

就其适用范围而言,"在党的领导下,以经济社会发展重大问题和涉及群众切身利益的实际问题为内容,在全社会开展广泛协商"。协商民主制度不仅适用于民主党派和统一战线,也应广泛运用于当代中国社会生活和社会管理的各个方面、各个领域和各个层次。

就其建设目标而言,要推进协商民主广泛多层制度化发展,构建程序合理、环节完整的协商民主体系,拓宽国家政权机关、政协组织、党派团体、基层组织、社会组织的协商渠道。通过多种途径、多种渠道的民主协商方能有效实现协商民主。

就其形式而言,包含着立法协商、行政协商、民主协商、参政协商、社会协商等多种形式。通过形式的多样化实现协商民主的功能多样化。

就其过程而言,要坚持协商于决策之前和决策实施之中。将协商民主贯穿在社会生活尤其是重大决策的全过程。

发挥统一战线在协商民主中的重要作用。完善中国共产党同各民主党派的政治协商,认真听取各民主党派和无党派人士的意见。

人民政协是协商民主的重要渠道。发挥人民政协作为协商民主重要渠道的作用,重点推进政治协商、民主监督,参政议政制度化、规范化、程序化。

基层民主协商是协商民主的最广泛形式。要发展基层民主,畅通民主渠道,健全基层选举、议事、公开、述职、问责等机制。开展形式多样的基层民主协商,推进基层协商制度化。

综上,作者认为,从某种意义上可以说,搞好协商民主制度建设,不是策略问题,而是战略问题,涉及中国民主政治建设这样极为重大的问题;不是局部问题,而是全局问题,涉及中国特色社会主义政治道路的宏大问题；不是暂时问题，而是未来问题，涉及中国共产党的千秋大业和中华民族伟大复兴。只有从这样的广度、深度和高度上才能真正理解协商民主制度建设在当前中国所具有的特殊意义。

二、协商民主制度下权力运行的特点

协商民主是相对于选举民主而言的。协商民主之所以重要，在于它有选举民主所不具有的很多优势和特点，甚至在很大程度上改变着权力运行的模式，能够为广大人民群众提供参与社会生活的机会，使社会政治生活变得更加健全和健康。协商民主条件下的权力运行有可能出现很多新的特点。

第一，民众权利的阶段性丧失变成常态性在握。选举权是民众的基本权利，选举民主是通过周期性的权利转换来实现的。由于选举是周期性的，比如说五年选举一次，民众的权利只有在选举期间才能得到表达和实现，一旦选举结束，则权利完全让渡给领导者，民众手中的权利阶段性丧失。而且选举时间总是非常有限的，这就使公众权利长期不在民众手上，这就暴露了单纯的选举民主的缺陷。而协商民主是始终可以展开的，既可以运用于选举民主展开之时，也可以运用于选举民主结束之后，保证了民主权利始终有效地掌握在民众自己的手中。

第二，由单一的从上到下运动转变为上下互动，相互制约，内在结合。在一个成型的权力结构中，总体上看，权力集中在社会金字塔的上部，权力的大小与其在金字塔上的位高成正比，与人口的数量成反比。权力单向地从上到下运行，同时也是少数人管控大多数人的过程。而在协商民主的体系中，整个权力运行过程中不仅有从上往下的运动，也有从下往上的运动，权力始终处于上下交互作用之中。这不仅有利于权力的内部制衡，也能使其在不同方向上发挥出更大的作用。

第三，由从中心向四周的单向辐射与发散运动，转变为中心与周边的往返投射、相互影响、循环往复作用。如果把社会的权力结构看成一种车轴结构：越是高级的领导越是处于中心地位，权力运行的方式好比石头扔进了水池，水波由中心向四周辐射，逐渐减弱，最后消失。现实生活中权力单向中心化结构即是如此，一方面是中心权力在传播过程中单向减弱甚至消失，既无法得到有效实施，也不能及时得到来自周边、基层的反馈和调试；另一方面是周边、基层对中心权力的部署难以了解，更难以自觉地贯彻和实施。协商民主的实施就是要打破权力单向中心化结构，建立起一个中心与周边之间的经常性互动与反馈的体系，中心带动周边，通过汇聚民智而变得更加聪慧，周边烘托中心，通过领悟中心而变得更加自觉、更有力量，由此形成一个个先后呼应的浪潮，不断推动社会进步。

第四，由单一的水平运动转向立体交叉、系统制约的交互运动。社会权力是一个立体网络系统。例如，共产党和各民主党派的政治协商，不是共产党单向地面对八个民主党派中的每一个党派，各民主党派之间也不断地进行着有机互动，政党、政府、企业、社会组织、群众团体与广大民众等之间也有非常复杂的互动关系。通过协商民主制度建设，建立合理的权力运行机制，中国可以形成网络立体状态的权力运行结构。每一种权力都来自周围的依托，每一种权力又辐射到周围，各种权力之间就有一种制衡。上下相据、左右相持、内外互动，既能保持社会稳定，也能促进发展。

三、推进协商民主制度化、规范化、程序化的途径

第一，深入开展全面深入系统的研究与顶层设计。应该看到，协商民主制度建设是一项全局性、战略性和长期性事宜，是当前中国政治建设的基本方向，涉及改进和完善当代中国的社会制度与政策的各个方面，涉及提升全体领导干部的民主执政能力，涉及提

高全体社会成员的民主素养,需要对当前中国制度体系从协商民主视角进行系统审视和设计,需要对社会各方面、各层次人士的民主能力和民主素养进行调研并探寻其提升途径,为此需要进行全面深入的调查研究和系统设计。

第二,及时制定和发布相关文件和政策。要在及时而又充分调查研究的基础上,及时发布《关于加强社会主义协商民主建设的意见》,对协商民主建设作出科学的战略定位,作出全面的制度性和政策性安排;在此文件指导下出台协商民主具体的实施办法,将协商民主的精神和制度贯穿到社会生活的各个方面、各个层次和各个环节,作为严格规范的程序确定下来,并在实践中严格遵循。

第三,开展协商民主建设试点。按照党的十八届三中全会决议所论及的协商民主实施领域和实施范围,在党委、政府、企事业单位、人民团体、社会组织等主要方面和省、市、县、乡、村各级选择条件具备的单位开展协商民主制度建设试点,创新协商民主形式,探索有效方法,总结实践经验,逐步提升和推广。希望通过在协商民主建设方面的思想优先、改革优先和制度优先为全国的政治民主建设积累经验,提供典范。

第四,提升统一战线和人民政协的民主协商水平。政治协商是统一战线和人民政协的法宝,已有数十年的成功实践。当前要根据新时期统战对象和人民政协工作的新特点,进一步开拓视野、创新形式、提升境界,为全社会广泛开展的协商民主提供经验;根据立法协商、专题协商、界别协商、对口协商等的特点,尽快出台具体的工作方案和实施细则,畅通协商途径,提高协商水平。

第五,加强对于协商民主的干部培训和民众宣传教育。协商民主体系下,社会的权力运行方式与通常的权力运行方式有很大的不同,这对权力体系中的各个方面都提出了很高的要求。协商民主制度建设能否取得实效,最为根本的是领导干部的民主执政能力,有赖于民众的自觉有效参与,为此必须大力提升各级领导干部的协商民主能力,提高民众的民主素养。组织部门要加强对于干部的民主协商能力的培训,鼓励解放思想,激励实践创新,并将民主协商的能力和水平列入对干部工作的考核,作为提拔干部的重要条件;宣传舆论部门要加强对于协商民主的宣传和开展,勇于和善于与各种极左和右倾错误思潮开展斗争,增强民众的民主意识、法治意识,提高广大民众的民主协商能力和自我管理能力。

第三节　强化国家治理研究中的价值自觉与善治导向[①]

党的十八届三中全会提出国家治理体系和治理能力现代化,标志着中国共产党治国理政的新境界。国家治理是个总体性概念,需要直面当代中国的现实世情、国情、社情和党情。国家治理体系与社会价值状态之间具有双重的关系:一方面是国家治理体系的构建必须依据和顺应社会价值复杂性和多样化的现实状态,使之尽可能符合当下的社会价值状况,具有尽可能多的客观性和科学性;另一方面是要通过正当和有效的国家治理来引领和规范社会价值状态,使之尽可能趋向于社会未来发展的价值理想和健康状态,具有尽可能多的合理性和理想性。从宏观上看,当代中国最为突出的现实是价值多样化和复杂性,而"善治"作为国家治理的根本目标,一方面要依中国社会价值多样化的现实来制定使各方面都能适应的社会总体治理体系,让各地域、各方面、各层次、各群体都能各居其位、各司其职、各尽所能、各得其所,另一方面要强化社会价值的合理性,引领社会向着更加健康的方向转型和发展。由此我们必须强化国家治理研究中的多样价值自觉和良法善治导向。

[①] 本节内容为作者主持的2014年度教育部哲学社会科学研究重大课题攻关项目"推进国家治理体系和治理能力现代化若干重大理论问题研究"(教社科司函〔2014〕177号)的阶段性成果之一。

一、正视当代中国的价值复杂性和多样化状态

改革开放以来中国社会发展的最大进步之一是在坚持马克思主义指导下,允许并鼓励社会朝着多样化方向发展。我们根据当时的国情,实行的主要是差异化战略,按照先易后难的原则,有轻有重、有急有缓、有快有慢地对经济、政治、社会、文化和生态文明各个领域梯度性推进改革开放,让一部分地区、一部分行业、一部分群体先发展起来。在这个过程中,我们学习借鉴了世界其他国家在现代化进程中采用过的几乎所有模式,但并不是简单地原样照搬,而是吸收其某些有价值的元素,让它们在中国发挥作用,并从中获得了红利。通过全方位的学习开发和内部改革发展,中国以极大努力走出封闭僵化和单一模式,走向多元性与多样化的发展进程。

在这一过程中,中国社会获得了前所未有的快速发展,取得了巨大进步,但也面临巨大的社会矛盾与问题。在价值领域主要表现为,不同的价值要素原来是在不同的体系里面的,刚刚引进时还比较弱小,而相对落后的中国社会具有巨大的包容性和发展空间,因此它们在一开始可以各自发展、互不相扰、和平相处,都发挥出一定积极作用。经过多年的发展,现在各种因素都成长壮大起来了,使中国社会的价值复杂性状态前所未有地凸显了出来:所有制形式多样化,生产方式多样化,分配方式多样化,生活方式多样化,社会价值多样化,思想观念多样化,等等。这种价值多样性与中国的巨量人口、辽阔国土和多元民族等相交织而得到强化和放大。

正是在这样的背景下,各行业相互支撑、各领域相互协调、各环节相互衔接、各群体和谐相处已经成为当代中国发展的全局性、战略性、根本性问题,需要科学合理的国家治理体系,要求极强的国家治理能力。为此必须从全局上加以谋划、从制度上加强建设、从整体上加以推进。党的十八届三中全会回应了这种紧迫需求,

从全面深化改革和加强整体性制度建设谋篇布局,努力推进国家治理体系和治理能力的现代化,对内有助于全面调动各方面、各地域、各群体的积极性,加速中华民族伟大复兴,对外有助于展示负责任的大国的健康形象,中国必将为人类文明发展做出更大贡献!

二、高度关注价值多样化的复杂性及其挑战

国家治理既是面向现实的也是面向未来的,不仅要依托于社会价值多样化的基础和现实而构建国家治理体系,还要通过正当与有效的国家治理来引领社会价值多样化的发展方向,为此必须对社会的各种价值元素做出定性、定量与定时等多维分析。

第一,就其定性判断而言,当前社会复杂价值体系中的价值元素有哪些是正当和合理的?哪些是不正当和不合理的?各自的正当性与合理性依据何在?哪些是顺应社会文明进步方向从而可以依靠并积极扶持的?哪些是代表消极落后并应当逐步削弱和消解的?

第二,就其定量判断而言,不同的价值元素各自在中国社会占什么地位和多大比例是合适的?一个和谐发展的中国社会应当给不同的价值实体多大的生存与发展空间?

第三,就其定时判断而言,不同的价值元素各自所处的时代性特征如何?是代表着过去的历史残留从而丧失其时代性与生命力?还是作为文明的萌芽而代表着未来发展趋向?在当下存在与发展的意义与态势如何?

第四,就其社会相关性而言,不同的价值元素之间的相关性如何?是可以并存与和谐相处的?是相互制约彼此消解的?还是矛盾冲突此消彼长的?

第五,就其社群代表而言,不同的价值元素各自以哪些人群以至阶层为代表?这不同社会群体以至不同阶层有哪些利益诉求是正当的,哪些是不正当的?正当性及其程度如何?

第六，也是最核心的问题，多样化的价值元素挑战社会的核心价值和主流价值，影响到社会的凝聚与整合。应当看到，在复杂的国际国内形势下，在快速走向现代化的社会剧变与转型期，社会价值多样相互激荡，难免出现泥沙俱下、鱼龙混杂的情况。只有对社会多样价值的正当性和合理性有足够清晰的把握，才能更好地把握国家认同和国家治理的底线，求得其共同基础，提升其境界，也才能为构建科学合理的国家治理体系奠定坚实可靠的基础。

三、以良法善治引领社会价值多样化进程

"法律是治国之重器，良法是善治之前提"。依法治国是当代中国国家治理的根本特征和基本方向，"良法善治"是引领社会价值多样化发展的根本途径。这包含着极为丰富的内涵。

首先，以良法汇聚社会共识。良法依据中国的国情，最大限度地体现和反映人民利益和意志，体现着社会主义核心价值，为不同方面、不同阶层和不同人群的价值与利益提供必要的空间，规制其合理范围和有效程度，实现权利公平、机会公平、规则公平，因此既是法治的价值标准，也是社会的理想追求，有可能获得最大多数民众的信仰和遵从，成为社会的最大公约数，规制和引领社会的价值发展方向。

其次，以"善治"推行良法。善治是最佳的法治运作模式和实现方式，它依据于良法，要求最大限度的正当性、公开性、公平性、公正性，呼唤最高的责任、互动与效率，在最大的范围内实现人民当家做主。"良法"与"善治"的有机结合，构成了现代法治，尤其是社会主义法治的精神和精髓，也是国家治理最为根本的依据和实现方式。

再次，要努力推进国家治理设计与研究中的"视界融合"。国家治理是一种高度自觉的主体性行为，需要极为自觉的顶层设计、科学决策，实现多元主体的价值追求，为此要努力打破施治者、被

治者和研究者之间的价值诉求、身份隔离和角色眼界,促成他们之间的视界融合,形成最大限度的共识,把治理变成自理,通过制度化、规范化、程序化,让所有成员各知所需、各居其位、各司其职、各尽其能、各得其所、安居乐业,发挥出最大的潜能和创造性,从而化治理于无形,这就是善治。善治的最高境界可以说是无为而治,这是中国治理思想和实践的最高境界,也是提高国家治理能力现代化的崇高目标。

  国家治理体系与社会价值状态之间具有双重的关系,实现"善治"目标,必须强化国家治理研究中的价值自觉与善治导向。依法治国是当代中国国家治理的根本特征和基本方向,其要求以"良法"汇聚社会共识,以"善治"推行良法,要努力推进国家治理设计与研究中的"视界融合",进而使"良法善治"成为引领社会价值多元化发展的根本途径。

第五章

国家治理现代化的变革创新

本章将从中华民族伟大复兴的思想高度,综观海峡两岸和香港、澳门关系演变的可能走向,主张把中华新经济体建设纳入国家战略,从祖国完全统一的根本利益出发,以海峡两岸和香港、澳门的地缘相依为依托,以中华文化为血缘纽带,依托经济全球化的背景,推动海峡两岸和香港、澳门在经济社会各方面深入合作与战略共建,造就一种多元互补的复合型新经济体,形成一种强大的中华新经济圈,为推进祖国完全统一、加速中华民族伟大复兴创造必要的、统一的经济基础。

第一节 加速中华新兴经济体建设,强化民族复兴国家战略[①]

在当前关于新兴经济体的研究中,我们主要关注的是以大陆为主体的中华新兴经济体,并集中探讨其与金砖四国为主体的新兴经济体的关系。这种视野有其历史必然性和现实基础,但从中

---

① 本节内容发表于《华中科技大学学报(社会科学版)》2016年总第30卷第3期,略有删改。

华民族伟大复兴的高度来看，我们还应当拓展对于中华新兴经济体的关注与构建。中华新兴经济体以海峡两岸和香港、澳门的地缘相依为依托，以中华文化为血缘纽带，依托经济全球化的背景，推动海峡两岸和香港、澳门在经济社会各方面深入合作与战略共建，造就一种多元互补的复合型新兴经济体，形成一种强大的中华新经济圈，为推进祖国和平统一、加速中华民族伟大复兴创造必要的统一的经济基础。这将是一种以祖国统一为目标、以中华民族伟大复兴为战略导向并为其构建经济基础，从而具有重大战略意义的新兴经济体。

一、把中华新兴经济体建设纳入中华民族伟大复兴的总体战略布局，提升为国家战略

中华民族伟大复兴有一个重要的前提是祖国统一。海峡两岸和香港、澳门问题是历史造成的，也是中华民族伟大复兴的直接困难和现实障碍。实现祖国统一已经成为当前中国发展战略中最为核心的价值和最重要的选择，应当成为中华发展战略和国家治理研究中最为重大而又紧迫的问题。香港、澳门回归以来，"一国两制"的理论与实践给了我们更多的机会和经验，但如何破解台湾问题，及早实现祖国和平统一，仍然有待在思想上创新和在战略上调试。总体上看，近年来海峡两岸和香港、澳门经济合作和人员交流越来越多，但目前仍然存在着较大的意识形态隔离与社会心态差异。2013年以来，台湾发生了大学生反对《海峡两岸服务贸易协议》事件，香港发生了大学生"占中"非法集会，这虽然是少数人参与的局部行动，但发生在以大学生为主要成员的年轻人群之中，并得到一些社会成员的支持，也折射出海峡两岸和香港、澳门关系中存在的离心力甚至破坏性，尤为值得警惕和关注。

总体上看，未来海峡两岸和香港、澳门关系存在三种可能走

向:保持现状;越走越远;越走越近。在这三种可能性中,在一定程度上保持现状的可能性最大,也比较容易,但它意味着问题的拖延与累积,越积越久,问题可能越来越多、越来越重,这是不利于祖国统一和民族伟大复兴的;越走越远当然是我们不愿看到也不能允许的,但客观来说,随着分离时间延长和新生代的崛起,随着台湾政局的变化,在"一个中国"和"爱国、爱港"等重大问题上的情感可能会越来越淡,心理上会越来越远;越走越近是我们的愿望,是中华民族伟大复兴的必要基础,但不会自然而然地实现,尤其是客观存在的各种障碍不会自然消除,需要我们做出积极的谋划与努力。

怎么让海峡两岸和香港、澳门"越走越近"成为一个不可逆转的大趋向,造成相互依赖、相互认同、相互合作的大格局并通过经济体系的方式稳定下来,这里有很多问题需要深入探讨。根据经济基础决定政治上层建筑和意识形态的根本法则,或许只有当我们建设了一个真正意义上的中华新兴经济体,把海峡两岸和香港、澳门变成在实际上无法真正分开的经济共同体,才能为突破意识形态障碍、实现一体化发展提供条件,为中华民族伟大复兴奠定必要而又坚实的经济基础。正是在这样的意义上,我们郑重建议把构建中华新兴经济体作为一项国家战略尽快确立起来并积极探索其建构途径。

二、以推进祖国统一为目标构建中华新兴经济体的三期目标

构建中华新兴经济体,就其目标而言可以分为三个时期。

第一,近期(5~10年),发挥海峡两岸和香港、澳门各自作为中华新兴经济体内在要素所具有的经济社会优势,通过合作加强互补性,互利互惠,共谋发展,使各方面都能从中获益,提升发展速度,提高经济质量,增加中华经济的总体体量,增强彼此的观念认同与行动协调。

第二,中期(10~20年),在交流与合作中发现各自的不足,相

互借鉴、改善宏观结构,提升经济品格、提高经济质量,增强内在经济协同力,增强经济社会动力与活力,逐步造就具有内在依赖性和互补性的中华新兴经济体,扩大作为有机整体的中华经济地位和国际影响力。

第三,长期(20~30年),以2049年为限,为海峡两岸和香港、澳门在政治上相互认同、社会上相互协作、文化上共谋发展,实现祖国和平统一提供必不可少的经济基础,为中华民族伟大复兴创造必要条件。

在这三期目标不断推进的过程中,有一个重要的任务就是以经济合作和文化融汇为基础,通过全方位的改革、开放和发展,积极消除海峡两岸和香港、澳门的政治意识形态对立和社会制度隔离,增强中华文化的内在凝聚力,汇聚全球华人力量,推动祖国完全统一。我们认为,祖国完全统一应该有时间表,并且应当以中华人民共和国成立一百年为最后期限。在不损害中华民族根本利益和人民福祉的前提下,祖国完全统一的时间应当是越早越好!祖国完全统一是中华民族伟大复兴的必要条件,也应当成为"两个一百年"的最大成果之一!

三、深刻认识中华新兴经济体内部的价值多元复杂性并探寻其互补性

要实现以上三期目标,当前尤其需要充分认识海峡两岸和香港、澳门在经济、政治、文化关系的复杂性,深刻认识其价值多元性及其挑战,探寻其内在的互补性和良性互动机制。

当前海峡两岸和香港、澳门的关系非常复杂,既可以看成近代中国历时态变革的共时态并存,也可以看成世界现代化所造成的当前复杂国际关系在中国国内的一个缩影。它浓缩了几百年来世界现代化发展过程中的主要形态,而且以一种共时态的方式存在于当代中华新兴经济体之中。

从历史的角度看,香港和澳门以被侵占和租借的方式沿袭了西欧现代化,以多少有些扭曲的方式比较早地加入了世界的体系,代表着当代世界发展中的某些主导型现代化类型。当然香港与澳门也有所不同。

香港近代以来大部分被割让,部分被租借,成为中华民族近代耻辱的历史性象征。1997年香港回归祖国后,在政治上实行"一国两制""港人治港,高度自治",经济上香港主要是国际商贸、金融、信息和转运中心,在文化上一方面是近代以来的英式文化仍在延续和传承,另一方面又在逐渐消除其殖民特性和主导地位,中华文化正在积极回归。但由于历史情况的复杂性和英国的不时干预,以及西方国家的继续进入,要使中华文化成为香港的主流文化仍显艰巨和遥远。近年来香港出现的极端情况加剧了复杂局面。

澳门总体上看一直是被侵占和租借,并没有割让的历史,因此即便是近代以来长期受到葡萄牙的统治,澳门老百姓的心中仍然存在着中华文化的最终归宿。澳门经济相对而言比较单一,以博彩业为主。1999年澳门回归祖国后在"一国两制"框架下实行"高度自治,澳人治澳"。由于葡萄牙政府早已承认在历史上对澳门的侵占为非法,澳门回归后也不再干预澳门事务,澳门回归后其经济发展迅速,中华文化回归进程比较顺利,澳门民众对于中华文化的认同程度迅速增加。

台湾近代以来经历了日本的殖民统治,1945年第二次世界大战后回归祖国,面临着消除日本殖民文化和重建中华文化双重使命。1949年后在国民党推动下,经济上快速发展,随着东亚崛起而崛起,台湾努力地想依托于亚洲文化而创造某种与西方现代化不同的东亚现代化模式。台湾在传承和发展中华传统文化方面也做出了突出贡献,但也一直面临着中华文化与台湾本土文化的复杂碰撞。随着其领导人选举、党派更替,经历了陈水扁时期的大力"去中国化",甚至要"去汉语化",加上海峡两岸关系的复杂演变,以致"一个中国"的认同近年来在台湾不是增强而是有所削弱。

中国大陆经历了从古代辉煌到近代衰败的断崖式跌落,丧权辱国、割地赔款,20世纪以来经过国内革命战争、抗日战争和解放战争的锤炼,获得了政治独立和国家主权。1978年改革开放后,我们在保持中国特色社会主义本质与特色前提下,经济快速发展,成为世界第二大经济体,国际影响不断扩大,这也许代表了一种全新的现代化类型。但当前中国大陆所有制多元化,生产方式多样化,社会面临着价值多元化的内部分化与矛盾冲突,演化为不同地区、行业、阶层的巨大分化与冲突,面临着经济协调发展、加强文化重建与文化认同的繁重任务。

就其时代特点而言,海峡两岸和香港、澳门汇聚了当代世界现代化的三种主要模式,以浓缩的方式映现着当今世界的复杂格局。这三种模式各有优势和特点,可以互补和互益,如果处理得好,彼此之间可以相互学习和借鉴,获得新的更大发展空间和更多发展机会,释放出更多的合作共赢的红利。正是在这样的意义上,中华新兴经济体有可能汇聚世界迄今为止的多种现代化道路所具有的特点和优势,并在此基础上创造出全新的现代化模式:我们可以借助香港、澳门而获得高度自由经济条件下所具有的灵活性;可以借助台湾经验把市场经济、民主政治与儒家文化更好地结合起来;可以保持大陆公有制为主体多种经济形式并存所带来的强大活力,运用强力政府所具有的宏观决策力和战略调控力,为中华新兴经济体的又好又快发展提供更加丰富的资源和经验。

中华新兴经济体内部的不同方面和不同板块之间的关系,从某种意义上说,就是当今世界不同现代化模式之间的关系。如果能够把中华新兴经济体内部的矛盾处理好,我们就能够从中学习更加智慧地处理好与全世界多种经济体的关系。由此,我们应该在处理好海峡两岸和香港、澳门的关系中加强作为,积极探讨更多的可能发展空间,做出更多的试验性探索,寻求更多的发展途径,促进海峡两岸和香港、澳门之间更加良性健康的互动。

四、要深度认识与金砖国家新兴经济体的建设继续合作的必要性和分化的可能性

金砖国家近年来在经济上快速发展,造就了一种新兴经济体。金砖各国相互鼓励和支持,形成良好的发展态势。中国在与金砖国家的交往与合作中获得了更大的发展机遇与良好的拓展空间,这种合作在未来一段时间还会继续存在。但在更加长远和宏观的意义上,我们还需对金砖国家新兴经济共同体保持更加清醒的头脑,注意各国间在地缘政治、社会制度、经济结构、文化传统等方面的特殊性,尤其是在当前复杂世界变局中可能出现的分化与问题。

例如,苏联本来是世界两个超级大国之一,但由于苏联解体和改革失误造成经济整体崩盘,现在其最大加盟国俄罗斯处于恢复性重建时期,为了保持其强大的军事科技力量和政治影响力,需要极大的经济支撑,造成其经济供给与政治军事需求之间的严重不平衡状态,如果处置不当就有可能威胁国家的整体稳定。巴西经济曾经在南美一枝独秀,但由于其内在的经济结构和金融泡沫问题,经济危机的威胁并没有消除,甚至有可能导致政治危机,一旦南美经济整体衰落,其很难从中脱身,甚至有可能率先跳水。印度作为世界的人口大国之一,经济增速很快,有很大潜力,但内部不同地区之间、城乡之间、种族之间和阶层之间存在着严重的分化与对立,存在复杂的矛盾与问题,其内向型文化特性可能妨碍其深度融入世界现代化。新加入金砖国家的南非曾经有其特殊的优势,获得了经济快速发展,但仍然存在着根深蒂固的种族差异与矛盾,如果不能从根本上提高全民教育水平和文化素养,不仅会妨碍该国的经济转型,还可能妨碍其国家稳定。

当前国际局势的一个突出特点,是人类命运往往是以负面的方式表现出来的,其突出特点是"一荣不一定俱荣,一损却必然俱损",这与我们过去所关注的"一荣俱荣,一损俱损"形成了巨大反

差。由于当前极为复杂的世界格局,各国经济发展放缓,地方保护主义抬头,各国在自身经济困难的条件下不得不紧紧地捂住自己的钱袋子。在国际关系中,"寸利必得"成为各国的普遍选择。这种情况在金砖国家之间的合作和金砖国家与其他国家的合作中也会比较鲜明地表现出来。随着中国的快速发展,我们从金砖国家的合作中所需付出的可能会越来越多,所能获得的可能会越来越少,机会成本的效益逐渐降低,有些方面也许还会有所拖累,我们应当对此保持清晰的头脑并作出必要的前瞻性安排。

五、要重点研究和处理好与发达国家之间的关系,特别是与美国的关系

实现中国发展中"两个一百年"的伟大目标,实现中华民族伟大复兴,最关键的是要紧紧把握中国特色社会主义现代化这个主旋律不放松,为此必须着力加强与当代世界最先进、最发达国家的交往与合作,探索一条代表世界文明方向而又独具中国特色的现代化道路。

当代世界发达国家很多,美国、法国、德国、加拿大、日本等,我们都应加强交流与合作,而作者以为当前特别要关注与美国之间的关系,要认真研究美国崛起之谜及其对中国的启示。美国在当代世界的发达国家中历史最短,但发展最快,走到顶端,成为领头羊。尤其是第二次世界大战后,成为战后秩序的制定者和主导者。从某种意义上可以说,美国的发展代表着20世纪后期世界政治秩序、经济秩序、军事体系、科技体系、教育体系发展的基本方向。美国在战后主导建立的联合国、世界贸易组织和布雷顿森林体系等,迄今仍然是国际政治与安全体系、世界经济体系和货币金融体系的主要支柱。美国也是我们处理好海峡两岸和香港、澳门关系尤其是台湾问题的最关键外部因素。处理好中美关系,才有可能处理好台湾问题,中国的国际交往与合作才有可能开创全新局面。

中美新型大国关系的构建对于中国和世界都具有非常积极的意义。近年来美国遭遇经济危机,内部也面临政党轮替,但也给了我们机会,来观察和学习它所展示的应对危机的能力和自我调适的能力。中华民族伟大复兴,其潜在的含义是要成为世界最优秀的民族,为此必须善于向当今世界上的所有优秀民族学习。要勇于和善于与美国合作甚至博弈,在与大国的交往、合作与博弈的过程中发展和提升自己,学会做大国。这里我们尤其要警惕并着力防止陷入"修昔底德陷阱",防止与现有大国争位而导致大国厮杀,尤其防止我们的国家因"未强而霸"引发过度的国际纷争。

中国的和平崛起需要大战略和大智慧,中华新兴经济体的建设应当是这种大战略和大智慧的内在组成部分,它不仅有利于促进海峡两岸和香港、澳门及全球华人的整合性发展,加速祖国和平统一进程,也一定会极大提高中国的综合实力和国际影响力,为世界文明发展创造出一条新路,为人类进步做出更大的贡献!

第二节　创新是引领发展的第一动力[①]

党的十九大报告指出"创新是引领发展的第一动力,是建设现代化经济体系的战略支撑"。2017年中央经济工作会议强调"加快建设创新型国家,推动重大科技创新取得新进展,促进大众创业、万众创新上水平"。"创新是引领发展的第一动力",是民族进步的灵魂,是一个国家兴旺发达的不竭源泉。

一、创新是治国理政的核心理念

在党的十九大报告中,习近平总书记立足于新时代和新使命

---

① 本节内容发表于《湖北日报》2018年1月5日,中国社会科学网全文转载,略有删改。

的时代特点,将创新提升为治国理政的核心理念和中华民族伟大复兴的动力源泉,并且对我国建设创新型国家提出了更高的要求,那就是到2035年,基本实现社会主义现代化,跻身创新型国家前列。

何谓创新型国家?"创新型国家"是指以技术创新为经济社会发展核心驱动力的国家,其本质在于最大限度激发全体人民的创新能力和创造活力,不断提高国家的现代化水平。

从历史的纵深看,世界500多年的现代化进程中,世界经济中心几度迁移,背后的重要力量就是创新。科技创新在哪里兴起,发展动力就在哪里迸发,发展制高点和经济竞争力就转向哪里,现代化高潮就兴起在哪里。近代以来的经济强国无一例外都是创新强国。进入21世纪以来,新一轮科技革命和产业变革孕育兴起,世界主要国家争相寻找科技创新的突破口,抢占未来发展先机。创新型国家的桂冠不能只局限于少数发达国家。中国是世界上最大的发展中国家,我们能否通过创新驱动,跻身创新型国家前列,对于整个世界经济格局都将产生深刻影响。

习近平总书记曾算过这样一笔账:世界发达国家人口全部加起来是10亿人左右,而我国有13亿多人,如果全部进入现代化,那就意味着世界发达国家人口要翻一番多。如果我们以现有发达国家人口消耗资源的方式来生产生活,那全球现有资源都给我们也不够用!老路走不通,新路在哪里?"就在科技创新上,就在加快从要素驱动、投资规模驱动发展为主,向以创新驱动发展为主的转变上。"正是在这样的时空背景下,党的十九大提出了加快"创新型国家"建设,"跻身创新型国家前列"的目标,这就意味着我们不仅要建成"创新型国家",而且要走在创新型国家群体的前列。要实现这一目标,必须牢牢抓住"创新"这个关键词,充分发挥"创新"这个引领发展的第一动力、这个建设现代化经济体系的战略支撑。

二、科技创新转换发展动力

要充分依靠科技创新转换发展动力。经过改革开放 40 年的高速发展,中国经济已经由高速度发展阶段进入高质量发展阶段,中国社会的主要矛盾已经转化为人民日益增长的美好生活需要和不平衡不充分的发展之间的矛盾。我们要用创新的办法解决当前中国经济发展中的投资与出口等要素驱动力明显减弱、新动能还未全面接续等关键性的问题。中国经济体量这么大,人民对美好生活的需求这么高,中国经济社会发展对科技创新的需求从来没有像今天这样迫切。要从根本上解决我国发展方式粗放、产业层次偏低、资源环境约束趋紧等急迫问题,关键是充分践行创新、协调、绿色、开放、共享的发展理念,加速向主要依靠知识积累、技术进步和劳动力素质提升的内涵式发展转变,充分依靠科技创新转换发展动力。由此破解经济社会发展瓶颈,顺利跨越"中等收入陷阱",为更好解决社会主要矛盾开拓更广阔的可能性空间。

三、创新贯穿改革发展全过程

要把创新贯穿于改革发展的全过程。改革开放以来,我们以开放的心态向世界发达国家学习,把符合人类文明进步的各种要素都引入了中国并让它们在中国获得了极大发展,现在能学的我们基本都学习了、引进了,可学的东西已经非常有限,这意味着我们已经过了追随、伴随、同行的阶段,现在到了要独立走出一条中国特色社会主义发展大道的全新时代。新时代中国特色社会主义经济、政治、社会、文化和生态文明建设都必须自觉立足于现代科学技术和现代国家治理体系来进行创新,我们必须把创新贯穿于改革发展的全过程,不能只注重科技创新本身而忽略了创新文化的培育、创新体制机制的建立等。

十九大报告指出,"蹄疾步稳推进全面深化改革,坚决破除各方面体制机制弊端"。如何构建有利于科技成果转化的市场体系,如何改革和建立更为科学的创新评价制度,如何深化知识产权管理体制机制改革,落实"倡导创新文化,强化知识产权创造、保护、运用"的要求。

"惟创新者进,惟创新者强,惟创新者胜。"从宏观上看,推进创新型国家建设,最为深远的意义,就是激发中华民族实现伟大复兴进程中的创新性才华和创造性品格,并将其提升为一种国家品格、国家能力和国家体系。这并不是一件轻松事,它需要我们以极大的政治担当、政治勇气、政治魄力,在体制机制上不断创造、不断突破、不断革新,苟日新,日日新,又日新。

第三节 大数据与人文社会科学研究的变革与创新

习近平总书记在谈到如何繁荣发展中国特色哲学社会科学时,要求我们善于"运用互联网和大数据技术,加强哲学社会科学图书文献、网络、数据库等基础设施和信息化建设",这为信息化时代的人文社会科学研究的方式变革与理论创新指出了正确的方向。大数据正在成为当前中国社会快速信息化的最重要表征之一。我们应当深刻认识大数据及其对人文社会科学研究所提供的机会与挑战,自觉促进人文社会科学研究的变革与创新。

一、充分认识大数据及其多维意义

何为大数据?我国《促进大数据发展行动纲要》指出:"大数据是以容量大、类型多、存取速度快、应用价值高为主要特征的数据集合。"维克托·迈尔-舍恩伯格和肯尼斯·克耶编写的《大数据时代》中提出"大数据"的 4V 特点：volume（体量浩大）、velocity（生成快速）、variety（模态繁多）、value（价值巨大而密度较低）。

在我们看来，大数据是人类探寻世界发展规律和规划自我发展道路上的一种积极产物。大数据及其意义可从以下几个层面来加以解读：

在直接的意义上，大数据是相对于"小数据"或者传统数据而言的，指人类首次有可能从自然、社会和人的活动中获得数量巨大、类型多样、存取高速、富于价值意义的数据并将其集合起来，形成巨大的数据库，把世界和事物的存在方式转变为周全详尽的海量数据存在方式，借助于它们来实现对外部世界和自我更为全面、细致、深入和准确的把握。

在较广的意义上，大数据意味着与大数据采集、存储、处理、传输和应用相关的整个信息技术、设施体系和运行方式等，构建起一个个数据化的世界。人们有可能在不直接接触现实世界的前提下通过接触数据世界而实现对现实世界的认识与把握；通过感知和运行数据世界来重构和影响现实世界，形成真实世界与虚拟世界的互动，展示出自然、社会和人类的数字化进程，表明现代信息科技和网络世界发展到了全新阶段和更高水平。

在更广的意义上，大数据意味着高度信息化时代人们自觉或不自觉地从事着数据化的生产、生活、交往、思考与实践，构建起一整套紧密依托于现代信息网络和数据化系统的生产方式、生活方式、交往方式、思维方式和治理方式等，大数据不仅改变着人类的社会生活，也在全面引领着人类生存方式的革命性变革与时代性提升。

在最广的意义上，大数据意味着一种依托于大科技、大信息和大数据而构建的全新的自然图景、社会图景和人类图景，以大数据的方式来看待自然、社会和人类自身，正在转变为一种自然观、社会观、人类观、价值观和方法论，标志着人类认识世界和认识自我、改造世界和改造自我进入到更加全面清晰准确的水平和更加自觉有效的阶段。

二、探索大数据提供的特殊机遇与挑战

从总体上看，与人文社会现象的多样性和复杂性相对应，人文社会科学也是一个庞大的学科群，内部存在着迥然相异的学科，不同的学科与大数据的关系和关联度也有很大不同。例如，从总体上看，传统的社会科学学科，诸如经济学、管理学、社会学、政治学、法学、教育学等学科对数据的依赖性较强，大数据所展示的意义会更充分，而文学、历史、艺术、哲学等更加关注人们的精神生活、价值理念、心灵世界等，对外在数据的依赖性较低，大数据所展示的意义相对较弱，在大数据时代所受到的影响也相对较小。即就大数据本身而言，也应当看到，大数据并不是一切，并没有根本取代小数据和传统数据；大数据技术尚在发展之中，并不能简单取代传统数据技术；大数据研究也存在很多问题，我们没有必要也不应该简单地用大数据研究来遮蔽传统的人文社会科学研究。

但无法回避的是，方兴未艾的大数据已经给人文社会科学研究提出了很多问题和挑战，也提供了许多创新的机会。

首先，从"假设出发"还是从"数据出发"开始我们的研究？"大胆假设，小心求证"，一直是我们从事人文社会科学研究的基本模式。大数据时代，海量数据甚至"全数据"的存在成为我们很多学科和领域研究的前提，它们表征着许多难以辨析的事实，要求我们做出必要的解读和说明。

其次，以"个别样本"还是以"海量数据"为对象来开展研究？由于采集数据困难，过去人文社会科学的很多研究不得不依赖于抽样调查，采集到的永远是个别样本信息，为此而不得不加大抽样的比例，但最大比例的样本也不可能穷尽对象，因此所有的结论都带有推论的性质。大数据时代，人们有可能通过就一定事物采集全样本，提供全数据，为人文社会科学研究提供更加坚实可靠的对

象性基础和前提。

再次,是"感性接触"还是"行为统计"更为可靠?人文社会科学的很多研究以研究者与被研究者的直接接触作为真实可靠的基础,例如,直接对话、直面访谈、电话采访等,这有其感性直观和可靠的一面。但人们的思想内在于心灵,充满着理性与非理性的博弈,具有独立性、分散性、个体性和变动性特点,其表达往往受到交往者之间的互动感觉和场景的直接影响,尤其是涉及一些敏感话题会产生某种特殊遮蔽甚至智慧博弈,感性接触并不一定都真实可靠。大数据通过行为统计,对数据细粒度的分割,全方位长时间累积搜集,尤其是对人们在大量的"鼠标选择""网络投票"中展示出的价值取向、美丑好恶、评价标准等,展示出个体真实的心灵世界,勾勒出社会的总体心理状态,描绘时代精神的大体走向,有可能为人文学科的理性研究提供更加真实可靠的对象和基础。

最后,以"实体规律"还是以"统计规律"为研究目的?过去,人文社会科学研究主要依托于对社会现象的局部观察和实体性探索,大数据将社会变量变成可统计、可度量、可计算的对象,通过追踪社会中作为最小组成单位的"人"以及对全局性社会形态的包容性跟踪累积,在一个相对低廉的研究成本中展现社会和社会组织的高精度社会实景,实现以整体和全体数据为基础的研究,更好地探析社会发展的本质特征、内在规律、演化趋势和未来走向。例如,关于国家治理体系现代化的研究,可以尝试借助于大数据来建立评估体系并进行国际比较,从而得出科学结论。

三、人文社会科学研究应自觉融入大数据时代

大数据时代已经来临。美国政府于1993年启动信息高速公路建设,2012年3月又宣布投入2万亿美元用于"大数据研究和发展计划",着力于保持在大数据战略方面的世界优先地位。中国国务院在2015年8月发布了《促进大数据发展行动纲要》,将大数

据纳入国家战略。目前的问题是,人文社会科学工作者如何自觉地进入大数据时代,推进人文社会科学研究的变革与创新。

要自觉学习和有效运用复杂性思维。大数据的世界是个极为复杂的世界,需要复杂性的思维方式。近代经典科学倾向于简单性,产生出线性因果的观察视角和还原论的研究思路。然而在现实世界中却存在着许多与不确定性、突变性、非平衡性、非线性、模糊性等密切相关的复杂现象,由此而产生出耗散结构理论等现代复杂性科学。人文世界是个更加复杂的情感世界和价值世界,存在着极为复杂的人际互动和情感交织,充满着不确定性甚至风险,需要学习借鉴复杂性科学的思路和方法。

要自觉学习和运用大数据技术。对大数据技术的应用大概可以分为三种层次和水平:能够熟练运用现代信息技术和数据装备处理人文社会科学的复杂信息;能够科学合理解读现代人文社会科学信息所蕴含的意义;能够运用大数据技术引领人文社会科学研究和人文社会现实的良性健康发展,引领社会文明的数字化发展方向。通过大数据技术的应用把人文社会科学研究的相对客观部分提升为可以与自然科学和工程技术相媲美的"硬科学",这将极大提升中国人文社会科学对当代世界的解释力和影响力。

要自觉更新和发展自我。我们要勇于掌握技术又善于超越技术,尽最大努力去学习掌握和运用大科学技术,走在时代的潮头,同时又要防止为技术所裹挟,避免成为简单的技术主义者,努力保持人文社会科学工作者的思想高度、理论品格和价值定位,勇于反思和批判。大数据时代离不开任何专业却也不会拘泥于任何专业,要自觉地站在当代学科既深度分化又高度综合的背景下开展研究,既立足专业又超越专业。大数据时代最大的特点就是人、对象世界、数据世界与数据技术的多维互动,这也需要我们勇于实现自我超越。只有自觉地置身于自然—社会—人—数据的复杂巨系统中,人才能真正成为世界的主人,成为大数据的主人,成为人文社会科学研究的主人。

第六章

国家治理现代化的文化根基

习近平新时代中国特色社会主义形象构建思想是习近平新时代中国特色社会主义思想的重要内容,它对新时代中国特色社会主义的形象定位、形象塑造、形象传播等做出了明确规定,提出了具体要求。习近平新时代中国特色社会主义形象构建思想是在准确把握当代中国的历史、文化、传统、实践的基础上,运用辩证思维深入研判人类社会发展态势,从战略高度对新时代塑造一个什么样的中国特色社会主义形象、怎样塑造中国特色社会主义形象进行的科学回答。研究习近平新时代中国特色社会主义形象构建思想,对于推动中国特色社会主义建设事业,开创中国对内对外宣传工作新局面具有重要意义。

第一节 新时代中华文化建设与民族伟大复兴[①]

文化问题有特别重要的世界意义和中国意义。本节以中华文

[①] 本节内容为作者于2017年3月为华中师范大学中南班、省直班学员授课录音整理而成,后被评为中组部"全国干部教育培训好课程"。

化建设与民族伟大复兴为主题,旨在探讨新时代的背景下当今世界价值观多元化进程中,中华民族文化建设的价值意义,尤其是中华文化建设如何服务于中华民族的伟大复兴。

从哲学研究角度而言,一般会特别重视三个向度的对话。第一向度是与历史对话,更好把握历史脉络,找到已有成就和问题的历史根据;第二向度是与时代对话,时代给我们提供机会也带来挑战,中华民族面临前所未有的挑战与极大的机遇;第三向度是与心灵对话,当今世界很多问题值得深度解读,中华民族如何更好地走向未来特别需要展开与自我的心灵对话。中国问题牵动着我们的民族命运,也是我们的人生命运,我们都身处时代之中,无可逃避地生活其中并遭遇着挑战,新时代中华民族伟大复兴需要我们展开深度思考。

一、中国梦与中华文化建设

"中国梦"是当代中华民族最伟大、最期盼,也是最神圣的目标,中华文化建设在实现中国梦的过程中是非常重要的一个方面。

党的十八大召开时,胡锦涛总书记在党的十八大报告中谈到,经过九十多年的艰苦奋斗,我们党团结带领全国各族人民把贫穷落后的旧中国变成日益繁荣富强的新中国,特别提到"中华民族伟大复兴展现出光明前景"。"中华民族伟大复兴"是十八大报告令我们印象深刻的最响亮的八个字。海峡两岸如何推进更加健康地互动进而为中华民族伟大复兴共同努力,我们希望能以中华民族伟大复兴的进程真正更好地促动并完成祖国统一大业。

习近平同志当选中共中央总书记后,很快就把中华民族伟大复兴提升为伟大的"中国梦",当时他的三句诗,直到今天我们仍然觉得非常贴切。昨天是"雄关漫道真如铁",那应该说中华民族跌跌撞撞一路走来不容易;今天是"人间正道是沧桑",大家知道今天这个世界上有很多的主义,很多的路,为什么我们要坚持中国特色社会主义道路；而明天是"长风破浪会有时"，我们过去顶风冲浪一路走来，面向未来我相信风和浪一定会非常非常大。在这个背景下，如何更好地实现这个"中国梦"，是需要我们认真研究的。

民族伟大复兴意味着什么？作为新中国成立以后的这一代人，我们都经历过共和国的风风雨雨。我当了三年知青，然后当了工人，工人提干，1977年恢复高考后，考进了大学，一口气读了十年书。我读书时，有一个最响亮的口号叫"振兴中华"。现在看来，"振兴中华"和"复兴中华"有什么联系？有什么区别？要谈"振兴"，所有的国家和民族在任何时候都可以讲，而要谈"复兴"恐怕就不一定了，这需要两个条件：第一，只有那些在历史上曾经辉煌过的国家和民族才有资格谈复兴，如果一个国家、一个民族一直都兴旺着，就不需要谈复兴；第二，只有那些在历史上曾经兴旺过又衰败了的国家和民族，才有必要也有资格谈复兴，这就是我们中华民族。我觉得中华民族最具有这样一种资格，也最有必要。

那么怎样才叫复兴呢，这样一组数字也许说明一些经济问题。据有关经济学家研究，从唐宋时期一直到1820年，中国GDP在全球GDP总份额中占33.0%，当时中国真可以说是"三分天下有其一"，中国GDP比所有欧洲国家的GDP总和还要高出20%。但第二个数字就让我们感到非常遗憾，1820年之后，尤其是从1840年到1949年，中国GDP就跌到仅占4.6%。这种断崖式下降，是我们中华民族近代以来遭遇的最深重的灾难。到1978年，我们大概还保持在4.6%，第三个数字很值得玩味。新中国成立以后，帝国主义封锁我们，中国国内也面临极为复杂的困难，但是我们基本上保持在4.6%，我们并没有比世界上其他国家跑得更快，但也没有比世界上其他国家跑得更慢，我们大概保持在世界平均水平，这已经非常了不起。第四个数字值得我们骄傲，2011年也就是我们党的十八大召开之前，中国GDP已经回升到占全球GDP的10.4%，2020年已到16.5%。如此，李大钊讲的"青春中国"，方志敏讲的"可爱中国"，胡锦涛讲的"美丽中国"和习近平讲的"中国梦"

就应当说有一个初步的实现。当然,中华民族的伟大复兴更重要的还不在于GDP,而在于我们的文化、我们的价值,所以我主张对于民族的伟大复兴,要从文化的角度、价值的角度来加以理解。

习近平同志把"中国梦"作了分解,分解为"坚持中国道路""振奋中国精神""汇聚中国力量"。作为中共湖北省委十八大宣讲团的成员,作者宣讲时一直就用的"加速中华民族伟大复兴的集结号"。核心任务是两个方面,一个是"加速",而为了要"加速"就需要"集结"各种力量。《光明日报》发表我的题为"中国价值观与中华民族伟大复兴"来介绍学习十八大的心得体会,谈到中华民族伟大复兴真正能够让世界信服靠的是什么?作为世界GDP总量第二大国中国的国民素养还在持续提升中。

所以,中华民族伟大复兴要看到两个历史前提:第一,古代的辉煌让我们骄傲;第二,近代的苦难让我们深思。在这个背景下,要看到两个时代前提,巨大的成就确实让中国人有一种前所未有的站起来的感觉,而发展的困局在我看来一不留神真的可能会导致翻船、搁浅。所以在这样的背景下,我们都有两个责任前提,举国共识,谋求全国最大公约数,更重要的全民共襄,包括我们每一位的共同参与!

习近平总书记高度重视文化建设,专门谈到文化自信的问题,而且把文化自信列入道路自信、理论自信和制度自信,认为文化自信是更基础、更广泛、更深厚的自信,是一个国家、一个民族发展中最基本、最深沉、最持久的力量,没有高度文化自信、没有文化繁荣兴盛就没有中华民族伟大复兴。他提出了一个更重要的使命,那就是中国共产党人和中国人民完全有信心有能力为人类对更好社会制度的探索提供中国方案。原来我们都想未来社会走向何方?马克思主义早就描绘了,经过原始社会、奴隶社会、封建社会、资本主义社会,未来社会最终将走向社会主义社会、共产主义。但日本出生的美国人福山的《历史的终结及最后之人》这本书就信誓旦旦地宣布整个人类历史终结在资本主义,资本主义就是人类发展的最高阶段。如果他的话说对了,那我们中国特色社会主义道路的的前途和命运通往何方?这就需要我们来研究。1992年以来,一方面是中国经济快速发展,社会稳定,而另一方面是美国2008年出现金融危机、英国2019年脱欧,欧盟内部出现问题,世界出现动荡,于是,福山改口说历史的终结被推迟了,中国构成了对"历史的终结"这个观念最重要的挑战。"如果中国成功化解了各种压力,并且在下一阶段继续保持强大和稳定的状态,那么,我认为中国确实成为了自由民主制以外的一个真正的替代性选择。"

其实,福山如何看待并不是我们最在意的,我们在意的是如何认识人类文明发展的方向,而我们需要确认的是我们是否走在人类文明发展的健康大道上。这几年来华中科技大学国家治理研究院一直聚焦国家治理问题研究,召开国际会议、国内会议,出版一些图书,也发表不少论文,更重要的是我们在关注着这个国家整体的政治命运,尤其是它如何把人类文明发展中最健康、最积极的这些要素纳入到当代中国,让中国走得更好、更快,当然也是更稳。所以在这样一个意义上,我说中华民族的伟大复兴有特别的意义,而这个意义要建立在我们的文化基础之上。

二、价值与文化在当代中国何以成为问题

在这样的背景下,我们共同来探讨价值与文化在当代中国何以成为问题?

这个问题实际上这就是我们哲学的提问方式,我们不能简单地宣布它是一个问题,而是需要去追究为什么价值与文化会成为一个问题。中国有句古语叫作"仓廪实而礼节,衣食足而知荣辱",关于中华民族、中国人民,我们的"仓廪"前所未有地实了,但我们的民族精神、价值、伦理道德是否更加清晰地立起来,我们或许还有经济爬坡、伦理道德滑坡这样一种感觉?我们看到社会上不断出现很多很多的问题,这些问题为什么会产生?这需要我们做一些深度的追问。

党的十七届六中全会通过了《中共中央关于深化文化体制改革　推动社会主义文化大发展大繁荣若干重大问题的决定》,中央和湖北省也组织宣讲,我当时作为省委宣讲团的成员宣讲文化。那时李长春同志分管全国宣传理论工作,中央宣讲团组织了集体备课,李长春同志提示大家,说过去的宣讲不好讲,这次的宣讲更难讲,因为文化问题谁都知道,而且对文化有很多不同的界定,所以需要大家认真备课。

我自己多年学哲学、讲哲学,讲讲哲学应该说是没有问题的,但凭什么讲文化?后来通过对自己发表论文的梳理,我才多少有点惊奇地发现自己也一直在研究文化问题,而且我关注的文化恰恰都是我们中华民族在一些转折点上对于文化的思考。

1989年我发表的第一篇论文叫《文化研究方法的反省与探索》,当时我还在陕西师范大学工作,我们成立了"跨文化研究交流中心",由校长、著名数学家王国俊教授担任主任,我是副主任。那年3月中心组织召开"长安·东亚·环太平洋文化国际学术研讨会",我们从十几个国家请来几十位顶级的国际文化学者,大家共同研究中华文化,围绕"长安(即古西安)、东亚、环太平洋文化"开展研讨。在会议学术综述中,我们从方法论的角度来加以反省。

1996年6月我在英国学习研修期间,《江海学刊》(双月刊)刊发了我写的《跨文化的隔障、误解及其超越》一文,此文基于1996年1月牛津大学邀请我去做的同主题演讲,后来被译成中文传真回国就发表了。大家都熟悉钱钟书先生的《围城》,我讲《文化的"围城"及其超越》大概也是有史以来首次。当时的背景是,2001年我去古巴、加拿大、美国连续待了三个月,看到中西方文化的巨大差异,甚至前现代、现代、后现代的碰撞。我在美国遇到了前现代的人,他们拒绝加入现代化,直到今天还是赶马车、用煤油灯、穿自己织的布、吃自己种的食物,大家很难想象,他们连电都不用。也有后现代批判西方现代化,主张建设性的后现代化。而整个世界的现代化仍然如火如荼,这篇《文化的"围城"及其超越》一文中都有谈及。

2007年,我写的《当前中国文化建设的资源选择与价值取向》一文在《哲学研究》刊发,以"从围绕国学的争论谈起"为副标题,针对我们的文化建设中出现的"国学热"展开探讨。今天我们讲文化建设,大家普遍认为有三种资源或者有三种取向:一是回到孔夫子,二是回到马克思,三是走向西方。那么这三种取向都是有价值的,但我认为这三种取向的任何单一取向都不可能现成地解决当代中国的文化问题。后来继续研究《全球化时代的文化悖论与文化心态》,研究《世界文化的中国文化期待与中国文化的世界文化责任》,文章把对中华文化的期盼分为六种情况,同时探讨中国对于世界的文化责任,等等。进而承担教育部重大课题攻关项目,围绕培育和弘扬中华民族精神、构建精神家园等主题不断地写了一些书。梳理这些论文主题其实是想说明:第一,文化问题不断的凸显,第二,我用自己的眼光看到一些问题,第三,我们来讲中国文化问题还是经过一些历史的思考的,不是简单的心血来潮。

如此,我们来梳理一下中国文化问题的历史生成。前文提及首先要有历史意识,从历史的角度上来看,中国尤其是唐宋时期以来中华文化的盛世有"万国来朝"之感。随后,1840年以来的旧中国历史阶段我们就不断地衰败了。怎么衰败的,有一些什么样的时间节点?从鸦片战争、甲午战争、八国联军侵华,我们丧权辱国,割地赔款,受尽欺凌。1911年辛亥革命、新文化运动,20世纪30年代文化争论,然后到了1978年改革开放,全党把注意力放到经济建设,即"以经济建设为中心"。1992年,邓小平同志以极大的魄力引领中国共产党开始市场经济建设。党的十四大召开时,我正好在加拿大访问,加拿大《星岛日报》用了一个通栏的标题来报道中共十四大;题为《一个新的起点,中国决定建立市场经济》,很多海外人士都没有想到1989年春夏之交的政治风波以后,中国共产党不是关起门来,而是更加自觉地开放,而且提出"市场经济"。

大家知道,在西方人心中,社会主义是什么?公有制、计划经济、按劳分配。中国在这些最根本的意义上有所突破。正是由于有了1992年,才有了2001年中国加入世界贸易组织(WTO),在此期间,中国经济快速发展,但文化明显衰落,被遗忘、边缘化。后来,党的十六大明确提出"培育和弘扬中华民族精神",党的十七大提出"建设中华民族共有精神家园",这些都是中国共产党在发展的历程中不断引领自己发展的更加科学和完整的目标。

走到今天,我们依然面临着很多的文化困惑,最大的困惑在我看来就是"文化的围城"。"文化的围城"意味着什么?我们从五四运动就知道要请进两个先生,一个叫"德先生",一个叫"赛先生",一个叫"科学",一个叫"民主",且为此而反思中华文化。大家熟知的两位人士,一是鲁迅,鲁迅先生要求我们反思中国的国民,反思到什么程度,他甚至说《二十四史》,看来看去就看到了两个字叫"吃人";而另一位胡适先生,更是鼓吹全盘西化,把中国看得一无是处。

面向西方要推进中国加入现代化,这是件好事;但当我们向往西方时,西方却有人在说,21世纪将是中国世纪。1992年加拿大政府邀请我去加拿大研究加拿大多元文化,并提供奖金和旅游经费专门立项"加拿大多元文化主义研究(Canadian Multiculturalism)",其间,我到美国北爱荷华大学(University of Northern Iowa)访问,经该校政治系主任介绍,结识一位爱好中国哲学的地道的美国人,他一个汉字不识但特别喜欢中华文化。他说中国文化博大精深,见我送他的木制十二生肖更是欣喜若狂。当得知中国有十二生肖,每个人都有自己的生肖,十二年一个轮回,他说中国文化好,认为从十二生肖又一次找到"天人合一"的证明,人和动物、人和自然在中国的十二生肖中得到融合。21世纪将是中国世纪,就是这位美国人对中国文化的赞誉。

1998年,我到美国访问,在纽约州立大学布法罗分校做讲座,讲马克思主义,并访问该校一位顶级的哲学家——全美哲学协会常务理事皮特·赫尔(哲学杂志主编,高级哲学研究会(Advanced Philosophical Association)会长),谈及当代美国哲学走向,这位美国教授认为,20世纪就是美国世纪,并举证20世纪美国哲学对世界的贡献超出经济、政治和军事对世界的贡献。得知我的采访将译成中文在中国发表,被问及想对中国读者说什么时,他表示如果说20世纪是美国世纪,21世纪就将是中国世纪。

采访结束整理录音时我注意到他所说的最后这句话,立即用电子邮件请他确认,他提及的"21世纪将是中国世纪"是否确信并请他就此再做陈述。他在回件中表示此观点并非他的个人看法,而是源自英国的一个全世界顶级经济学杂志《经济学人》(Economist),诺贝尔经济学奖的获奖者基本上都会在这个杂志上发表论文,陈述他们对世界经济发展的看法。他说这个杂志上曾专题讨论21世纪是谁的世纪,得出的结论就是21世纪是中华文化的世纪。他还列举了六条理由:第一,中华文化在历史上最为悠久,5000多年的历史,而且在四大古文化里是唯一没有中断的,此理由最可靠;第二,中华民族有最大的优点,就是既能够做大事,也能够做小事;既能够谋战略,也能够拼技术。他还谈及21世纪唯中华民族会持久和平发展下去。当然,他也谈及中国要真正成为21世纪的一种主导文化,还需要做很多工作,比如还要发展经济,还要有自己的民主建设和法治建设。所以我以为这就是"文化的'围城'",问题在于"'围城'中的中华民族"如何奉献给世界和奉献给自己一个足够健康的、丰厚的、面向未来的文化。

在这样的背景下,我们今天看到经济全球化时代的文化竞争。我以为,文化的"围城"是真实的,实际上这个"围城"经常都在。在我们身边,随时随地都可发现各种各样的"围城"与文化的竞争。我们今天的竞争非常激烈,最大的是政治竞争,联合国安理会、常任理事国,谁有否决权;军事竞争,谁有更先进的、更强大的武器,谁能够率先发现自己的敌人。所有的这些竞争都很重要,但都没有一种竞争重要,那就是文化的竞争。

对中华民族来说，我们与自己相比，看到自己的进步是了不起的，与其他很多国家相比也了不起，但若与最先进的国家比，我们还有差距。比如航空母舰，其实两次世界大战时海上已有近40艘航空母舰；比如载人航天，半个世纪以前，当时的美国和苏联的技术已是非常成熟；再比如飞机的发动机，直到今天为止我们仍是大量采购外国产品。中华民族可能只有展现中华文化时，令任何国家的人都不敢小看我们。但我们自身有清晰的文化意识吗？恐怕也值得讨论。

"文化安全"是个重要概念，其实今天中国面临着太多的不安全，恐怖主义是我们直接看到的，我们大面积购进小麦、水稻、玉米、石油等各种各样的东西，在此背景下，经济、政治、科技、信息都不安全，但真正不安全是文化不安全。

什么是文化不安全？原华中理工大学校长，教育部高校文化素质教育指导委员会主任委员（我是该会的秘书长）杨叔子先生，从1994年开始在理工科专业大学生中倡导文化素质教育。他曾说，如果一个国家没有强大的科技，它可能命运会很悲惨，叫作一打就垮；而一个国家如果没有理想、没有信念、没有价值，它的命运一定更悲惨，叫作不打自垮、不打自乱。事实上，我们以为自第二次世界大战结束后，任何国家、任何民族再想通过侵略来毁掉中国都不可能，但我们要保障自己不出现问题。因此，我们要发展自己的软实力，文化软实力，能让我们中华民族真正站起来，如何提高我们的文化需求，提高我们的文化品格，进而履行中华文化的使命？需要我们深度研究。

何为文化？英国著名人类学家泰勒曾说，文化或文明就是由作为社会成员的人所获得的，包括知识、信念、艺术、道德、法则、法律、风俗以及其他能力和习惯的复杂整体。文化就是文明，文明就是文化，文化和文明就是人和人的产物，无论是生产物质的、精神的、还是关系的、制度的、活动的都涵盖其中。马克思所谓的文化就是人有内在理想，然后把理想发动出来变为行动，通过行动去改变外部世界,让外部世界验证并呼应人的心灵世界,这就是文化的世界。每个人、每所大学、每个民族都有自己的理想信念,马克思把这个称为人的对象化。人把理想信念外化为外部对象改变了外部世界,然后又用外部文化世界来塑造人,这称为对象的人化。人与外部世界双向互动的实现,在哲学里非常重要。尤其马克思在《1844年经济学哲学手稿》中把这个问题称为人本质力量的公开展示。人有内在的本质力量然后通过外部展示出来,又从外部对象中找到自身,最后使个体从属于这个群体。

中华文化里称孔夫子为"文化至圣先师",孔夫子一生没有用过"文化"这个词,但他却强调文,并说"周监于二代,郁郁乎文哉"。他强调周文王的作用,他说"吾从周",并说我们全部的使命就是克己复礼——周礼。文化一般有两种含义,第一种含义是文治。西汉的刘向最早使用"文化"一词,他在《说苑·指武》说:"圣人之治天下,先文德而后武力。凡武之兴,为不服也;文化不改,然后加诛。"圣人治天下一定是两手,武力可以征服人身但不能征服人心,于是人们要用文化来加诛,让你心服口服,然后才会有身服。而对这个过程,南齐的王融说这就是教化的过程。他说"设神理以景俗,敷文化以柔远",文化的作用就像春雨润物细无声。现代文化学者余秋雨先生曾到华中科技大学讲中华文化,他说"文化就是以人为本的一种精神价值和生活方式",这个定义有三个核心词:"以人为本",人离不开文化,文化离不开人;"精神价值"是神圣的、崇高的,在我们心灵之中;而更重要的不仅仅在心灵中,还要外化为"生活方式"。后来余秋雨先生又加了"形成习惯"四个字。的确,形成习惯非常重要,文化不是人装出来的,而是在人们不经意中自然而然展现出来的一种素养。

对文化的理解,我们从对于文化的人学理解四个层面来探讨。

一是现象方面,文化就是使人超越于自然生命体的生活方式。简言之,我们人与动物都要吃东西才能活下来,动物是抓到什么吃什么,而我们人一定要把食物加以烹调,比如中国的各种菜系,这就是中华文化。再比如一到春节,狮子龙灯一定要耍起来,这也是中华文化。什么是文化呢,我们的美食、美饰、美居、美声、美术、美体、美服等,每时每刻都在文化之中。

二是本质方面,文化是使人的生命获得具有超越意义的理想价值追求。简言之,文化就是人的生命所具有的意义。如何理解生命的文化意义?其实文化就是灌注于生命的价值观、死亡观、幸福观、荣辱观、审美观等,有了这些,生命就有了方向,如果这些出现问题,生命就会出现巨大的问题。

三是行动方面,文化就是指向一定目标与意义的行为性程序设计与行动秩序。比如参加重要活动要着正装系领带,这是最简单的符号,具有文化意义。比如开班仪式、结业仪式,隆重时我们站起来唱国歌,更隆重时我们站起来唱国际歌,一个班级、一个学校,甚至一个民族为什么都要有一些仪式呢?有人说文化有点像政治,就是有时候在形式上显得比内容还重要的部分,这个部分就是文化。其中灌注了一定的目的性、指向性、组织性、程序性、过程性等,让我们的行为成为一个体系,指向一定的目标,而且可以让不同的目标整合起来,形成一种共识和共同行为,这样才能形成一个国家和一个民族的意识和整体行动。

四是功能方面,文化的核心是传承、教化、凝聚与认同,文化的作用就是让后人跟着前人走,让个体跟着整体走,而且让大家跟着先进走,这就是我们文化所具有的意义。所以就这个意义上来看,文化实际上是一个国家、一个民族、一个群体甚至一个家庭的粘合剂、融合剂、润滑剂,发挥着非常重要的作用。

文化的核心是文化自觉。著名的人类学家、社会学家费孝通先生曾经专门写了一篇文章《反思·对话·文化自觉》,指出文化自觉是生活在一定文化中的人对其文化有自知之明,核心问题是四个字"自知之明",知道自己且要达到明了明晰的程度,具体而言即明白来历、根源、形成过程、历史、特色和发展方向。我们并非简单的文化回归,不是要复旧,所以我们今天的传统文化当然要像传统学习,像孔夫子学习,但坦率地讲,仅靠传统文化是救不了当代中国的,同时也不主张全盘西化或全盘他化。在我看来向国外学习是非常重要的,但仅靠外国文化也救不了中国。在马克思主义研究中特别是我多年从事的马克思主义哲学研究,最重要是形成具有特色的当代中华文化,形成一个有机体系,立足于中国的对外的全球化,对内的市场化,而且保持我们正确的价值取向。所以费孝通先生讲的自知之明是加强对文化转型的自主能力。

当今我们中华文化面临深度的文化转型,我们需要取得决定适应新环境、新时代时文化选择的自主地位。文化和自然状态的最大不同在于它要通过人的谋划,而且通过人的自觉建设才能真正实现。这就是我们为什么"仓廪实"了并没有当然的"知礼节",仓廪实了还要有时间有精力有资金投入文化建设。文化建设值得投入更多,因为它包含巨大的领域、巨大的空间。因此,文化自觉绝不仅仅是中华民族才讲的,文化自觉的程度和水平是一个国家和一个民族的认识水平的写照,不同的民族优劣差异就在于有没有足够清晰的文化自觉。

从哲学的角度看,文化问题核心是什么?"认识你自己"!自知之明!希腊有很多神,也有很多供奉着神的庙,而德尔菲神庙很值得我们关注,它供奉太阳神。太阳给了我们温暖,给了我们光明,才使我们有了生命,所以太阳神在诸神中具有非常高的地位。希腊人的智慧令人感叹,而最令人感叹的是,他们在德尔菲神庙柱子上,以太阳神之口,告诉人们"崇拜我吗,认识你自己吧",德尔菲神庙在希腊史上永载史册。古埃及的狮身人面兽斯芬克斯神像就是在德尔菲神庙出土的,我们非常感叹早年的古希腊与古埃及之间就达成了一种深度的交往。关于斯芬克斯之谜大家都不陌生,这个狮身人面兽站在河口向行人问同样一个问题:有一种动物早上四条腿走路,中午两条腿走路,晚上三条腿走路,这个动物是什么?回答出来才能过去,回答不出来就得被吃掉,当时很多人都被吃掉了。直到智者俄狄浦斯出现,道出答案就是人。人婴幼儿的时候爬行，就像四条腿走路，长大了直立行走，两条腿走路，晚年腿脚不便，拄根拐杖就像三条腿走路。这个故事是古埃及人的自我认识，意味着人的自我认识达到一个相当高的程度。这让人类学家惊叹，因为从体质人类学到语言人类学到工具人类学再到社会人类学，我们可能没有想到这一点。比如从体质人类学角度，所有人和动物只有人才有可能是站起来走的。从语言人类学来看，站起来不仅仅解放了我们的腰椎，解放了我们的颈椎，更重要的是解放了我们的喉头。有学者说，如果人不是站起来而是老趴着，恐怕到现在也不可能长出这样复杂的喉头，喉头之所以如此精巧说出复杂的语言，就是因为这种生理学的变化。工具人类学更是如此，比如人类借助拐杖行走。更重要的是社会人类学，人们发现，人一旦直立行走，眼睛不再是面向地面而是面向世界，站起来后整个视野更开阔。但我们发现人把整个世界都认识清楚了，为什么唯独认不清自己。原来人们所有的认知器官都是指向外部的，眼睛看不见眼睛，眼睛看不见鼻子，人看不见自己，人要看见自己只有借助外部参照系。人只有借助于他人，借助于社会，借助于整个社会文化形态——对象化的文化来认识人的内在心灵。

从古希腊到古罗马到古中国到古印度都有很多这样的故事。古埃及给我们留下的最为宝贵而又具有无穷启示的无疑是斯芬克斯之谜；斯芬克斯集中了万兽之王的狮圣力量与万物之灵的人圣智慧，忠实地守卫着三大法老的金字塔之灵，拷问着人类的智慧。古希腊的德尔菲神庙柱子上的"认识你自己"与"斯芬克斯之谜"如此的异曲同工，引领着西方文明的千年发展。不幸的是，时至今日，人类在认识自然方面的巨大成就与认识自我方面的巨大迷茫形成巨大的反差，造成全球性困局，难解难治，值得警惕！

三、从文化建设看当代世界的价值碰撞

我们从文化建设看当代世界的价值碰撞，文化与价值基本是

相关的。文化的核心是价值,本部分我们从三个方面对前文提及的文化的四个层面进行分析。

首先从人类发生的角度看,其中最大的问题,同时也是最让我们困惑的问题是,影响人类成长的因素是什么?人类的成长意味着什么?对这个问题的回答东西方差异较大,西方比较强调的是原罪说。价值问题、伦理问题、道德问题是与知识、认知联系在一起的,有了认知才会产生价值问题、伦理问题和道德问题。在西方文明中,对人在现实中的表现是高度关注的。人们都带有原罪,如果在现世生活中表现得好就可以上天堂。怎么才能表现好?关键是有制度。西方文明强调,人类社会要有一种最严格的制度让那些想犯罪的人不敢犯罪、犯不了罪,关键是靠外部的制度约束,于是产生了西方国家的社会契约论。而东方不一样,中国的三字经说,"人之初,性本善。性相近,习相远"。东方人强调强大的内心,中国文化的核心,我认为就是"慎独",东方人认为只要人知道自己的角色要求,基本上能够按要求行动。善与恶其实就是在人由生理人变成社会人、道德人、文化人的过程中生成的。

《自私的基因》一书中提及,基因为了生存和保存一定会努力的吸纳外部的营养来发展自己,同时又拒斥外部对自己本性的改变。从自然成长到逐步形成一套比较完备的价值体系和行为规范,成长为独立的人,能通过自己的行为承担自己的责任,实现自己的理想。从人类到个体都是如此。大学时的成人典礼意味着提醒同学们知荣知耻,对自己的行为负责,学会面向家庭,面向社会,面向班级,这是爱心与责任。

不仅人类与个体如此,一个民族也是如此,我们认为,一个民族的价值观的成熟程度表征这个民族的成熟程度。一个优秀的民族是特别重视认识自己的。西方文化中"identity"是个重要的概念,认同是非常核心的文化概念,就是我们现在讲的最大公约数,是指认同的程度和水平。

价值观是一个民族的核心。德国著名的社会学家马克斯·韦伯在《新教伦理与资本主义精神》中说，整个资本主义的发展取决于天主教价值观的转变。德国和日本，他们同样是第二次世界大战的战败国，但今天对于战争的态度不同。我去日本广岛和长崎的原子弹爆炸纪念馆，感受最深的是人类用最先进的科学技术，造出最具有毁灭性的原子弹，结果是威胁着人类自身的生存。现在世界上存在的几千颗原子弹，足以把地球毁灭掉多次。人类为了结束一场非正义的战争，结果让几十万人的生命瞬间消失，这不是我们的现代化也不是全球化，这就是一个巨大的悖论，其中涉及价值争论、价值碰撞甚至价值冲突。总体上来看，日本人民还是向往和平的，但是他们对和平的向往有时也让我们感到非常艰难。比如广岛和平纪念馆外边的一尊"和平少女"雕塑，一个美丽的少女站在高处，伸开双手呼唤和平，但她却站在一个放大了的炮弹上。这个雕塑具有很大的象征意义，人类今天的和平，恰恰是包括原子弹、人类在内的彼此间巨大的生死威胁作为代价的，这是值得我们讨论的。

相比之下，德国则有着更加清晰的历史意识，德国人有强烈的反省意识。波兰华沙修建了一座纳粹屠杀犹太人的纪念碑，1970年当时的德国总理勃兰特来到这里敬献花圈，当他整理好花圈时双膝跪地，这"惊世之跪"代表德意志民族的忏悔，产生了极大的影响。德国总统专门发布认罪书。德国强烈的反省意识使这个国家比较好地走进了国际大家庭，甚至现在成为欧盟第一国。

苏联东欧社会主义失败的教训对于中华民族伟大复兴具有极为重要的警示意义。中华民族走向伟大复兴，坚持走中国特色社会主义道路，这是我们基本的政治方向，如何看待苏联东欧社会主义失败这个历史事件？我们坚定不移地高举中国特色社会主义伟大旗帜，既不走封闭僵化的老路，也不走改旗易帜的邪路，我们要坚持四个自信。回顾苏联共产党的历程，当苏联共产党只有近20万党员时，他们非常了不起，发动了十月革命，推翻了沙皇政府，建立了苏维埃政权；当有200万党员时，他们取得了反法西斯战争的伟大胜利；当有2000万党员时，他们却丢掉了政权，国家改变了颜色，共产党被解散，变成了非法党。这段历史是如何走过来的，这对于我们今天有非常重要的警示。

苏联东欧社会主义失败，核心是堡垒从内部被攻破，这是关键。我们专门做过调研，列出六条教训或是原因：思想上个人崇拜，大一统的社会主义模式，高度集中的经济政治和社会体系，脱离人们群众的根本利益，维系庞大的军事机器，民族与宗教问题的粗暴处置。作者1994年到德国，调研三个问题：第一，当前德国哲学的走向；第二，留德人员现状；第三，两德统一问题。东德社会主义历程近40年，当社会主义面临危机，为什么东德共产党人不救他？当时作者访问了二三十位德国的政治学教授、哲学教授、政治家、社会活动家等，都得不到一个确切的答案，他们不太愿意谈这个问题。后来德国洪堡大学哲学教授费路说，因为当时学习苏联，认为自己的制度是最好的、最标准的、统一的社会主义模式，但最终失败，所以我们认为就只能换制度，就放弃社会主义加入资本主义。现在看来，不是社会主义行不行，而是统一模式的社会主义注定不行。难以想象，十几个国家用一种模式就能够发展起来。当然他说如果德国能早点向中国学习，也许情况会不一样，但历史不可假设。

后来，作者主持教育部重大课题攻关项目去调研俄罗斯民族精神，与东道主俄罗斯英语教师讨论社会主义，他对社会主义的记忆竟是贫穷。一个让大家长期处于贫穷的社会制度是一定要被抛弃的。邓小平同志带领我们走中国特色社会主义道路，什么是中国特色，当时并不太清楚，他三句话就点醒我们：贫穷不是社会主义，落后不是社会主义，低速度不是社会主义。中华民族就这样摸着石头过河，不断地走到了今天，中华民族就发展壮大起来了！

作者在俄罗斯访问时就俄罗斯民族精神访问过很多人，几乎没有人说得清楚。俄罗斯学学会的会长认为，俄罗斯今天最大的问题是众说纷纭。俄罗斯民族精神有人说是东正教精神，有人说是沙皇精神，有人说是苏联精神，有人说是西方精神，有人说是普京精神。今天，俄罗斯人对中国羡慕不已，俄罗斯目前的情况不尽如人意。当然，俄罗斯现在也在发展，也有很多进步，但确实让我们感觉到存在很多问题。当年苏联为什么会垮掉，这一件事情确实也非常值得研究，除了我们提及的核心的、内部的、关键的问题是自己没有发展好，客观而言，现在看来也还有西方谋划的外部原因。

1945年，当时美国中央情报局的局长艾伦·杜勒斯在美国众议院国际关系委员会发表演讲，当时杜鲁门总统也在场。演讲的核心是如何对付苏联，具体而言，即先从消亡自我意识开始，从文学和艺术中逐渐抹去他们的社会存在，宣扬对一切不道德行为的崇拜，然后在国家管理中制造混乱和无所适从。以这种方法，一代接一代地动摇和破坏列宁主义的狂热，还表示从青少年抓起，要让青少年的精神道德变质、发霉、腐烂，要把青少年变成无耻之徒、庸人和世界主义者。46年后美国方面又做了一个总结，这个时候世界已经发生了很大的变化。1991年11月8号，在1991年12月25号苏联即将解体之前，英国首相撒切尔夫人以"我们是如何把苏联打垮的"为主题发表演讲，这个演讲是在她去世后被人们翻出来的，联系到1945年美国的谋划和撒切尔夫人在苏联即将垮台时的总结，值得我们品味。当时撒切尔夫人一上台就说，苏联很快就要解体，没有力量可以挽救它了。第二次世界大战结束后，美国研究了社会主义国家，发现苏联对西方国家构成严重威胁，而且主要不是军事，因为当时苏联军事一般，但经济非常厉害，苏联搞公有制、计划经济、按劳分配，其劳动生产增长率是西方发达国家的一倍甚至两倍，很有点像改革开放后的中国。于是美国便一直采取行动，旨在削弱苏联经济，制造其内部问题，并表示一共经历了三个主要阶段，采取了三种主要的手段，最长的阶段使用也是最主要的手段，就是把苏联拖进军备竞赛并让他们无暇顾及经济发展。1986年3月戈尔巴乔夫上台后，施行全新的价值观即"全人类利益高于一切",强调苏联利益必须无条件地服从全人类利益。直到1989年8月19日"8·19政变",核心是要终止戈尔巴乔夫毁掉苏联的改革。后来叶利钦将任俄罗斯总统,戈尔巴乔夫被迫在1991年12月25号辞去总统,交出俄罗斯权力最高象征——核按钮。这段历史演绎着一个大国的衰败。

中华民族伟大复兴需要智慧,读懂了美国就读懂了过去的30年和未来的30年。苏联社会主义失败可以让我们从中汲取教训,让我们看到一个大国怎么崛起成为世界唯一的超级大国。美国发展经济,加强实业,对世界的影响还会继续扩大,美国为什么会成为世界第一大国,非常值得研究。

首先是延续西欧现代化。西欧现代化作为人类文明是近代以来最重要的进步,美国学习并施行,理性化解放思想,工业化运用现代大科技,市场化甚至是全球市场都市化,然后民主化加法治化。这六化或者其他更多,是人类现代化最重要的核心价值,都是积极的、健康的。但为什么美国能够超越英国、法国等欧洲国家,最关键是公民自治政体,目标是更好的生存,这需要良好的秩序。怎样保持一个好的秩序呢?要颁布法律、法令和命令。其核心在于公正平等,更重要的是,一旦颁布就要忠实遵守,这就是美国人的法律意识。为此要任命官员,怎么任命?视需要而任命,这就是美国的小政府大社会,需要多少任命多少,不多任命,当然也不少任命。而更重要的是,一旦任命,我们就应当服从。美国人经常会遇到比较尴尬的情况,少数人选出了总统,多数人必须服从,特朗普就是这一种情况。大多数美国人是在一个他们不喜欢的甚至没有选举的总统的统治下,这就是美国的选举制度,选举的时候选民说话,选完了得四年后再见。所以我们今天来看这个《五月花号公约》给美国社会所带来的东西,超越了欧洲文明。

在这个背景下,美国还有独特的区位和资源优势。美国既是大西洋国家,又是太平洋国家,两洋都与它相关。更重要的是它的资源优势,北美大陆一共三个国家,最北面的加拿大国土很大,但大部分不能用,要么冰川,要么冻土,而最南边的墨西哥很小,所以美国作为金融大国统治世界,不必担心周边问题。第二次世界大战以后,美国扔了两颗原子弹,变成战后秩序的主导者,在这一背景下,用了三根金杖主导世界:第一,联合国总部设在纽约,解决国际秩序中的政治与全球安全问题;第二,从关贸总协定到世界贸易组织,解决世界的经济贸易问题;第三,布雷顿森林体系,让美元取代黄金的作用。于是,美国统治了世界。美国学者米切尔·哈德逊说美国成功的奥秘就是让世界各国都去信奉自由主义、新自由主义,并遭遇到自由主义带来的危机,而唯独美国是自己自主选择,因为美国有自己的实用主义哲学。我们必须客观地认清美国,认清美国怎么成长。米切尔·哈德逊在1972年就写了一本书叫《Super Imperialism》,中译本为《金融帝国》,书中揭露了美国成功的奥秘。

美国最值得我们学习的是顶端竞争与优先意识,美国的全部历史就是与它认为最大的敌人战斗的历史,从当年的土著印第安人,到后来的英国殖民者,到美国内部的奴隶制,到第二次世界大战打败法西斯主义,最后到苏联解体。有10年时间,在克林顿执政期间,找不到对手,与中国结成战略合作伙伴关系,当时中美宣布都不把核武器瞄准对方,这是多么大的政治信任。后来小布什上台,认定了中国是对美国的最大威胁,开始制裁中国,但是9·11事件改变了他,他要联合中国反恐。

现在中美关系面临重大转折,美国价值观是美国全部问题的核心。美国所有的总统、官员,到我们的清华大学、北京大学、人民大学演讲,就是要中国的年轻人接受美国价值观,中华民族凝聚起来依靠中国价值观,中美关系基础在哪里?我们到底是对手还是伙伴?我们之间是利益还是友谊?今天中国面临着更加复杂的问题——修昔底德陷阱问题。古希腊著名历史学家修昔底德说,当一个崛起的大国与既有的统治霸主竞争时,双方都面临危险。

在历史上曾经有过很多这样的故事,比如古希腊的斯巴达本来发展得很好,希腊的雅典借助于民主制度发展起来了,斯巴达就总觉得不安全,于是双方就一口气打了30年,最后同归于尽。两次世界大战其实也是这样发生的。所以修昔底德说:使得战争无可避免的原因是雅典日益壮大的力量,还有这种力量在斯巴达造成的恐惧。这种理论运用到现在很简单:一个新崛起的大国必然要挑战现存大国,而现存大国必然要回应这种威胁,这样战争将变得不可避免。

习总书记对此高度重视,在首次作为中国国家元首去美国之前,他就专门接受了《世界邮报》的专访,专门谈到我们应该努力避免陷入"修昔底德陷阱"。他说强国只能追求霸权的主张不适用于中国,中国没有实施这种行动的基因。2013年他去美国演讲,他说世界上本无"修昔底德陷阱",但大国之间一再发生战略误判,就有可能自己给自己造成"修昔底德陷阱"。习主席是非常重视和当时美国总统奥巴马之间的合作的,不仅是国家之间建立友谊,实际上他们已经四次单独会见,当年的"庄园会晤""瀛台夜话""白宫秋叙",还有去年G20的时候,当时在"西湖漫步"。尤其是在美国的安娜伯格庄园,当时奥巴马总统送了习主席这样一个椅子,就是他们坐着的这个椅子。习主席一再告诉奥巴马,中国梦和美国梦是相通的;然后告诉普京,中国梦和俄罗斯梦是相通的;然后告诉英国首相,中国梦和欧洲梦是相通的,问题是他们是不是认为我们的梦跟他们相通? 这可能就是今天世界格局中非常值得研究的问题。

四、从文化建设看中国价值

研究世界问题是为了更好研究中国问题,说清楚中国问题。中国价值的问题在哪里?

首先要有反省意识。近代以来我们败给了谁? 为什么会败这么惨? 历史上曾经辉煌的中国,为什么近代以来较长一段时间从占世界经济总量的33%下降到4.6%?从1840年到现在,我们最大的挑战就是世界现代化,我们最大的困惑就是如何认识现代化,而我们真正面向未来,最大的成功可能就是创造中国式的现代化。所以我们把这个过程分为六个阶段。当今世界现代化,从文艺复兴一直到英国工业革命,然后一路走来,世界现代化取得了巨大进展的过程中,我们却长期徘徊于现代化之外。首先是畏惧现代化,在中国人心目中,现代化伴随着帝国主义洋枪洋炮进入中国,给中华民族带来屈辱,所以我们对现代化始终不怀好感。洋务运动的目标是"师夷长技以制夷"。直到五四运动以来,我们意识到不现代化不行,于是请进"德先生""赛先生",但五四运动后仅几年国共合作破裂,随后日本占领东北,抗战开启,救亡成为一个主题,生死存亡之际已顾不上现代化。新中国成立伊始我们把现代化想得相对简单,大炼钢铁赶英超美,全国人民吃大锅饭,然后遭遇三年困难时期,从"四清运动"直到"文化大革命",从"反帝反修反封建"到闭关自守,我们仍顾不上甚至彻底拒绝现代化,尽管这期间还有"两弹一星"等。

直到1978年,我们才真正自觉加入现代化,中华民族前所未有地迸发出活力。今天,中国的现代化超出世界各国的想象,今天的中国已发生革命性的变革。从价值观角度来讲,中华民族的价值观在历史上到底成熟不成熟?首先应当肯定,中华民族是有传统核心价值观的。习近平主席讲要弘扬中华优秀传统文化,根据在于,孟子说"仁则荣,不仁则辱",管子讲"礼义廉耻,国之四维。四维不张,国乃灭亡",然后讲三纲五常,讲仁义礼智信。中华民族何以在道德上安身立命?21世纪的中华民族的核心价值观面临了多次冲击,我们必须正视这段历史。首先是五四运动,不能否认,五四运动引起中华民族的自我反思,这是中华民族走进现代化非常重要的条件。后来的革命战争时期,我们树立革命英雄主义的价值观。1949年以后我们努力树立社会主义的价值观,但我们遭遇到第二次重大冲击,即"文化大革命"。

今天我们面临更大的冲击,现代化、全球化、市场化、多样化等。今天的冲击来自外部和内部,来自思想和基础,来自生产和生活,全部交织起来,加上信息化,形势是有史以来最为严峻的,但同时也给我们带来了最大的机遇和挑战。那么,我们怎样发展中国?如果从我们的自然地理条件,中国人口密度图中我们960万平方千米的领土上边有条"胡焕庸线",北边在黑龙江黑河,南边在云南腾冲。如果借这条线把我们的领土划分为两片,占43%面积的东南片,养活了94%的人。密度图中呈现黄色、红色、深红色,颜色越深的地方,就是人口密度越大的地方。占57%面积的西北片,仅有6%的人,这就是中国今天最大的自然地理现实。胡焕庸在1935年就提到这一点。2000年全国人口普查,中国人口已由1935年4.3亿人增加到12.3亿人,比例没有太大变化;20年过去了,2020年中国人口约14.12亿人,比例没有太大变化,这也反映出我们当前面临的现实。东南片的土地、农林牧副渔已显不足,西北片要么冰川、要么冻土、要么戈壁、要么沙漠,不适合人类生存!所以,习近平总书记提出的"绿水青山就是金山银山"尤其需要关注。华中科技大学国家治理研究院曾经给中央提出根治华北雾霾的技术方案和综合治理建议,得到习近平总书记、李克强总理和时任副总理张高丽三位领导同志的批示。我们认为,中国既能快速发展又能够保持绿水青山是最大的政治,也是国家治理的最大难点,我们正在做的绿色GDP绩效评估正基于此。

中国经济取得了巨大成就,最突出的特点是快速增长,人均国民收入超10000美元,贡献率第一、外贸第一,成为最大的债权国。但我们存在的最大问题是GDP总量很高,居世界第二,但人均GDP不足,已从2015年位列世界第79位上升至第59位。从中国、美国、日本三国比较看来,2020年美国GDP总量是中国的1.35倍,但人均GDP高出中国6.3倍;日本GDP总量不及中国一半,但日本人口是中国的十分之一,人均GDP是中国的7倍。所以,我们不仅要看GDP总量,还要留意人口基数。

华中科技大学国家治理研究院专门做五项指标的绿色GDP绩效评估体系,即GDP总量、人均GDP,特别是绿色GDP总量和人均绿色GDP,得出地区的绿色发展指数。起初对湖北省的17个地市做评估和排名,然后对全国31个省、自治区、直辖市排名(香港、澳门和台湾暂时不做),力求真正解决中国经济发展的绿色方向问题。

中国非常努力且愿意奉献给世界,但很多外国人对中国抱有疑虑。威尔逊基金会基辛格中美关系研究所是位于华盛顿的高端智库。特朗普上任时,该所荣誉所长基辛格来到中国帮助沟通中美关系,特别是特朗普和习近平主席的关系。该所所长曾对我表示,中美要增强信任,不是因为不了解、不理解,而是因为太了解、太理解。中国是社会主义国家,由中国共产党在马克思主义理论指导下治国理政,中美怎样互相信任,这是中美关系的核心与关键。

中国是世界上地缘政治最复杂的国家,我们与15个国家领土相接,与8个国家领海相接。这二十几个国家是我们的邻居,而且所有的邻居都永远不可能搬走,如何开展周边外交营造睦邻友好和平安宁的环境对中国发展非常重要。

总体来看,当前中国处于价值观多元化的国际环境。我们把世界上的五种现代化基本都学了,但我们不是任何现代化的简单照搬,世界上没有一种现代化的理论能够说清楚中国的现代化。社会主义已经改变了,我们不是传统苏联东欧、古巴、朝鲜似的社会主义,而是中国特色社会主义。我们的所有制多样化,超乎想象。公有制有很多形式,私有制更多。我们的分配方式,我们的地域差异,在这样的复杂背景下,我们中国共产党如何把大家凝聚起来?都是中华人民共和国的公民,为什么有如此大的差异?哪些差异是我们统一的制度所允许的？哪些差异是应该尽量缩小的？这是我们当前研究国家治理非常重要的问题。如此，我们如何整合多元价值，强化核心价值，真正更好地走向未来？

湖北是中部崛起重要支点，要走在前列，谱写新篇，湖北凝聚的是世界和中国的机遇，也面临挑战，即历时态矛盾的共时态汇聚。三百多年里的整个世界现代化发展积淀的优劣都汇聚起来。三百年前，资本主义工业文明兴起，物质财富涌流。一百年前，美国称之为"进步时代"，假食品、假药品等盛行，他们施行税收制度、预算管理制度，包括建立每人一个社会保险号，然后推动美国走到世界前沿。五十年前，社会主义欣欣向荣，最后十年逐步垮掉。三十年前，出现东亚奇迹，再到后来出现问题。认清使命，提升境界才能更好的走向未来。认清当前中国复杂的世界格局，以复杂性的思维看世界，创新中华文化，提升全时代的中国文化境界，加速民族的伟大复兴。

费孝通说"各美其美"——每一个人、岗位、单位、行业、地区、国家、民族、政党都把自己的事情做到最好。"美人之美"——学会倾听，学会宽容，学会理解，尤其要有共赢理念。"美美与共"——美与美相碰撞不是产生出丑与恶，而是产生更大的美，最后实现天下大同。天下大同很遥远的，但是天下大美是我们每个人都可以有所奉献的。

第二节　以德治国与孝廉文化[①]

当前，我们有必要在中国特色社会主义建设中重新探讨孝廉

---

① 本节内容发表于《哲学动态》2016 年第 8 期。

文化及其当代意义。作者从孝廉概念的梳理与辨析入手,分析了孝廉文化的问题域及其多维基础,探讨了孝廉文化建设在当代所面临的挑战,提出了升华孝廉文化教育的具体建议。作者认为,孝廉文化涉及当代中华文明的道德基础,应给予高度重视;应将孝廉文化注入新的时代内容,使之与新世纪、新社会、新情况相适应;应将孝廉文化教育贯穿在国民教育的全过程,在底线伦理教育与美德追寻之间保持张力,全方位开展道德教育,使新时期的中华文化变得更加丰富多彩,让中华民族在更高的精神境界上加速伟大复兴。

孝与廉是人之为人的基本价值,孝廉文化是人类文明体系的重要基础和有机内容,孝廉文化建设在当代中国社会主义文化建设和国家治理中具有基础性的重要地位。随着社会的多元化进程和社会群体的利益分化,中国的孝廉文化受到严重的冲击,成为严峻的现实问题。

一、孝廉文化在当代中国何以成为问题

小时候,在我们稚嫩的心灵中,要尊老爱幼、慈善友爱、清正廉洁、廉正奉公,就是一件天经地义的事情。从中国传统文化的久远发展来看,"忠孝仁爱、礼义廉耻"一直是中华民族追求的重要价值。管子早就把"礼义廉耻"叫作"国之四维",认为"四维不张,国乃灭亡"(《管子·牧民》)。从中国共产党进行革命和建设的执政理念来看,天下为公,不谋私利,勇于牺牲,舍得奉献,都是基本的道德规范。但是今天我们却面临一个新的课题,即孝廉文化需要在新的历史条件下加以弘扬光大。究其原因,是因为我们在这方面面临严峻的问题。

习近平总书记深刻指出:"腐败是社会毒瘤。如果任凭腐败问题愈演愈烈,最终必然亡党亡国。"①我们党把党风廉政建设和反腐败斗争提到关系党和国家生死存亡的高度来认识,是深刻总结了古今中外的历史教训的。"中国历史上因为统治集团严重腐败导致人亡政息的例子比比皆是,当今世界上由于执政党腐化堕落、严重脱离群众导致失去政权的例子也不胜枚举啊!"②他指出,当前中国"党风廉政建设和反腐败斗争形势依然严峻复杂。开弓没有回头箭,反腐没有休止符"③。他尤其强调要深入发掘中国历史文化中的反腐败论述和廉政思想精华,并展示其当代意义。习近平总书记要求加强反腐倡廉教育和廉政文化建设,深化重点领域和关键环节改革,健全反腐败法律制度,更加科学有效地防治腐败。习近平总书记的讲话为加强孝廉文化建设指出了正确方向。

立足新世纪,回首中国近代以来历史,可以看到,中国社会取得了巨大的进步,在世界上也有了特别的地位。但时至今日,我们却不得不重审诸如慈孝与廉洁这样一些做人为官的原初性道德问题和基础性社会文化问题,这是一件让人感到多少有点沉重和压抑的事情,应当对此作出深刻的反省与检讨。

20世纪以来,特别是改革开放以来,中国社会日益呈现出多元化和多样化态势。从现代化模式看,我们既非西欧的,也非美国的、东亚的,当然也不是拉美的。这些模式作为迄今为止人类已经实践过的现代化模式,我们都从中吸取了一些积极的东西,但我们却不照搬任何一种模式,而进行一种新的综合或整合。从社会主义的角度来看,我们的社会主义既不是苏联的模式,也不是传统中国的模式,更不是古巴、朝鲜的模式,我们的社会主义是中国特色社会主义。从所有制形式看,中国今天是一个所有制高度多样化

---

① 中共中央纪律检查委员会,中共中央文献研究室.习近平关于党风廉政建设和反腐斗争论述摘编[M].中央文献出版社,中国方正出版社,2015.
② 中共中央纪律检查委员会,中共中央文献研究室.习近平关于党风廉政建设和反腐斗争论述摘编[M].中央文献出版社,中国方正出版社,2015.
③ 开弓没有回头箭,反腐没有休止符[EB/OL]. politics. people. com. cn/n/2015/0628/c70731-27218198. html.

的社会:尽管是以公有制为主导,但公有制里既有国有和集体所有,又有股份制;另外还存在私有经济体制,多种形式并存,如个体、外资、合资等。从经济运行的角度看,今天我们有世界上最大的市场,也有世界上最有力的计划。从文化的形态看,古今中外各种类型的文化都在当今的中国大地上并存与共荣,造就了当代中国文化多元化发展的现实样态。正是基于多元化和多样化的发展态势,为中国社会整体发展与进步提供了更加广阔的发展空间,使中国社会更具活力,也使我们在较短的时间里取得了巨大的成就,迅速成为世界经济政治发展的中心。

但是,在中国社会迅速多元化、多样化发展的过程中,有一个问题却变得越来越突出,那就是价值的转型和价值的迷失:传统价值不断遭遇挑战,而且有所失落;新的价值体系尚未真正建立起来,社会价值体系处于急速而又深刻的转型之中,以至于连仁爱、慈孝、廉洁、公正等都被一些人遗忘了。从民众的角度来看,遗亲弃老、不养不教、虐童虐妻、不忠不孝、不仁不义的事情时有发生,甚至极为严峻。从官员的角度来看,腐败问题依然存在,以致成为严重妨碍社会和谐稳定、威胁共产党执政的重大问题,迫使我们对此应给予高度重视。

二、孝廉文化的问题域

就问题域而言,孝廉文化包含着私德与公德两个基本的方面。

孝,从爻从子,效也,善事父母也,又称慈孝,总体上属于私德范围。用于处理家庭关系时,孝指的是孝亲敬老、父慈子孝、孝长爱亲、尊老爱幼。在家庭中是父母爱护抚育子女,子女赡养孝敬父母;在社会上则是长辈爱护养育幼小,后代尊重养护老弱,做到幼有所养、老有所养、弱有所养等。

廉,又称廉洁、廉政、廉正,总体上属于公德范围。用于处理社会关系时,廉指的是廉洁为官,要求为官要清正廉洁、廉洁奉公、廉洁从政，不贪不义之财，不纳不义之惠，不行不义之事，做到政治清明、政府清正、干部清廉。

孝与廉尽管各有其具体的所指所求，但由于个人与社会之间内在相关，尤其是社会生活的一体化发展，两者之间也存在着极为密切的关系。一般说来，在家庭关系上的慈孝与社会关系上的清廉之间往往相互呼应和支撑。对子女慈爱，努力履行抚养义务；对父母孝敬，主动承担赡养职责；对事业忠诚，乐于奉献、勇于牺牲；对使命崇敬，忠于职守、不谋私利。这都是内在相关的。有人将其称为小孝持家、中孝敬业、大孝爱国，它们都是人们的优良品质在不同方面和不同程度的具体表现。一般而言，如果为人缺少孝慈，则为吏很难做到清廉。当然，确实也有这样的时候，即忠孝难以两全。但是从一个更长的时段和更大的空间来看，克勤克俭、为政清廉、造福天下，最终光宗耀祖，成为大孝。贪官污吏，得一时之利，最终伤风败俗、毁损祖业，让先人和亲友蒙羞，是为大恶！正是由此，墨子曾指出"君臣不惠忠，父子不慈孝"（《墨子·兼爱中》），意思是要警惕"君不惠，臣不忠，父不慈，子不孝"。汉武帝时期设立的察举考试，就把孝廉结合起来加以考察，把"孝顺亲长、廉能正直"作为科举考试的重要内容，作为任用官员的一种科目，以致"孝廉"这个称呼，在明朝、清朝成为对举人的雅称。这既是对于他们的恭敬，其实也是对他们的一种舆论要求和社会约束。儒家也许正是在这样的意义上把"诚意、正心、修身、齐家"作为"治国、平天下"（《礼记·大学》）的必要前提，要求人们不断修习德行、陶冶情操、完善人品。

由之，孝廉文化包含着慈孝文化和廉洁文化两个基本的方面，慈孝文化是孝廉文化的基础性内容，廉洁文化可以说是孝廉文化的更高层面的要求。两者共同的使命是帮助人们恰当处理家庭关系和社会关系，从"孝亲敬老"到"廉洁为官"，从"做孝子贤孙"到"做清官廉吏"，做好人、为好官，以政为德、由孝而廉、以廉尽孝，把个人的道德修为延伸至忠于国家，上升至民族大义的高度。

三、孝廉文化的多维基础

孝廉文化是一种永恒的人类文化，与人类的生存与发展密切相关，有着多维的坚实基础，而且是永远不可回避和无法抹杀的基础。

第一，从生理的和血缘的角度来看，孝廉文化展示了人类生存与发展的根源性和传承性。人的生命从哪里来？人的生命与动物相比有什么超越性？从生命的进化史上我们可以看到，即便是动物，特别是高等的动物，也有特殊的传承机制。那就是父母养育自己的子女，子女追随自己的父母，这是一种天生的本能，使得种姓能够得以传承和繁衍。种群内部的社会分工和简单互助，则体现着高等动物所具有的初步的社群性。在人类社会生活中，人作为万物之灵，其进化与发展变得更加自觉，使人类生命的传承性通过慈与孝的互动关系生动地反映出来。这里值得注意的是，在人类社会中，除了前辈对于后辈的抚养和慈爱以外，更重要的是后辈对于前辈的赡养与反哺，这正是人类意识与生命自觉性的独特表现，是人的生命传承之超越动物的最重要特征。因此，孝廉文化是人类生存发展的一个永恒基础，是永远不可颠覆的前提。只要人类存在，通过孝廉关系表现出来的健康的血缘关系、家庭关系和社会关系就将仍然发挥非常积极的作用。

第二，从家庭生活和社会生活的角度来看，孝廉文化是所有家庭与社会存在与发展的必要的生活基础。正是依据孝廉文化，中国历史上曾经形成了所谓"三纲五常"的社会规范。所谓"三纲"即"君为臣纲""父为子纲""夫为妻纲"。孟子进而提出"父子有亲，君臣有义，夫妇有别，长幼有序，朋友有信"（《孟子·滕文公章句上》）的"五伦"道德规范。过去，我们曾经把"三纲五常"当作完全封建专制的东西加以批判和抛弃。现在看来，这也许有些过于简单化了。去除那些在封建时代所过度强化与固化了的东西，"三纲五常"其实是要求人按照不同角色或身份的规定性来约束其行为。例如,君为臣纲,君不正,臣投他国;国为民纲,国不正,民起攻之;父为子纲,父不慈,子奔他乡;子为父纲,子不正,大义灭亲;夫为妻纲,夫不正,妻可改嫁;妻为夫助,妻不贤,夫则休之;等等。试想,一个社会里如果真到了君不君、臣不臣、父不父、子不子、夫不夫、妻不妻的地步,那怎么可能是一个健康有序的社会?倘若如此,那种混乱状况便可想而知。孝廉文化反映了一个家庭、一个社会的必要的基本的生活秩序,它使正常的家庭关系和社会关系得以建立,文化得以传承。

第三,从道德的角度来看,孝廉文化反映的是一种社会美德。通过弘扬慈孝文化,张扬的是隔代之爱、代际之爱、代代之爱,要求人人亲其亲、长其长,从而天下太平。通过弘扬廉政文化,强调的是为人之诚,为吏之廉,为官之正。孔子说:"政者,正也,子帅以正,孰敢不正?其身正,不令而行。其身不正,虽令不从。"(《论语·颜渊》)他又说:"君子之德风,小人之德草,草上之风必偃。"(《论语·颜渊》)从这种意义上来看,中国历史上所主张的"五常"即"仁、义、礼、智、信",无非也是为了更好地处理君臣、父子、兄弟、夫妇、朋友等人伦关系的行为准则。这些准则是人类繁衍与发展的非常重要的基础,当它进一步扩展为社会的伦理道德,便成为社会发展的基本保障。

第四,从社会经济基础来看,孝廉文化可具体化为一种为人为官的职业要求和责任体系。《周礼》曾经提出,对官员的考核有六廉,即廉善、廉能、廉敬、廉正、廉法、廉辨,要求所有的官员必须具备善良、能干、敬业、公正、守法、明辨是非等基本品格。这六个方面均以"廉"为冠,突出表明了廉政所具有的统摄性和基础性地位。欧阳修曾经著有《廉耻论》,认为公正清廉乃"士君子之大节",清廉是官员必备的政治品德。明朝的郭允礼曾经撰写《官箴》,指出"吏不畏吾严而畏吾廉,民不服吾能而服吾公;廉则吏不敢慢,公则民不敢欺;公生明,廉生威",这成为对"公廉"的最为后世称道的经典阐释，对中华孝廉文化的丰富和发展具有重要的意义。

四、孝廉文化在当代所面临的挑战

要深化孝廉文化的研究和传播，需要自觉地认识和应对它们在当代中国所面临的挑战。

第一，从家庭和秩序的角度看，血缘关系是家庭和秩序的重要基础，但不是唯一基础；不仅要强调血缘和家庭关系的传承与延续，还要有变革与创新。一般而言，慈孝文化强调的是父母的权威，尤其是由于父母生养孩子而获得的权威性，对于后代的基本要求则是无条件地服从，甚至是顺从，形成压抑、束缚甚至专制。在这样的背景下，如何培养孩子们的批判精神、超越精神、创新精神，是一个非常重大但又有悖论性的命题。我们的教育既有保守性也有开放性。教育首先是要保守，要保证一定文化传统的有效延续；教育也要开放，能够培养出敢于创新的人，敢于批判、怀疑、质疑的人。从廉政文化的角度看，我们既要强调各级官员对于事业的忠诚和奉献，能够廉洁奉公、勇于牺牲、不谋私利；而从社会的角度看，又要真正关心他们，照顾到他们的实际利益和切身利益，让他们能够体面地生活，有尊严地交往，不至于为了个人生计甚至蝇头小利，而去做那些不仁不义、蝇营狗苟甚至伤天害理的事情。

第二，从社会伦理的角度看，不仅要倡导孝与廉的价值，还要倡导公正、平等、自由、正义、权利、责任等多种价值。孝廉价值只有置于社会的整个价值体系中才能更好地得以定位和落实。中国学界曾经就"亲亲相隐"问题展开过热烈讨论。其实，亲友的价值应当服从于社会的价值，血亲意义上的孝应当服从于社会正义的价值，为了维护社会秩序、打击犯罪、伸张正义，法律可以也应当鼓励亲属之间"大义灭亲"。在这些复杂的亲友关系与社会关系体系中，如何更好地实现孝廉文化，值得进一步深入研究。

第三，在社会层面存在着价值多元、利益分化的条件下，如何超越血缘关系,或如何使之与利益体系及其分化相契合,是一个现实而具有挑战性的问题。除了血亲关系,利益关系是社会中最为基本的关系。一旦脱离了利益及其分化,许多事情便很难辨析。当代社会利益关系变得极为复杂,即便是夫妻、父子、姊妹等亲密关系之中也会有各种各样的利益关系。利益关系的交织、冲突与碰撞可能会使我们的孝与廉显得格外脆弱。如何在市场经济条件下,既要承认经济的平等性、契约性、规范性,又要承认孝廉的权威性、传承性、服从性,这是需要我们深度讨论的。

第四,现代科技及其广泛应用也给孝廉文化建设提出了很多新的挑战。例如,第三性、无性生殖、代孕、人工授精、器官移植等,使慈孝的血缘基础变得相对模糊;社会的信息化、网络化使社会交往关系变得更加复杂,也对廉政文化建设提出了更高的要求;等等。因此,在新的时代条件下,孝廉文化的建设需要不断有所创新,不断加以充实和完善。

五、拓展和升华孝廉文化教育的几点建议

第一,应该将孝廉文化教育贯穿在国民教育的全过程,尤其是要从娃娃抓起。孝与廉都是人之为人的基本道德和行为规范,对于它们的认知、认同和践履,必须作为基础性的养成教育,使它们从人的幼年时期开始便成为人的基本信念和信条。有一种观点认为,多年来,我们的教育存在着严重的错位,那就是,幼儿园教小学的课,小学教中学的课,中学教大学的课,而到了大学时期我们却不得不回头重新学习幼儿园时应该教的课,比如教诲人要懂礼貌、守纪律、讲仁爱、尊老爱幼等。因此,应当尽快着力纠正此种错位,建立与人的生理发展、心理发展、感知方式、思维过程和价值认同规律相适应的教育体系,将孝廉文化融入国民教育的各方面和全过程。

第二,应该以孝廉文化作为底线伦理开展道德教育。孝与廉

应当是所有人做人的根本、基础与底线。如果一个人不慈不孝、不廉不洁,可以说其还没有成为真正的人,更不用说是一个好人、一个健康的人。这种伦理就是一种人之为人的底线伦理。西方伦理学所谓的底线伦理或者本底伦理,就是所有人之所以为人都要遵循的东西。对于所有人来说,孝廉应当成为最基本的要求。

第三,应该以爱心和责任为核心开展理想教育,鼓励人们追寻美德与崇高。孝与廉谈的是人之为人的基础,是对所有人的最基本的要求。这一点尽管十分重要,但毕竟还仅仅是基础。从社会发展的角度来看,还要有更高的道德要求,例如,美德、崇高、神圣等:要有牺牲,要有奉献;要关心民族、热爱国家、服务人类;要有大爱,敢担大责任,践行高诚信;要有更高的人生境界。中国共产党十八大报告把"爱国、敬业、诚信、友善"作为个人处理与他人和社会关系的价值原则。中国共产党党员和各级党政领导干部作为中华民族的先进分子,应当有更高的精神境界、道德要求和行为规范。我们的孝廉文化建设与教育应当在底线伦理和美德追寻中保持张力。

第四,大学教育尤其是大学的文化素质教育,应该在孝廉文化的研究、传承与传播中发挥更重要的作用。大学时代是大学生们成人成才最为关键的时期。大学生们从幼儿园、小学、中学到大学所学到和习得的全部东西都要构成完整的知识和能力体系,形成完整的世界观、人生观、价值观,以便作为成熟的主体参与到社会生产和社会生活中去。对于孝廉文化的认同与践行是他们的基本素质,也是大学教育的重要内容。我们应当努力创造良好的氛围、有效的机制、足够的空间,为大学生全面、健康而又自由的发展创造必要的条件。

第三节 《周易》与新时代中华文化建设[①]

当代中华民族正处于伟大复兴的关键时期。如何把海峡两岸和香港、澳门以至全球华人的智慧与力量汇聚为推进中华民族伟大复兴的积极力量？这既需要各方面的共同努力，也需要为各方面构建共同基础。习近平总书记在十九大报告中指出，"我们将推动两岸同胞共同弘扬中华文化，促进心灵契合"，同时也要"让香港、澳门同胞同祖国人民共担民族复兴的历史责任、共享祖国繁荣富强的伟大荣光"。当代中华文化是全球华人精神沟通与价值认同的共有根基，是超越海峡两岸和香港、澳门之间尚存的政治制度差异和意识形态隔离的最重要基础，也是全球华人在精神家园和理想追求方面求得最大公约数的最核心价值。加强新时代中华文化建设，是海峡两岸和香港、澳门以至全球华人今天以至今后相当长时期内最重要的共同使命之一。在这样的历史阶段和时代背景下，研究《周易》及其对于当代中华文化建设的特殊价值，具有尤为重要的意义。

本节着力探析海峡两岸和香港、澳门文化发展历史和新时代加强中华文化建设的共同使命，多方面论述《周易》在中华文化发生与发展中作为"群经之首、大道之源"的根源性地位和资源性基础，探索如何在历史与现实、中国与世界、理论与实践的结合中阐释《周易》的当代意义，促使新时代中华优秀传统文化的创造性转化与创新性发展。

---

① 本节内容发表于《周易研究》2018 年第 4 期。

一、以中华优秀传统文化汇聚整合全球华人

近代以来,中华民族内忧外患,屡战屡败,丧权辱国,割地赔款,分崩离析,恶性分化,形成当前海峡两岸和香港、澳门的复杂局面。可以说,尽管各自的具体内容有所不同,但目前海峡两岸和香港、澳门以至全球华人都面临着文化重建的紧迫任务。

中国在20世纪里经历了前所未有的文化变革。近代以来中华文化伴随外敌入侵而遭遇极大挑战。五四运动开启对中国传统文化的深度反思,"打倒孔家店"成为鲜明的文化旗帜,向西方现代文化学习,请进"德先生"和"赛先生"成为文化发展的主要价值取向。20世纪30年代的新文化运动和文化论战,在全盘西化与"中国文化本位"之间游离。20世纪60年代的"文化大革命"带来对中华传统文化的再度伤害。1978年改革开放以来,马克思主义进一步中国化、时代化、大众化,西方文化全面进入,中华优秀传统文化全面复兴,形成中国传统文化、西方现代文化和马克思主义等多种思想和文化相互激荡与碰撞的局面。随着经济全球化与市场经济的扩展,经济一度快速发展,单兵独进,文化发展相对滞后。党的十八大以来,党中央提出"五位一体"战略,促进经济政治社会文化生态协调发展的使命极为紧迫,文化转型与文化重塑成为重要任务!

台湾地区的文化发展历史也非常复杂。1894年中日甲午战争后,台湾被割让给日本,经历了长期的日本殖民统治,殖民文化成为当时台湾文化的主导形态。1945年第二次世界大战后台湾回归中国,面临着消除日本殖民文化和重建中华文化的双重使命。1949年国民党退守台湾后,在传承和发展中华传统文化方面做出了积极贡献,但也一直面临着中华传统文化与台湾本土文化和日本殖民文化的复杂碰撞。随着执政党地位更替,台湾经历了陈水扁时期的大力"去中国化",甚至要"去汉语化"。近年来"台独"势

力膨胀,致使"一个中国"的政治认同在台湾不是增强而是有所削弱,与之相应的中华文化建设也受到负面的影响。

香港特别行政区的文化发展也非常复杂。鸦片战争以来,香港岛、九龙半岛和新界地区先后被割让或租借给英国,成为中华民族近代耻辱的历史性象征。英国殖民文化在香港长期占据统治地位。在日本入侵中国期间还对香港有过三年多的殖民统治。1997年香港回归祖国后,在政治上实行"一国两制""港人治港,高度自治",在文化上一方面是近代以来的英式文化仍在延续和传承,另一方面又在逐渐消除其殖民特性及其主导地位,中华文化正在积极回归。但由于历史情况的复杂性和英国的不时干预,西方国家的继续进入,要使中华文化成为香港的主流文化仍显艰巨和遥远。近年来香港出现的极端情况加剧了香港政治格局与文化建设的复杂局面。

澳门特别行政区的历史情况有不同。澳门近500年来长期受到葡萄牙的殖民统治,却也因为交通便利而成为东西方文化的交汇之处,造就了比较强烈的多元文化色彩。1999年澳门回归后在"一国两制"框架下实行"高度自治,澳人治澳"。由于葡萄牙政府早已承认在历史上对澳门的侵占为非法,在澳门回归后也不再干预澳门事务,澳门回归后的中华文化回归进程比较顺利,澳门民众对于中华文化的认同程度迅速增加。

从全球华人对中华文化认同角度来看,则问题更加复杂多样。全球华人有着不同的出生地域与渊源,有不同的政治态度和不同民族文化特性,有不同的宗教信仰和社会地位,有不同的年龄层次和职业差异,等等。一方面,大家有可能在中华文化的共同背景下寻得更多的共同话语与情感沟通,产生更多的同心圆和文化共识;另一方面,不同群体与特殊的个体对中华文化的认同也可能会有其不同的视域与关注点,会运用不同的模式与方法,关注其不同的侧面与重点,达到不同的程度和层次,得出不同的结论与态度。

由上所述不难看出,要在海峡两岸和香港、澳门以至全球华人中增强中华文化认同,既非常必要,也会非常艰难,最重要的就是超越近代以来的政治和文化差异,寻得更具历史性的思想根源和更具共识性的文化前提。

二、强化《周易》在新时代中华文化建设中的根源性地位

加强海峡两岸和香港、澳门以至全球华人的中华文化认同,有很多重要的工作,其最为必要的前提之一,是强化新时代中华文化建设中的历史意识。要使中华文化具有足够厚重的历史基础和丰富内容,具有足够合理的解释力和包容性,能够满足海峡两岸和香港、澳门以至全球华人的文化需求,成为他们文化自觉的必要基础和对象。这样来看,当代中华民族面临着在现代化进程中重建当代中华文化体系的极为复杂而又艰巨的任务,需要多方位寻求思想文化资源,自觉面向中华优秀传统文化。而在中华诸多优秀历史文化典籍中,《周易》作为群经之首无疑具有极为特殊的根源性地位。

习近平总书记在十九大报告中开篇即指出,"不忘初心,方得始终",中国共产党人的初心和使命就是为中国人民谋幸福,为中华民族谋复兴。中国共产党人和中华民族的初心来自哪里?来自中华优秀传统文化。那么,中华民族和中华优秀文化的初心或根源在哪里?这可以从不同的方面去探索,《周易》无疑是其中最重要的根源性作品之一。

《周易》是中华优秀传统文化的根源性和精髓性作品,是中华民族智慧与文化的结晶,被誉为"群经之首,大道之源",是中华文明的源头活水,在中华文化发生和发展史上具有极为重要的原创性意义。《周易》作为中国古代杰出的哲学巨著,历经数千年的历史至今不衰,奠定了中华文化的重要价值取向,开创了东方文化的特色,对中国的文化产生了不可取代的重要价值和巨大影响。

首先,《周易》的产生标志着中华民族抽象思维能力的关键性

跃迁。①

《周易》将世间无限多样和变化发展的事物规约为阴与阳二极,将阴阳看作宇宙万物赖以发生和演变的最基本因素,从阴阳的交感与互通来探寻世界演变的动因和规则,力求达到对于宇宙的生成、运动、变化和发展的终极原理的认识,实际上是一种终极探索与思考,表明了古代中华先民最初的哲学意识。

其次,《周易》作为原始初民的百科全书,记载着古代先民对于当时复杂的自然、社会和人生问题的特别关注与初步思考,它既是一部古代的自然之书,也是一部古代的社会之书;既是中国古代的科学之初,也是中国社会的人文之源,贯透着原始初民对于生命价值的自觉与创造,展示着古代中华先民的极为丰富的生活、生产与精神世界。

再次,《周易》的思维方式汇集着当时的思维工具和认识方法,表达着最初的终极关怀和哲学意识。我国著名学者汤一介先生认为,《周易》形成了原初的宇宙本体论和宇宙生成论的解释系统②。从宇宙本体论的角度来看,《周易》的六十四卦构成一个生生不息的整体性宇宙架构模式,世界上存在的万事万物都可以在这个模式中找到它一一对应的位置。"形而上者谓之道,形而下者谓之器",将"道"与"器"、"形上"与"形下"等作为一种普遍性的哲学问题凸现了出来。从生成论的角度来看,"生生之谓易",整个宇宙处于不断生成变化和发展之中,"《易》有太极,是生两仪,两仪生四象,四象生八卦……"。于是,"天地氤氲,万物化醇;男女构精,万物化生"。《周易》将中华古代本体论和辩证思维提升到了相当高的水平,占据了当时人类思维的制高点。

最后,《周易》的价值选择及其世界观亦表达着最初的解释系统和方法论,其爻测数术体现着当时人的人生智慧和行为原则,反

---

① 欧阳康,孟筱康.试论《周易》的原初意义与现代意义[J].周易研究,2002(4).
② 汤一介.关于建立《周易》解释学问题的探讨[J].周易研究,1999(4).

映着趋利避害和预见未来的价值取向。《周易》既是一种义理之书,也是一种象数之书。我国著名周易研究专家刘大钧教授认为:"归根到底,《周易》是一部筮书。若全面研究《周易》,只讲解经文而不谈及筮数,那是不行的。"①

如《周易·系辞》所言:"圣人设卦观象,系辞焉而明吉凶,刚柔相推而生变化。"《周易》包含了非常丰富的卦爻象位、卦爻辞和变通等内容与原则,要求人们能够"观乎天文,以察时变;观乎人文,以化成天下"。《易经》的卦爻取象与卦爻辞几乎都与吉凶相关,以求吉避凶、凶中求吉、逢凶化吉为基本的价值取向,也有许多卦,如履卦、谦卦、复卦、恒卦、损卦、益卦、困卦、井卦、巽卦等,则蕴含着对于美德的颂扬和提倡。

文化自信是一个国家、一个民族发展中更基本、更深沉、更持久的力量。《周易》不仅展示出中华优秀传统文化之源远流长,也展示出其博大精深,表明中华文化从其原初形态就站在了古代人类文明的高端,为中华文明的绵延与发展提供了最为丰厚的渊源与最具活力的基础。立足于这样的思想高度和文化渊源来看海峡两岸和香港、澳门的文化差异,有助于海峡两岸和香港、澳门超越现实的政治意识形态与文化差异,探寻共同的历史渊源与文化根基,也有利于进一步夯实共谋中华民族伟大复兴的重责。这无疑也是提升当代中华民族的文化自信的最重要基础。改革开放以来,随着中华文化的复兴,海峡两岸和香港、澳门以至全球学界的易学研究与交流突破藩篱,蓬勃开展,取得非常丰硕的成果,产生巨大的影响,见证并促进了中华优秀文化的繁荣兴盛!

三、善于学习和阐发《周易》思想精华及其当代意义

文化兴,国运兴;文化强,民族强。如何更好地学习阐释《周

---

① 刘大钧.周易概论[M].成都:巴蜀书社,1999:89.

易》，使之更好地在新时代文化建设中发挥更加积极的作用？习近平总书记明确指出，"要推动中华优秀传统文化创造性转化、创新性发展"。如何推动《周易》的"创造性转化、创新性发展"？有很多工作可做，作者以为，其中很重要的是进一步开拓视野，提升境界，重视方法论自觉，善于学习和阐发《周易》思想精华及其当代意义，并在此基础上促进海峡两岸和香港、澳门的中华文化建设，提升并拓展其中华文化认同。

首先，从历史与现代的关系看，既要善于立足时代高度，在《周易》中寻找中华优秀传统文化的悠久深厚历史渊源，寻根究底，追踪溯源，也要善于植根深厚悠久的传统文化深度，把握当代世界，提升时代境界，努力自觉地将《周易》智慧纳入当代中国文化体系并使之活化和时代化，使之成为当代中华文化的有机组成部分。从历史的角度来看，《周易》可以为当代中华文化建设提供非常丰富多彩的宝贵思想资源，例如，以"一阴一阳之谓道"和"阴阳五行说"为代表的世界观，以"生生之谓易"为标志的辩证法，以"天人合一"为目标的和谐思想，以"观乎天文，以察时变；观乎人文，以化成天下"为标志的时代意识，以"自强不息、厚德载物"为核心的民族精神，以"数术爻测"为代表的实践智慧，以"逢凶化吉、趋利避害"为指向的价值取向，等等。这些思想理论与价值取向既有其特殊的历史根基和传统印记，又经过历朝历代的学术研究和实践运用而得以丰富和发展，仍然有可能成为当代中华民族文化的有机体系。我们现在要做的工作就是通过历史与现实的良性互动，面向未来文化需求和文化使命，使之"创造性转化"，成为当代中华文化的内在有机成分，并在当代中华文化建设中获得"创新性发展"，发挥出更加现实而积极的功能。

其次，从中国与世界的关系来看，既要善于立足《周易》来探寻当代文化的中华根源，凸显中华文化的特有传统和独到优势，凸显当代中华文化的中国之根，也要善于阐发《周易》智慧所具有的世界意义和人类价值，加强与世界各国先进文化的沟通与互动，自觉向世界优秀文化学习,借鉴人类文明发展的优秀成果,推动中华文化的世界化和世界文化的中国化。作为中华民族古代先哲的思想创造,《周易》在中华大地上孕育、生成和繁衍,以中华民族的远古生产、生活和精神世界作为直接对象,当然带有深刻的中华民族性和华夏地域性。冯友兰先生就曾经把《周易》尊为中国的《精神现象学》,认为"在战国时期……这部《精神现象学》之为精神现象学的面貌就已经确定了"①。然而古往今来的人类生产、生活实践中又有许多共同和相似的东西,因此,《周易》的智慧与方法不仅适用于中华民族,也具有跨地域和跨国度的价值,对于当代人类具有一定的普适意义。更进一步说,越是往前回溯历史,人和民族文化的分化程度越低,人的个性化特性越弱,人的共同性品格越强,因此《周易》所具有的普遍性品格也会越高。《周易》所探讨的很多问题具有鲜明的人类共性。例如,《周易》所探讨的阴阳、乾坤、天地、刚柔、正反、真伪、善恶、美丑、是非、强弱、祸福、生死、存亡、寿夭、得失、贵贱、黑白、荣辱、利害、忧乐、成败、盛衰等,无疑都具有广泛的世界性和人类性,可以成为当代人类的共同精神财富。在这种意义上,《周易》也可以看作古代人类共同的"精神现象学"而为当代人类所共享,成为构建当代人类命运共同体的重要精神财富!

最后,从理论与实践的关系来看,既要善于阐发《周易》所包含的丰富思想理论内涵,揭示中华古代先哲所具有的理论思考和哲理内涵,不断提升中华文化的理论品格和哲理层次,也要善于发掘《周易》所蕴含的丰富实践内涵和操作方法,大力强化当代中华文化的实践品格和实用特性,为当代人类的生产生活提供更加鲜活的资源,推动中华民族治国理政的新视阈和新境界。《周易》是理论与实践相结合的经典之作:一方面,其所有义理之论都蕴含于卦爻象位及其解读之中;另一方面,从《易经》的卦名、卦画、卦辞、爻辞等我们又可以分析出诸多极有价值的哲理。尽管这种情况的产生在历史上主要是由于在当时理论思维与实践智慧还分化得不够

---

① 谢遐龄.阐旧邦以辅新命——冯友兰文选[M].上海:上海远东出版社,1994:265.

所造成的,而就其根源而论,还是理论与实践、道与术之间的内在相关性和一体性,并造成了《周易》智慧的特殊理论品格与实践优势。经过数千年的发展,一方面是《周易》的义理方面经过历代学人皓首穷经的努力,已经深入文学、哲学、天文、地理、历法、数学、风水、建筑、医学、气功等诸多学科,分化和拓展成为数千部属于不同学科和各种类型的学术作品,得到了极大的发掘与阐释,成为中华文化的优秀思想宝库和智慧源泉;另一方面,《周易》智慧不仅已经极为广泛地和深入地渗透到中国人的生产和生活,成为他们最潜移默化的思维方式和情感方式,也在很大程度上依托于现代信息技术、工程方式和实践方法而得到极大拓展,甚至据说成为计算机二进制算法的思想资源,演化为各种形式和功能的预测手段与决策技术。我们应当自觉地把它们有机地内在结合起来,不断提升中华民族的哲理能力和实践能力,为治国理政和富民安邦做出更大贡献,谱写新时代中华优秀文化建设的新篇章!

四、中华传统文化是中国道路的历史渊源和现实基础

中华传统文化是中国道路的历史渊源和现实基础。在对中国道路的探索中,我们既超越了历史虚无主义,也超越了狭隘的文化保守主义,把中华传统文化与现代化有机结合起来。这既有利于把中华传统文化融入现代社会,获得时代性意义,变得更加丰富多彩;也有利于为我国现代化奠定更加坚实的文化基础,形成强大的内生动力。当代中国在坚持文化自觉和文化自信的基础上,正以前所未有的开放心态积极学习借鉴其他文化的优秀成果,将各种有利于我国经济社会发展的积极价值因素引入中国,融汇到中国发展之中,并不断创造出许多新的价值元素,使之成为促进我国发展的积极精神力量。[1]

---

[1] 欧阳康.以我为主 多维综合 中国道路自主创新[N].人民日报,2015-06-19,07版.

第七章

国家治理现代化的制度建设

国家治理有狭义和广义之分,各自有不同的内涵与覆盖面。广义上的国家治理指整个国家空间和权力范围内的所有层次和方面的治理,包含社会治理、企业治理、城市治理、乡村治理等。狭义上的国家治理指国家层面的治理,甚或就是中央治理,指以国家为单位的顶层设计和宏观治理问题。

第一节 切实增强"制度执行力"[①]

党的十九届四中全会鲜明指出,制度的生命力在于执行。制度执行越有力,治理能力越有效,越能充分发挥制度体系的功能,彰显制度优越性。

[①] 本节内容为作者受邀《长江日报》采访整理而成,发表于《长江日报》2019年12月13日,湖北社会科学网全文转载。

一、好的国家制度是无形之"大道"

好的国家制度是无形之"大道",会促进思想认同、自觉行动。从国家治理的层面来看,制度是如何发挥作用的?

一般而言,人们认为制度的主要作用是约束和规范人的行为,但如果从国家治理层面来说,制度的作用远不止于此。

首先,制度的背后是思想理念,社会主义背后自然是社会主义的思想理念。这些指导思想一方面是制度建设的原则和方向,另一方面又通过制度来对整个社会产生影响,促进思想认同,使全体人民紧紧团结在一起。

此外,在国家治理、社会发展的过程中,必然要涉及各个阶级、阶层之间的地位、权利等问题,需要有稳固的价值规划,制度的作用就在于把不同的阶层之间的价值、利益协调在一个彼此都能够接受的框架内,使整个社会能够一同去努力、创造、分享。从这个层面来讲,一个好的国家制度要能合理地处理利益关系,让绝大部分人都能够感受到自己的利益得到了保证,而且能够通过比较合理的途径去谋求回报,让人们在社会上各司其职,各居其位,各得其所。

从更具体的层面来说,国家制度是一系列的规范和规章体系。而一个好的制度,不光有硬性的规定,还有软性的约束,包括社会的组织方式,人与人交往的准则、合作的形态等。在这样的制度体系中,不同的人、不同的群体之间很清楚如何进行交往与合作,整个社会就会比较和谐、有序。

所以,好的国家制度就像无形之"大道",人们会不自觉地按照一套规范去行动,让社会有秩序,并在一种良性的、健康的运行方式中不断进步,而不是出现个体之间、群体之间、阶级之间、民族之间的矛盾与冲突。当然,国家制度还包含着一定的物质基础,比如说提供公共服务的交通设施、公共技术支撑体系等。

以上这些方面,从思想的引领、价值体系的构建,到规范体系、物质基础,最终会内化为人们选择自己的行动方式的条件和激励,帮助人们更好地在社会生活中去活动。

二、制度执行需要大家自愿参与国家治理

制度执行不是被动的,是让大家都愿意参与到国家治理中。制度执行力具体体现在哪些地方?

所谓的执行能力,简单说就是能把宏伟的追求分解为阶段性的目标,一步步推进的能力,它有几个方面。

首先是规划能力,为社会制定近期、中期和长期的发展规划。一个好的规划,会提供一个可以努力去争取实现的目标,它既有一定的超前性,又有一定的现实性,指出了一个社会发展的基本方向,而且能够看到这个方向所具有的合理性,把现实指引到一个更好的未来。

其次,要能提出实现目标的行动方案,并且具体化为不同的行业、不同的地区、不同的阶层,甚至每一个人都能去努力的一个方向,以此来把分散的个体纳入一个有机的社会运行的进程中。

再次,能抓住发展进程中的重点和关键环节。发展的过程可能会是平稳的、渐进的,也可能会有阶段性、周期性,有难点、重点。区分好主次,抓住重点、难点,才能更好地把握发展的节奏,应对风险和挑战。

最后,对发展的成果要能进行正确的评估。发展的过程需要往前推进的力量,也不能少了自我反思的力量,如此才能适时地调适行动的目标、路径。

三、制度的执行力需要激发制度的活力

制度的执行力是否只与各级领导干部有关?制度的最直接的

执行者，当然是我们的各级领导干部。他们代表人民行使公权力，让社会更好地运行。很多工作由他们承担，比如说刚才我们讲到的宏观战略规划、思想的引领、公共技术支撑体系的构建等。

但是仅仅有他们还不够，我们过去有一个误解，以为制度自己会"运动"，循着制度按部就班就可以了。事实上，制度无非是一个系统，真正要让制度发生作用，就要让制度"活化"。怎么活化？最核心的就是要把制度中所有人的积极性调动起来。领导干部的作用在于激起全社会的干劲，和大家一起共同奋斗。从整个社会的层面来说，制度的执行力在于能否把制度的优势转化为社会的活力，大家愿意参与到国家治理中，一起推动变革，推进创新。

所以，制度的活力根本上来说就是人的活力，一个好的制度能够帮助人们不断地去克服行动过程中可能出现的各种问题，比如说对宏大的思想理论的误解，甚至对立、冲突。这就需要及时地统一认识，画出最大的"同心圆"，把各方力量更好地调动起来，并给所有人发挥自己的空间。

更进一步说，一个社会的发展空间到底有多大，主要体现在不同的人能否以不同的方式参与到社会生活中，直接来看的话就是一个就业的问题，就业实际上是个体融入社会生产、社会生活的过程。所以，制度的执行力就是创造性激发的问题，这也给制度的优劣划出了一条标准。在一个剥削的制度中，必然只有一部分人，即剥削者的积极性能够发挥出来。被剥削者则完全是被动的，他们是为了生存才被动地去执行各种各样的指令，也就不可能有活力和创造性。所以，制度的执行力也和整个社会的活力密切相关。

四、中国的制度执行力体现在长远蓝图实现的能力

中国有能力实现长远蓝图，这是制度执行力的体现。与资本主义制度相比，中国的制度执行力如何体现？

能体现我们国家制度执行力的地方有很多，比如，中国社会发

展中有一个突出的特点：制定的目标，只要是正确的，就能长期得到坚持，不会因为我们领导层的换届而中断，反而得到了不断的开拓创新与变革。

到目前为止，我们经历了十三个五年计划、五年规划，每一个长期规划都和之前的相衔接，既把已有的好的东西继承下来，又根据新的历史条件提出新的目标、新的路径。这一点是西方资本主义国家很难做到的，这些国家的政党在选举过程中都要提出竞选纲领，这个竞选纲领往往是以批判当前的政策或对手的纲领为主，几乎都要走所谓颠覆性的道路，而且很多的竞选承诺会走向极端、走向片面，所以竞选时提出的很多承诺其实都是不准备兑现的。某种程度上，中国政府的领导换届就像"接力赛"，而西方多党制的换届则像"拳击赛"，从国家长远发展的角度来看，"接力赛"显然更有利。

新中国刚成立后的一段时期，我们的国力相对较弱，但依然能搞出"两弹一星"，保证国家安全。这种在一定时期内集中社会资源办大事，而且确实把它做成的能力，显然也是执行力的重要体现。

最近一二十年，我们遇到过不少重大的自然灾害，地震、洪水、雪灾、旱灾等，在这种时候，政府总能够把社会各方面的资源最大限度地调动和集中起来，把灾害带来的损失控制在最小范围内。还有像当前的三大攻坚战，这可不是哪个国家说打就能打的，共产党思想上的自觉、组织上的有力、价值观念上的认同、整个社会劲往一处使的凝聚力等因素的存在，才能支撑一个国家同时进行如此大的动作。

第二节 让制度真正"活"起来[①]

把制度优势更好转化为治理效能,是推进"中国之治"的重要内容。本节就来探讨中国的决策效率、执行能力闻名于世的原因何在,又面临哪些新的要求。

一、党的强大领导,塑造了中国的决策效率、执行能力

1. 中国的决策效率与执行能力闻名于世的原因

从世界范围看,中国的决策效率、执行能力闻名于世,原因何在?最根本的原因在于我们有中国共产党全面、正确和坚强的领导。这里要强调三个概念。首先是正确,这意味着中国共产党的领导能确保中国社会行进在符合社会发展规律、发展逻辑,也符合人类文明发展方向的道路上。其次,正确的领导能覆盖到社会生活的各个方面、各个层次、各个阶段。最后,在发展过程中,难以避免地会遇到各种各样的困难与问题,甚至是尖锐的社会矛盾与冲突,而我们党总能积极地去推进解决问题,这体现了其领导的坚强性。党的领导实际上要通过各级政府来具体贯彻,这也为我们带来了强大的行政支持系统。

2. 执行能力强是否也有"经济基础"方面的原因

土地、资源、湖泊等自然资源归国家所有,加上以公有制为主体的基本经济制度,为执行能力提供非常重要的物质基础。

[①] 本节内容为作者受邀《长江日报》采访整理而成,发表于2019年12月19日《长江日报》。

国家可以调动充足的资源去实现发展目标,比如大力发展公共交通。与此相反,有的私有制国家,想修一段高速公路,可能得跟路线上的私有土地所有者一一进行协商,办事效率大大降低。公有制之外,我们还有多种所有制进行补充,民营的、外资的、合资的等,这实际上既保证了国家对发展的掌控力,又给社会提供了广阔的发展空间,让不同阶层、各个领域的人士都能发挥出自己的积极性,这实际上是一个非常厉害的举措。现在看来,单一所有制终究是有问题的,不管是单一的公有还是单一的私有,二者的结合才是更理想的经济体制。

有了这样的所有制体制,我们可以更好地把政府的宏观调控和市场经济的力量结合起来。根据十九届四中全会的总结,社会主义制度和市场经济的有机结合,能让我们在不断解放和发展社会生产力方面获得显著优势,其实,这同样是我们在执行能力方面的优势。

二、国家治理走向专业化,未来需要更多的职业改革家、基层治理员

治理现代化的一个很重要的维度是专业化。"专业化"在国家治理中有哪些表现呢?之所以强调专业化,是因为随着社会发展,需要处理的问题越来越复杂,而且分化为不同的领域、不同的层次、不同的方面。这就需要我们的制度有较强的适应性,能够有机地、动态地应对不同领域、不同层次、不同方面的现实状况。要有适应性,就得做到"一把钥匙开一把锁",而不是拿着一套僵化的模板去应对所有问题。专业性体现在对具体问题有对应的专业化研究,科学合理的解决办法,规范的程序。

国家治理走向专业化,意味着干部队伍走向专业化。所谓专业化,一方面是指所有的领导干部都要尽可能地具备相关领域的专业知识,这需要他们不断地去学习,包括党务学习、行政学习、技

术管理，只要工作需要，经济、政治、社会、文化、生态等各个方面的知识也要有一定程度的掌握。对具体问题也可以有针对性的人才，比如职业的改革家、职业的基层治理员、职业的办公室文员等。各个领域有了大量的专业人员，制度的执行能力、执行效率自然能得到提升。

三、利用大数据、智能决策等尖端技术来提高执行效率

推动各方面制度更加成熟定型，对治理能力提出哪些新要求？中国共产党重视制度建设，这方面我们有悠久的传统，也经历了一些曲折，并不断把历史的教训变成了经验，最终达到了现在的高度。但不是说现在我们的制度就已经完全定型了，而是仍旧处在探索的过程中，所以对当前中国的制度建设，首先要有清醒的认识，相对的成熟和定型并不是完全成熟，更不是终结态的成熟，不能简单地把制度固定下来，甚至把它搞僵化。

十九届四中全会总结了13个方面要坚持的制度，具体细节又有将近100条，有的地方我们已经做了，有的还没有来得及做，所以要继续保持开放心态，继续全面深化改革，去发掘中国传统文化的资源、马克思主义的资源，去向历史学习、向世界学习。同时，要把所有的资源都纳入一个体系中考量，争取打造成有机的、整体的、协同的体系。具体到执行能力上来说，专业化是重点，比如，要根据新时代中国社会价值多样化的特点，进一步去完善法律体系；还有，要把现代科学技术引入国家治理中，利用大数据、智能决策等尖端技术来提高执行能力、执行效率。

此外，还可以借助专业化的智库的力量。专业化的智库应该与整个国家治理体系相适应，在不同的方面、不同的领域都能够发挥作用，让国家治理体系更加完备，国家治理的活动更加自觉，国家治理的效能更加提升。

四、党的自我纠错反思能力,带动制度的"自我调适机制"

国家制度和治理体系千头万绪,在治理过程中如何避免"制度打架"？具体的制度之间不会形成一个单项的"箭头",而是会构成一个有机的、动态的制度体系,各个具体的制度,比如说政治制度、经济制度、法律制度等,在它们之外,总能找到其他制度来进行必要的约束。这种制约反映到整体,就表现为一种自我调适机制。具体来说就是自我监测、自我反思,然后自我纠错。

比如,在中国共产党内部有中央纪律检查委员会,在国家生活的内部有国家监察委员会。中国共产党是我们国家最高政治领导力量,是不是就没人能监督党了呢？当然不是,有人民来监督,还有自我监督。当年黄炎培问毛泽东,中国共产党能不能跳出历史上"其兴也勃焉,其亡也忽焉"的周期律,毛泽东回答,只有让人民来监督政府,政府才不敢松懈。

在人民监督方面,现在来看我们取得了巨大的成就。而在自我监督上,虽然一度出现了大量腐败的情况,但党的十八大以来,通过强力反腐败,扩展自我监察的手段和能力,反腐败斗争取得显著成效,说明中国共产党有足够的自我反思、自我纠错的能力。

权力会出现滥用,制度也会走向僵化,这也是为什么随着历史的进程,随着文明的进步,制度要不断更新、完善。从国际来看,我们在和其他国家的比较中不断总结优势,弥补缺陷。从国内来看,通过中国共产党的自我革命,带动整个社会其他方面的革命、更新。从具体制度的运行来看,我们不断调整、完善各个维度、各个方面的权力监督机制。三管齐下,保证制度根据新的实践、新的发展而不断地更新。

第三节　以大数据促进制度优势向治理效能转化[①]

大数据走向智能化,对制度优势向治理效能转化有着积极而重要的影响。分析这个问题可以从以下角度切入。

一、制度优势与治理效能之间的同频共振

如何看待制度优势与治理效能之间的同频共振?新中国成立70年来,从较为封闭传统的社会向中国特色社会主义社会发展,从"闭门造车"到向世界学习转变。在这个过程中,要解决的根本问题就是当代中国生存与发展、经济快速增长以及社会主义长期稳定的问题。三方面同频共振,共同促进了中国特色社会主义治理模式的构建与完善,促进了治理思想观念的发展。大数据分析可以充分证明,卓有成效的中国制度不是事先设计好的,而是在实践中不断探索、总结经验,为政策出台提供扎实的参考依据。从"摸着石头过河"到顶层设计,再由顶层设计指导实践,是一个不断循环、往返、有机融合的过程。

二、借助大数据有利于推动制度优势向治理效能转化

借助大数据有利于推动制度优势向治理效能转化。如何实现治理理念时代化,治理目标合理化,治理体系科学化,治理方式智能化,治理功能实效化?有三个核心问题需要解决:一是何为好制

[①] 本节内容为作者在《光明日报》、南京大学联合主办的"2019年新型智库暨思想理论传播高峰论坛"上所做主旨报告整理而成,发表于光明网。

度。真正好的制度让人身在其间有方向、有意义、有秩序且充满活力与创造性。唯有达成思想共识,才可促进好制度转化为有效的规章体系,进而成为科学合理的行为规范,最终促进每个人的自由发展。这需要变革与创新才可实现。二是如何借助大数据引领社会体系走向善治。这里需要特别关注两个层面的问题,即保持底线与向高端看齐。三是促进智能决策,即实现在海量数据和不确定环境中进行自主决策,在防范风险和促进社会进步的基础上同步着力进行科学决策。

三、制度有机协调形成整体优势

当前中央的顶层设计很清晰,改革措施也很快推出,但基层一线有时却很难落实。各项制度之间是环环相扣、有机统一的,只有有机协调才能形成整体优势,只有在基层有效落实,才能解决实际性问题。这是完善国家治理体系的一大重点,应当成为当前智库研究的着力点。

第四节 省级治理的定位与使命
——在国家治理与基层治理之间[①]

开展省级治理研究是当前国家治理研究的重要领域和必要层次。迄今为止,国内关于治理问题的研究,大多从全球治理、国家治理入手,然后直接进入社会治理、企业治理、城市治理、乡村治理等,很少有人专题研究省域治理。相应地,在省级治理研究方面有

---

① 本节内容为作者发表在《华中科技大学学报(社会科学版)》2015年总第29卷第4期,略有删改。

影响的成果也非常少,这给该领域的研究增加了难度,也带来了困惑。而在中国的实践中,省级治理是国家治理中由中央到地方下移的非常重要的层次,也是地方治理的高端层面。没有正确和有力的省级治理,国家治理无法落实,地方治理失去统摄,其他各方面的治理都无法实际和有效地展开。从这个意义上来说,推进省级治理现代化对推进国家治理体系和治理能力现代化具有极为重要的意义,也正是由此,开展省级治理研究对当代中国治理问题研究具有极为重要的理论和实践意义。本节探讨省级治理研究中的若干前提性问题。

一、关于省级治理的定位

国家治理有狭义和广义之分,广义的国家治理指整个国家空间和权力范围内的所有层次和方面的治理,包含社会治理、企业治理、城市治理、乡村治理等;狭义的国家治理指国家层面的治理,甚或就是中央治理,指以国家为单位的顶层设计和宏观治理问题。无论是从广义还是从狭义,只要一涉及国家治理的层级问题,省级治理的地位就鲜明地凸显出来了。尤其是在中国的治理体系中,以中央为主体的国家治理要落实和延伸到三十多个省、市、自治区的行政区划,而全国的经济、政治、社会、文化与生态都要通过省、市、自治区的行政区划与自然地理空间来加以组织、协调、统计和实施。在中国,中央的国家治理在很大的成分和程度上是通过省域治理和省级治理来实现的。这里的省域概念也许更多地侧重于由行政区划而确定的自然地理和空间地域,省级概念则也许更多地强调省级党政领导和权力级别问题,又区别于省级以下的地市县乡各级政府。本文中,省级治理是以省级党政领导为主体的省域治理体系的总和,它作为中央政府在地方的最高派出机构,要忠实有效地贯彻落实中央的国家治理意图、理念、法律、政策;它创造性地组织省域行政区划内的所有事务,承担着极为重要的国家治理责任,是中国国家治理体系的极为重要的内在有机组成部分。在不同的国家,中央与地方的关系有所不同。与西方地方治理相比,中国的省级治理处于国家治理与基层治理之间,发挥着极为重要的作用,具有鲜明的中国特色。

二、当前中国省级治理的分类

省级治理的分类可以从不同角度来考察,最直接的是与各国省市的行政区划相关。与中国地方行政区划和权力授予相关,当前中国的省级治理具有多种复杂类型。第一类是直辖市与相关的直辖市治理。当前中国的北京、上海、天津和重庆四个直辖市直属中央,与中央联系更加密切,与其他省、市、自治区相比,直接享受更多的国家权力赋予和政策支持,承担更多的国家责任,普遍发展较快较好。第二类是少数民族区域自治区与相关的民族区域自治。我国是一个多民族国家,历来重视和支持少数民族保存和发展少数民族文化,自新中国成立以来即在部分少数民族较多的地区实行民族区域自治,先后成立了广西壮族自治区、宁夏回族自治区、新疆维吾尔自治区、西藏自治区、内蒙古自治区等,它们在干部配置和民族行政赋权上享有特殊权力,承担着民族管理和民族文化建设的更多责任。第三类是其他的省份,有相似的行政建制和权力配置,这些省份分布在祖国的四面八方,各有自己的自然资源、经济社会状况和历史文化特点,需要分别研究,因地治理。第四类是特别行政区和特区治理。目前中国的香港特别行政区和澳门特别行政区,在《基本法》的统摄下实行港人治港、澳人治澳、高度自治。第五类是宝岛台湾,处于更加复杂的政治关系之中。以上不同类型的省域治理之间既存在很多共同之处,也存在较大差异,需要分门别类地加以研究。

三、省级治理的特殊使命

省级治理既是中央治理的继续和延伸,又应当是其在特殊地域和环境条件下的创造性展开,承担着多位一体的复杂使命。

第一,严格贯彻落实中央对国家治理的宏观战略和总体布局。省级治理作为中央治理的必然延伸和国家治理的权力传递,必须在思想上、政治上、组织上、行动上与中央治理和国家治理保持高度一致,自觉地成为其内在的组成部分。省级党政组织在这方面必须保持高度的政治敏锐性和组织服从性,而国家治理也必须最充分调动所有省级治理的主动性和积极性,方能得到最佳落实和最全面实现。

第二,最大限度地创造性地运用中央和人民的赋权,做好省级治理。各级各类省级治理不应是中央治理的简单逻辑延伸和被动权力传递,而应是其在特殊地域和环境条件下的创造性实践和开拓性建设,应在国家法律和中央党政授权许可的最大范围内和最大程度上创造性地运用好中央和人民的赋权,做好省级治理。这里有很多工作可以做。首先,要认真研究省级权力体系与中央权力体系的合理对口与有机衔接问题,保证从中央到地方的指示与政令畅通,从地方到中央的需求与信息通畅。其次,要研究省级治理体系的科学性和合理化问题。例如,省级党委政府、人大、政协的权力分布和融合如何进一步科学合理化,以达最佳效能;省级各类职能管理部门如何科学设置、相互协调、合理运行达到功能最佳;政府、市场、社会这多元治理主体之间如何实现良性、健康的互补互动;如何从政府治理到民众自治;等等。再次,要研究从省级治理到地市治理、县域治理、乡镇治理到村社治理之间的内在贯通性和相对独立性,各级治理的党政合理赋权与创造性实现机制。又次,要研究省域范围内经济、政治、社会、文化、生态和党建等各方面治理的内在协调,等等。最后,要研究省域治理及其绩效的评估体系,使不同省、市、自治区的治理体系和能力优劣通过客观、科学、合理的指标体系直观地反映出来,并为其改进提供可供把握的对策建议。

第三,充分运用省级人大的立法权,为省级治理提供最充分的法律保障。依法治国必须落实到依法治省、治市、治区。良法是善治的前提。各省、市、自治区均享有一定的立法权,应当在国家宪法和总体法律体系允许的范围内,制订最贴近地方实际和人民需求的地方法律法规,为省级治理提供最科学完备、最切实有效的法律法规体系。所谓良法,从根本上来说不是一个笼统看来合法和正确的东西,而是要更加科学、具体和可行的。根据依法治国的要求,目前有两个对官员与民众看来似乎背反的要求:一是对官员来说,法无授权不可为,法律授权必须为。那么,法律法规给官员们授了什么权?哪些事必须为?哪些事不能为?这直接涉及法律清单清晰不清晰、负面清单到底有多大等问题。二是对老百姓来说,法不禁止即可为。那么法律禁止什么?不禁止什么?禁止得是否全面、准确、科学?百姓是否知道?途径是否有效?如果这方面的法律法规不完善,要么是不可能的万能政府,要么是不可靠的无能政府;要么是无所事事的不作为官员,要么是胡作非为的盲动官员;要么是压抑无助的社会民众,要么是为所欲为的刁民。中央领导多次指出,自中央八项规定出台以来,官员们不见面,不吃饭,不送礼,但是也不干活了。官员不作为已经成为阻碍中国未来社会经济发展的重大障碍。这里涉及的重要前提性问题就是法律法规政策是否清晰明确和科学合理,这对于法律法规本身也是极大挑战。

由此可以看到,推进省级治理体系和治理能力现代化在当代中国具有极为重要的意义。优秀的省级治理不仅可以造福一方民众,也可以为国家宏观治理提供先行先试的宝贵借鉴和先进个案,塑造优秀政治家,丰富国家治理体系,提升国家治理能力,甚至引领国家治理和改革发展方向。

四、地区治理的仁爱之光

湖北宜昌多年来大量出现的"宜昌好人",以各种生动感人事例展示了人性的美好光辉,营造出向善至美的良好社会氛围,彰显着"仁爱之城"的特殊价值,引领着当代中华民族精神世界的发展方向。

"宜昌好人"之所以值得我们关注,首先在于他们所展示的人性美好光辉。人性到底是善还是恶、是美还是丑?在我们看来,取决于每个人在现世中的道德认知和在价值碰撞中的选择。"宜昌好人"的可贵之处在于这些凡人在日常生活中不经意的美意与善举,无论是诚实守信、助人为乐、见义勇为、敬业奉献,还是孝老爱亲等,都可以说既是本分,又超凡脱俗,点点滴滴见精神,持之以恒感天地,彰显着主流价值与核心价值,支持着社会的文明与进步,展示着人性的美好光辉。

"仁爱之城"之所以值得我们称道,在于其对大德大勇大爱大美社会氛围的成功塑造。一座城市,一个社会,在一定时期,人们的表现有好有坏、有善有恶、有美有丑,这并不奇怪,可谓常态。但一个城市在相当的时期内持续出现诸多大德大仁大美大善之人,则表明在这个城市中形成了一种爱智、求真、向善、致美、崇圣的健康氛围。由于现实社会的矛盾性和复杂性,人性的深处始终存在着善与恶、美与丑、良与莠的对峙与冲突,人们在冲突中最终作出什么样的价值选择,既需要内在的动力与驱力,也需要外部的引领与激发。美国著名黑人领袖马丁·路德·金曾说:"黑暗不能驱走黑暗,只有光明才能做到。仇恨不能驱走仇恨,只有爱心才能做到。"多年来,宜昌市着力宣传仁爱之风,造就仁爱之人,构建"仁爱之城",倡导积极健康的价值取向,引领着文明建设发展方向,为人们提供了积极、健康的价值参照,帮助人们自觉地择善弃恶、扬善抑恶,发挥了积极作用。

造就"仁爱之国",应当成为全面建成小康社会的题中应有之义。真正意义上的小康社会,既要国家"仓廪实",也要全社会"知礼节",更要每个人"知荣辱"。在国家层面,理想信念建设应当成为全面建成小康社会的重要价值方向。管子早就指出:"礼义廉耻,国之四维。四维不张,国乃灭亡。"当前中国多种价值碰撞,要勇于与各种错误思潮开展积极的思想斗争,把握多种价值的本质及其走向,着力加强社会主义核心价值观建设,引领中国价值的正确发展方向。在社会层面,要大力开展社会主义道德建设,积极开展社会主义法治与公民道德教育,造就风清气正的良好社会生态环境。多年来,宜昌市委市政府积极帮助宜昌人民发现自己身边的好人好事好思想,树立模范典型,推广先进事迹,积极开展各种形式的宣传宣讲活动,取得显著成效,先进经验值得推广。

第八章

国家治理现代化的生态意蕴

生态文明建设写进党的十八大报告,列为当代中国"五大建设"之一,标志着党的生态意识的革命性提升,意味着生态问题的时代性自觉。进一步的工作,是将这种意识转化为公众共识、有效政策和自觉行动,积极开展生态治理。加强生态治理,需要反思现代化进程中的生态文明关系,探寻兼顾回归与超越这双重价值的内在统一。

第一节 生态悖论与生态治理的价值取向[①]

党的十八大首次将生态文明建设写进大会报告,要求全党全社会树立一种尊重自然、爱护自然、保护自然、顺应自然的理念。但是这种观念能不能真正树立起来并转化为相关政策,成为全体民众的共识,尤其是转化为各界的自觉行动,则还有很多工作要做。其中最重要的思想前提就是要超越在生态问题上的认识误

---

① 本节内容由作者在中国社会科学高层论坛上的发言整理而成,发表于《天津社会科学》2014年第6期,略有删改。

区,推动诸多的观念变革和行为选择,探索在生态治理问题上回归与超越双重价值的内在统一。

一、生态文明建设的当代境遇

生态文明建设作为当代中国"五大建设"的重要内容已经家喻户晓,但综观生态治理和生态文明建设的现实情况,却很不乐观。在现实生活中,生态文明建设方面的事情,可以说存在"四多四少"。

第一,说得多,做得少。近年来,生态文明建设引起大家的广泛关注,尤其是成为各级领导的一个最容易得分的表态性话题。在公众场合不仅没有人会反对讲生态文明,而且大家在各种场合都会强调生态问题。表面看来,加强生态建设已成为社会各界的共同话题,好像是在口头上最无争议的最大公约数。但各级领导和各类企业到底在这方面做了多少实事,投入了多少人力、财力和物力,则很难说得清。不知不觉地把生态文明建设变成了一个比较虚空的话题,谁都可以说,但谁都不会认真去做;或者是说得很多,做得很少;尤其是真正有能力和权力去做点事而又真正想去做的人更少。

第二,希望别人做得多,自己实际做得少。总体上看,保护生态环境是一个需要巨大投入而又较少产出,需要付出极大努力而又较少收益,直接责任明显而效果间接,一家投入而大家受益的事。因此在生态和环境问题上,大家的普遍态度是,谁都希望有一个好的生态,希望自己能够享受一个好的环境,都希望别人不要去污染环境,但当要自己为环境问题做贡献和付出代价时,则犹豫彷徨,止步不前。生态利益的复杂性使得不同单位和个体对生态环境保护多呈现不同的态度,且有不同的行为选择。

第三,不知不觉中干坏事的多,自觉坚持不做坏事的少。中国当前严峻的自然生态和环境问题,是长期历史发展的产物,是全社会普遍不重视资源节约和环境保护的结果。这里既有认识失误而导致的宏观政策性失误,也有企业明知故犯而带来的严重后果。从宏观上看,我国在相当长的时期鼓励开荒种田,把山坡改为梯田,破坏了原生植被,造成巨大的水土流失,以及生态环境和土地资源的极大破坏。从微观来看,也有不少地区和企事业单位在狭隘利益激励下干出的种种坏事。受到狭隘的眼前利益驱动,企业在资源节约和环境保护方面积极主动、自觉参与的很少,大多数处于严重的被动状态,不被查不报告,不被管不投入,不被罚不改错;对于那些环境有害型产业,口头上谁都喊打,但由于利益相关,真打则很难。不少企业对自己可能造成的环境和生态恶果,心知肚明,但却装聋作哑,掩耳盗铃,甚至为了某些特殊利益而刻意掩盖。一些监管部门则为了一己私利视而不见,置若罔闻。除了传统的生态和环境污染问题,还有一些新型的现代污染,如光污染、噪声污染、电磁污染等正在不断蔓延。很多人不知不觉中在这方面做了坏事,而自觉坚持不做坏事的则很少。

第四,投入多,实效少。近年来从中央到地方都颇重视生态环境保护,投入巨资和力量加以整治,但由于缺少严格的制度性约束和有效的惩治措施,收到实效很少。生态治理的宣传力度没有实际的利益诉求大,生态治理的范围赶不上生态破坏的范围扩展,生态治理的速度赶不上环境污染和生态损毁的速度,生态治理的效果赶不上二次、三次污染和破坏,尤其重大生态和环境突发事件不断发生,严重威胁着人民群众的生命安全和社会稳定。

二、生态文明建设的前提性反思

何以出现上述诸多问题?从根本上说,在于环境与生态问题的复杂性。生态文明建设本身甚至在很大程度上就是一个悖论性的问题,需要我们从思想理论的高度来加以认识。

1. 概念辨析：生态与文明能否结合

生态就其本来含义讲就是自然状态，尤其是天然状态。自然生存状态，是地球生物圈中自然地生成和延续下来的，而"文明"则是要超越自然的。人类文明的发生就是人和社会作为一种文明形态从自然中间超拔出来的过程，是对社会和人的塑造过程。现在要把这两个相互背反的东西连在一起，其内涵需要深度研究。迄今为止国内外对生态文明的内涵有很多不同的看法，比如生态文明建设是不是要回到天然的自然？人化的自然以什么为目标？如何推动文明进步而又不失去生态自然？生态自然与人类文明应如何内在地结合起来？这些都需要专门研究。

2. 自然观角度：人在何种意义上既依赖于又超越于自然

从自然观的角度来看，人与自然到底是什么关系？过去我们一直讲人是万物之灵，通过长期的发展进化产生了人，但是现在看来人并没有脱离自然界而存在。人仍然深度地依赖于自然，我们要呼吸，要阳光，要雨露。在这种意义上，人到底在多大程度上应当和可以超越自然？人与自然的原初关系与发展方向如何？科学技术是人类为征服自然创造的重要成果与表征，从生态文明建设的角度应当如何评估它给人类发展带来的多方面影响？特别是在当今的经济社会环境下，科学技术在什么意义上带来的是社会正效应？这个问题非常复杂，需要进一步从人与自然关系的高度加以深入探讨。

3. 价值观角度：人类中心还是自然中心

在价值观层面，我们看到，多年来在生态问题上存在着两种主义的抗争。一种是人类中心主义，一种是反人类中心主义或者称为自然主义。这两种主义各执一端，争论不休，但其核心问题是，人类的活动尤其最终价值取向应该以自然为中心还是以人类为中心。人类保护自然环境到底是为了让自然界存在和发展得更好，还是为了人类自身存在和发展得更好？我们不太能够想象，人类创造美好的环境仅仅是为了让各种自然存在物，如植物、动物等生长得更好，更不能想象人类会为了动植物的存在而从根本上损害人类自身的生存和发展。如果仅仅是为了保护一些濒临灭绝的或者稀有的动物和植物，那当然是应该的和可以接受的，极而言之，如果要保护所有的动物和植物，那人类就几乎无法生存了。我们要努力保护和创造的环境是更适合非人的自然物存在还是更适合人的存在和发展？也许，人类永远不可能不从人类自身的生存和发展出发来思考和处理问题。因此，到底是人类中心主义与自然主义之争，还是狭隘的极端的人类中心主义与合理的适中的人类中心主义之争？抑或人在地球生物圈甚至宇宙中处于什么样的地位？仍值得深入探讨。

4. 发展观角度：投入与产出、速度与质量的两难是值得辨析的课题

从发展观的角度来看，生态的保护和生态文明建设面临一个直接而又现实的矛盾，即投入与产出、质量与速度的关系。生态保护往往需要较大的投入而获得较少的产出，由此可能影响到扩大再生产的规模和速度。为此有人把生态文明建设看作一种奢侈品，认为其投资与GDP的增长和经济发展速度不一定成正比，甚至在一定程度上事倍功半。尤其对于后发国家和地区而言，最直接的问题是速度慢、规模小，因此追求速度和效率是问题的关键。当前国内不少后发地区提出了建设资源节约型和环境友好型的"两型社会"发展目标，但在实践中效果并不明显，甚至缺少实际有效的措施，就是因为无法摆脱这样的矛盾与问题。科学发展观要求全面协调可持续方面，但从各个局部来看往往很难落实。资源破坏和环境污染的效应往往是全局性和长远性的，而局部和眼前的经济物质利益则是直接的和现实的。在世界范围内后发国家正

在走发达国家已经走过的先污染后治理的老路,而在中国,后发的中西部地区也正在走着东南沿海的老路。实现"两型社会"目标有没有超越之路?仍需要我们进行探索。

5. 消费观角度:何为现代化,何为幸福

从消费观来看,生态文明是一种传统文明还是现代文明?现代化的生产要求与之相适应的现代性消费,这种消费的本质是以人的舒适和幸福为目的。那么,在现代化进程中,到底是以回到田园风光、自然村落为美,还是以高楼大厦、大都市为美?现代化是让我们的生活远离自然界,还是回归自然界?现代化的发展要求鼓励消费还是限制消费?从人的角度来看,到底什么是幸福呢?是过现代化的生活幸福,还是自然生存状态的生活更幸福?简朴生活幸福,还是奢华生活幸福?现在我们提出扩大内需,由投资拉动增长转变为消费促进增长,这与我们所强调的自然生态和低碳生活很明显并非一致,甚至相互间会有冲突,无疑这也需要进行新的探讨。

6. 人性观角度:利益与道义何者优先

从人性观审视生态文明,需要反省对于人性的假设,即人们能否禁得住价值和利益的诱惑。传统的"经济人"假设认为人是自私的和唯利是图的。在市场经济条件下,企业把利益最大化作为自己的价值追求这似乎无可厚非,相应地,在利益的刺激与诱惑面前道义的力量显得格外脆弱。这里引出的问题是,人们追求自己利益的最大化在什么意义上是必要的和合理的?我们通常所说的全局利益和长远利益如何与局部利益、眼前利益内在协调?尤其是在干部任期制的条件下,当生态文明的价值更多的是与全局和长远利益相关,而局部利益和眼前利益则直接影响干部们的升迁去留时,如何让他们自觉地超越眼前利益去关注全局,关注长远?这些问题亟待人们关注和探讨。

三、回归与超越生态治理的双重价值取向

1. 把握生态与文明的内在统一

"生态"的本来含义是指生命的自然状态,从严格意义上说是自然界的天然状态,甚至是原初的自然生存状态。它是地球生物圈中依据自然环境条件自然而然地发生、繁衍和发展起来的,不同的自然物种在生物链中按照自然规律生存和发展,其中起主导性作用的规律是优胜劣汰、物竞天择。达尔文进化论的意义正在于揭示了其中的运行规律。而"文明"是专属于人和人类社会的,其本来含义是要超越自然状态,进入人为和人化的更高境界。人类文明的发生过程,就是人和社会作为一种特殊的存在方式和文明形态从自然界超拔出来的过程,是对社会和人的塑造过程。人在机体结构与精神功能上不断进化,人的衣食住行越来越成为文化的创造,它们构成了人类文明的丰富内容。人类文明就其存在形态和发展趋势而言,与自然界越来越远,其中起主导作用的是利益原则和价值规律。在这个意义上,把生态与文明结合起来,给我们提出的问题是,何为生态文明,它是一种自然文明,还是一种社会文明?通过生态文明建设,究竟是要一种天然的文明还是人化的文明?很明显,生态文明的首要特征是对于生态价值的重视与呼唤,要求我们在发展人类文明的同时高度重视生态的价值和意义。在作者看来,生态文明概念的提出,意味着对人与自然关系的一种全新理解,这里需要一种全新的观念和方法,在新的思想和时代高度上探析生态与文明的时代性统一。

2. 反思现代化进程中生态与文明的关系

生态与文明的关系在人类社会发展的不同时期具有不同的关系状态和模式。在农耕社会,人类的生存与发展在很大程度上依

赖于自然界的生产与再生产,自然生态在很大程度上仍然是人类文明的基础,自然规律支配着社会运行的规律,自然界和自然规律对于人类的基础性地位没有受到根本性的破坏。

近代以来,随着人类现代化进程的快速推进,借助于现代科学和技术手段,尤其是依靠大工业的强大力量,人类展示出近乎无限的征服自然和改造自然的能力,自然界前所未有地被人化和社会化了。自然规律对于人的约束变得不那么重要甚至显得微不足道,人们运用技术的力量创造出更加适合自己生存发展的大环境(如水库)、小环境(如空调)、新物资(如化肥、农药)、新物种(如转基因食品)、新能源(如核能)等,改变着自然界的存在状态,创造了巨大的物质财富,取得了巨大的成就,但却破坏了自然界和生物链的平衡态,造成了对自然资源、生态环境的极大破坏,摧毁着人类文明的自然基础。于是自然成为人类和社会文明的附庸,生态与文明不再相容,甚至严重对立,最终的危险是人类失去了自己赖以生存和发展的基础。为此,反思生态文明,就是要反思现代化的理论与实践,尤其是现代化所秉持的人与自然的观念。

3. 我国生态文明建设的回归与超越

改革开放以来,我们通过学习和运用现代科学技术,发展市场经济,极大地推动了中国的经济发展,创造出了巨量的物质财富,2010年在经济总量上成为世界第二大经济体。但总体上看,我们取得的一些进步是靠过量的资源和能源消耗获得的。有人统计,中国GDP的增长是通过大大超出世界平均资源和能源消耗换来的,这对于一个人均资源和能源相对匮乏的大国而言,无疑是一个严峻的挑战,阻碍着中国社会的可持续发展。与此同时,由于缺乏对自然的应有尊重和保护,我们在不长的时间里使自然生态链和自然环境遭受了极大的破坏,危及中华民族自身生存的自然基础。正是在上述背景下,中国共产党把生态文明建设作为一项国家战略提出来,号召全社会积极开展生态治理。

生态治理,直接看来是在治理自然环境,其实是在调适人的观念,制定科学的政策,管控人的行为,为此我们必须树立正确的价值导向,必须将党和政府的生态意识和生态自觉转化为公众共识、有效政策和自觉行动,转化为生态治理的政策体系和行动方案。从宏观上看,当代中国的生态治理必须在回归和超越双重价值取向上努力,以促进中华文明的健康有序和可持续发展。

所谓回归,就是要回到人与自然和谐相处的基本理念。要看到自然界是人永远无法摆脱的自然物质基础,自然规律仍然是从根本上制约着人的生存、活动和发展的规律,自然资源仍然是人类不可或缺而又极为有限的珍稀资源;人仍然是自然界的一部分,仍然要依赖于自然界而生存和发展。因此,尊重自然就是珍惜人类生存发展的基础,顺应自然就是遵循自然生存发展的规律,保护自然就是保护人类发展的可能性空间。回归到人与自然的和谐相处是人类必须遵循的根本原则。

所谓超越,就是要积极探索新型现代化发展道路,创造新型中华现代文明。新型现代化不是以伤害和破坏自然界为前提,而是在尊重、顺应和保护自然的前提下展开,把生态文明建设放在突出地位,融入经济建设、政治建设、文化建设、社会建设各方面和全过程,努力探索绿色发展、循环发展、低碳发展之路,形成节约资源和保护环境的空间格局、产业结构、生产方式、生活方式,走新型工业化、农业现代化和新型城镇化之路,努力建设资源节约型和环境友好型社会。

正是在回归与超越的有机统一中,我们才能既最大限度地保护生态环境和自然资源,又能促进中国特色社会主义现代化迅速发展,促进经济社会和文明进步,努力建设美丽中国,实现中华民族永续发展。

四、协同推进长江经济带发展和长江生态保护

我们中华民族的母亲河长江承载着特殊的生态责任与文化使命,也是中华民族发展的重要支撑。湖北天门石家河文化遗址是我国长江中游地区迄今发现分布面积最大、保存最为完整的新石器时代聚落遗址。该遗址群的文化遗存从相当于大溪文化阶段开始,经屈家岭文化至石家河文化,形成了一个基本连续发展的过程。对其的科学解读将极大展示湖北在中华文化中的地位和中华文化在人类文明中的地位。

推动长江经济带发展必须从中华民族长远利益考虑,走生态优先、绿色发展之路,使绿水青山产生巨大的生态效益、经济效益、社会效益,使母亲河永葆生机活力。但目前长江经济带绿色发展面临问题十分严峻,具体表现为:水利资源过度开发;生态环境严重恶化;开发与保护缺乏统筹;法律与制度缺乏约束。

我们应协同推进长江经济带发展和长江生态保护。坚持以下基本原则:要有历史视野;遵循自然规律;坚持科学精神;运用系统思维。在具体工作中,还要加强研究,理清思路;科学测算,摸清家底;系统规划,协同治理;产业转型,节水减排;追究责任,赏罚分明。同时,应尽快制定《长江法》,成立"长江流域发展和生态保护委员会",建立全流域水质监测系统,实行最严格的水段责任制。

以绿色发展与国家治理联系起来,就其底线是要呼唤全国各地和世界各国都能节约资源、珍惜能源、爱护环境,珍爱和保护我们赖以生存的地球生命圈,就其高端则是要以绿色发展引领中国和人类文明发展的方向,并使绿色成为中国和人类文明未来形态的真正主色调。长江作为中华民族的母亲河,应当永葆生机与活力,成为绿色文明的重要载体,为中华民族伟大复兴与常驻久安做出重大贡献!

第二节　开展绿色 GDP 绩效评估指引绿色发展[①]

为贯彻绿色发展理念,落实习近平总书记"绿水青山就是金山银山"的科学论断,华中科技大学国家治理研究院绿色 GDP 绩效评估课题组与《中国社会科学》编辑部、中国社会科学出版社联合发布了《中国绿色 GDP 绩效评估报告（2017 年全国卷）》。为何要开展绿色 GDP 绩效评估？对地方推进绿色发展有哪些重要意义？绿色 GDP 绩效评估得出什么重要结论？全国 31 个省（市、自治区）绿色发展前景是否乐观？以下为作者受邀《中国环境报》的采访实录。

一、开展绿色 GDP 绩效评估的重要意义

中国环境报：为什么要开展绿色 GDP 绩效评估？这项研究有什么重要意义？

欧阳康：人类社会进入现当代以来,传统工业文明对生态环境的破坏日渐显现。中国在追赶世界现代化的进程中,也不可避免地遭遇了经济增长的生态魔咒。曾经在发达资本主义国家出现过的生态危机,在中国也有所显现。

在这种背景下,以习近平同志为核心的党中央提出绿色发展理念,意义重大,影响深远。绿色 GDP 绩效评估就是要积极响应习近平总书记"绿水青山就是金山银山"的科学论断,确立绿色发展战略地位,探索其科学合理的有效抓手和实现途径。

[①] 本节内容为作者受邀《中国环境报》的采访实录整理而成,发表于 2017 年 11 月 13 日《中国环境报》。

《中国绿色 GDP 绩效评估报告(2017 年全国卷)》不同于以往采用 GDP、人均 GDP 或者任一个单一指标来评价某一地方经济社会发展水平的做法,而是通过综合运用 GDP、人均 GDP、绿色 GDP、人均绿色 GDP、绿色发展绩效指数 5 个指标,全面科学评估各省(市、自治区)经济发展实际情况,尤其是资源、能源、环境消耗情况和投入产出比例,盘点当前中国绿色发展实际情况,为当代中国经济发展和产业结构转型提供科学依据。

通过这种高度综合性的极限评估,可以帮助我们发现评估对象在经济、社会、生态发展中的各种问题,并对地方政府宏观经济决策、产业调整、发展模式、发展规划等问题提出针对性的绿色发展决策建议。

开展绿色 GDP 绩效评估,对加速确立绿色 GDP 绩效在我国经济社会发展中的价值导向,强化绿色文明在中国经济社会未来发展中的引领作用具有重要推进作用。此外,绿色 GDP 绩效评估还为以绿色文明引领国家治理体系和治理能力现代化,探索中国特色的绿色发展道路,为世界文明健康发展贡献中国方案提供了重要的科学数据和理论支撑。

二、绿色 GDP 绩效评估的基本结论

中国环境报:此次对各地开展的绿色 GDP 绩效评估,都得出了哪些基本结论?

欧阳康:这个报告利用 37 个分析图和 38 个数据表客观呈现了全国内陆 31 个省(市、自治区)2014 年、2015 年的 GDP、人均 GDP、绿色 GDP、人均绿色 GDP、绿色发展绩效指数 5 个指标的年度变化情况,并形成 3 个基本结论。

第一,全国 31 个省(市、自治区)的绿色发展绩效指数、绿色 GDP、人均绿色 GDP,均有不同程度提升,其绿色发展前景乐观。

根据课题组的测算,2014 年全国内陆 31 个省(市、自治区)的

绿色发展绩效指数平均值为 86.85,2015 年提升至 88.90,增幅达 2.36%。2014 年全国内陆 31 个省(市、自治区)的绿色 GDP 平均值为 19597.51 亿元,2015 年提升至 21100.12 亿元,增幅达 7.67%。2014 年全国内陆 31 个省(市、自治区)的人均绿色 GDP 平均值为 44424.04 元,2015 年提升至 47531.58 元,增幅达 7.00%。

第二,部分省(市、自治区)的绿色发展绩效指数、绿色 GDP、人均绿色 GDP 三项指标,均开始超越本地区的 GDP、人均 GDP 传统评价指标,发展态势良好。

根据课题组的测算,与 2014 年相比,2015 年全国内陆 31 个省(市、自治区)的绿色 GDP 平均增速达到 7.88%,增幅超越 GDP 平均增幅 2.62%;全国人均绿色 GDP 平均增速达到 7.17%,增幅超越人均 GDP 平均增幅 2.31%。这意味着全国内陆 31 个省(市、自治区)中大部分已开始从根本上转变经济发展方式。

第三,极少部分省(市、自治区)在绿色发展方面仍然存在一些问题,其绿色 GDP、人均绿色 GDP 增幅明显低于其 GDP、人均 GDP 增幅。这些省份的 GDP 增量中,绝大部分或者主要经济贡献仍来自原有发展方式,应当引起特别关注和重视,加强产业结构调整,加快转变经济发展方式。

三、绿色 GDP 绩效评估推动绿色发展

开展绿色 GDP 绩效评估有哪些作用?对当地推进绿色发展提供精准建议。

中国环境报:课题组研究的是绿色 GDP 绩效,这与之前一些地方研究探索的绿色 GDP 有何不同?

欧阳康:一些国家和地区近一个世纪以来建立的 GDP 核算体系,为我们提供了重要的理论基础和经验借鉴。尤其是 20 世纪 90 年代以来,世界各国各地区对绿色 GDP 核算的理论和实践探

索,使人们逐步认识,仅仅以 GDP 来指引经济社会发展已经暴露出种种弊端,亟待修正以 GDP 为核心的经济社会评价体系。然而,据我们所知,目前世界各国各地区都还仅仅将绿色 GDP 的研究视野停留在国民经济核算的范围内,还陷入了测算模型、资源定价等细节问题的纠缠中。

我们认为,要做出精确的绿色 GDP 核算确实是一件十分困难的事情。但如果从宏观、系统的视角来审视绿色 GDP 就会发现,其实影响绿色 GDP 测算结果的有很多因素,而其中一些因素对绿色 GDP 的测算结果并不产生较大影响,甚至可以忽略。

当我们还不能对其进行十分精准的计算时,我们可以构建一种理论模型和算法,对其绩效即最终结果展开绝对值和相对值的测算。进一步,可以推论不同地区、行业、产业对当地绿色发展的影响,进而对当地推进绿色发展提供精准的建议。

1. 绿色 GDP 绩效评估与绿色 GDP 核算

中国环境报:怎样理解绿色 GDP 绩效评估和绿色 GDP 核算之间的关系?

欧阳康:课题组所涉及的绿色 GDP 绩效评估,意图在经济学、统计学、政治学、生态学等多学科视野下,建构基于绿色 GDP 的发展绩效评估理论模型,客观描述评估对象的绿色发展现状。

主要目标在于通过绿色 GDP 绩效评估,实现对不同评估对象绿色发展现状的有效区分和科学比较,为地方政府提供理论参考和现实依据。鼓励先进,督促后进,有效推动不同地区的绿色发展。同时,通过比较分析和科学论断,帮助评估对象寻找最适合自身实际的绿色发展模式。

绿色 GDP 绩效评估既不同于传统的绿色 GDP 核算,更不是要去替代绿色 GDP 核算、绿色发展绩效指数等相关研究,而是要探索绿色发展、绿色 GDP 研究的新思路,推进绿色发展研究,并以这种研究为不同地区的绿色发展找到科学、可行的指导理论。

2. 绿色 GDP 绩效评估报告的特点

中国环境报:《中国绿色 GDP 绩效评估报告(2017 年全国卷)》有什么特点?

欧阳康:这个报告是课题组历经 3 年多时间研究的阶段性成果。课题组采用大数据挖掘等方法,结合我国相关统计学、能源学、生态学等学科的研究成果对自然资源的分类办法,以及我国长期形成的、可供采用的统计学实践数据,构建了基础数据统计与评价指标体系,即由 3 个一级指标、11 个二级指标、52 个三级指标构成的统计与评价指标体系。

同时,还构建了 GDP 增长中各种损耗的 45 个分行业统计与评价指标体系,然后对 GDP 增长中的各种损耗进行分行业地统计与评价,从而构建出新的矩阵型二维指标体系。充分改进了以往绿色 GDP 算法中资源耗减和生态损耗的指向性,并在此基础上采集到全国内陆 31 个省(市、自治区)2014 年、2015 年,45 个不同行业的能源消耗、环境损失、生态损耗等共计 682 个有效数据。为保证大量数据处理的科学性,课题组专门研发了绿色发展科研平台用于处理这些数据。

3. 绿色 GDP 绩效评估开展的难点

中国环境报:开展绿色 GDP 绩效评估有哪些难点?

欧阳康:在绿色 GDP 基本算法模型中,从实物量到价值量的换算一直是绿色 GDP 核算与绩效评估的难点。在本次研究中,经过反复研讨,课题组最终采用了市场价格法实现实物量到价值量的换算。但这种方法仍然存在资源定价难以达成共识的诟病。

为保证研究结果的客观性,研究中所涉及任何自然资源、环境损失、生态损失的定价都采用了国家发改委等权威机构及出版物公开发布的数据进行测算。这既与 GDP 本身的测算策略保持了相对一致,又用同一个尺度来评价不同对象,最大限度保证了结果的科学性、公平性。

四、绿色GDP绩效评估研究推进建议

中国环境报：根据已有研究，您对继续推进绿色GDP绩效评估研究，服务绿色发展、国家治理和全球治理有何建议？

欧阳康：坦率地讲，课题组已经发布的3个研究报告还只是我们的阶段性成果。我们也在积极寻求多方面的合作，期待有更多的有志之士加入，共同为我国的绿色发展和国家治理现代化做出应有贡献，也希望与国际上相关机构和有识之士合作。

绿色GDP研究，几乎是当今世界各国政府、科学家都在投入大量精力展开研究的世界性课题。我国在此领域一度进展缓慢，既有投入不够的原因，也有统计口径和计算方式的困难，还有地方政府观念转变的原因等。

不管如何，我们的态度是不忘初心，继续前进。因为这件事情对国家、社会和我们每个人而言都是百利而无一害的。尤其对于我国这个后发国家，如果不解决好绿色发展的国家治理问题，就难以实现中国社会发展对西方社会的中国式弯道超越，难以真正引领世界发展，难以成为真正意义上的世界强国。

我们认为，绿色发展理念是以习近平同志为核心的党中央对人类社会历史发展规律的深刻把握，是中国特色社会主义理论乃至人类文明发展理论的重大创新。如何加速绿色发展理念的落地，促进其生根发芽，是当前我国贯彻落实绿色发展理念中亟待解决的重大理论与现实问题。

绿色GDP绩效评估是贯彻落实绿色发展的重要抓手，已经时不我待。各级政府必须用科学数据说话，将绿色发展的目标、任务层层压实，步步推进，才能引领国家治理现代化，使中国实现21世纪的弯道超越，加速人类社会步入绿色发展的历史进程。

第三节 绿色 GDP 绩效评估论要：
　　　　缘起、路径与价值[①]

绿色发展是党中央新一届领导集体科学把握人类社会历史发展规律，深刻体现中国特色社会主义价值取向的新理念、新思想、新战略。当前，全国上下对绿色发展的理念认同已经深入人心，相关制度建设、政策传播等工作有序展开，成就显著。然而，绿色发展到了什么程度、现状如何以及我们如何认清各地绿色发展的复杂现实，有针对性地为下一步的发展规划做出决策，就成为当前我国绿色发展面临的重大问题。所谓绿色 GDP 绩效评估，即要在管理学、政治学等跨学科视野下，借鉴环境经济学、生态学等多学科成果，构建科学合理的绿色 GDP 绩效评估指标体系，利用实证数据，科学描绘评估对象的实际情况，然后利用这些数据对各地的绿色发展现状，开展精准诊断，服务地方和国家的治理、决策。

一、绿色 GDP 绩效评估的缘起

近一个世纪来，尤其是第二次世界大战之后，世界各国在GDP 指引下获得高速经济增长的同时，也逐渐认识到 GDP 在指引人类社会发展上的内在局限。这些局限所带来的生态危机，政绩观、发展观、价值观扭曲，治理策略失效等后果，已经直接影响到一个民族的政治稳定、国家安全、人类命运。诺贝尔经济学奖获得者约瑟夫·斯蒂格利茨（Joseph E. Stiglitz）、阿玛蒂亚·森（Amartya K. Sen）在分析 GDP 的局限性与 2008 年世界金融危机

[①] 本节内容发表于《华中科技大学学报（社会科学版）》2017 年总第 31 卷第 6 期，略有删改。

之间的关系时认为:"在 2004 年至 2007 年期间,表面上辉煌的世界经济增长表现是以损害未来增长为代价实现的……不过,如果我们更了解常用衡量标准,比如 GDP 的局限性,那我们可能就不会对危机发生前几年的经济表现感到那么兴奋了。"①英国经济学家海兹尔·哈德尔森(Hazel Henderson)在论证了增长经济学的前提假设后,甚至认为:"既然增长经济学所依赖的假设是错误的,那么,传统经济学衡量'进步'的指标,客气些讲是有限的,说得不好听,简直是骗人,这一点是不足为奇的。这些指标的魁首就是国民生产总值或 GDP。"②另一些较为温和的经济学家在指出 GDP 的局限时,还提出了修正 GDP 的任务。美国经济学家本·伯南克(Ben S. Bernanke)认为:"实际 GDP 与经济福利并不等价。它最多也只是衡量经济福利的一个重要指标,这在很大程度上是因为它只包括那些通过市场定价并出售的产品和服务。还有很多经济福利做出贡献的因素没有在市场上定价和出售,因此在 GDP 计算过程中,这些因素大部分甚至完全被忽略了。"③伯南克所指的这些因素其中就包括了 GDP 增长中的生态环境等损耗。

改革开放以来,作为经济社会发展评价指标的 GDP 逐渐被我国人民所熟知。随着我国 GDP 数值的增长,能源消耗也快速递增,这种发展态势给生态环境带来了严重压力。据统计,在过去 GDP 高增长的几十年间,我国土地荒漠化每年增加 2460 平方公里,1/4 人口失去干净的饮用水,1/3 的城市人口不得不呼吸被污染的空气。除此之外,一些利于 GDP 增长却高污染、高能耗的产业始终难以淡出各地的产业结构,由此造成我国各地高经济增长与生态环境承载力之间的激烈矛盾、冲突。根据刚刚公布的《2016

---

① [美]约瑟夫·斯蒂格利茨.对我们生活的误测:为什么 GDP 增长不等于社会进步[M].阮江平,等,译.北京:新华出版社,2011:37-38.
② [英]P.伊金斯.生存经济学[M].赵景柱,等,译.合肥:中国科学技术大学出版社,1991:29.
③ [美]罗伯特·弗兰克,[美]本·伯南克.宏观经济学原理[M].李明志,译.北京:清华大学出版社,2010:102-103.

年国民经济和社会发展统计公报》显示,在监测的338个城市中,空气质量达标的城市占24.9%,未达标的城市占75.1%。日益逼近的生态红线迫使我们不得不再度认真、深入地思考以GDP为核心的评价指标到底是否合适。十几年前,时任浙江省委书记的习近平同志就指出:"我们已进入新的发展阶段,现在的发展不仅仅是为了解决温饱,而是为了加快全面建设小康社会、提前基本实现现代化;不能光追求速度,而应该追求速度、质量、效益的统一;不能盲目发展,污染环境,给后人留下沉重负担,而要按照统筹人与自然和谐发展的要求,做好人口、资源、环境工作。为此,我们既要GDP,又要绿色GDP。"①

　　改变以GDP为核心的评价体系,并不意味着就要放弃GDP。GDP对经济社会发展的指挥棒作用并未完全消失,也不可能彻底淡出历史。利用GDP监测、评价经济社会发展状态,检验宏观经济政策的科学性和有效性,分析宏观经济的水平变化和发展趋势,指引经济社会发展规划,制定全球治理的行为规则,仍有其积极的意义,其作用也是显而易见的。当前我国正处于社会主义初级阶段,完全放弃原有以GDP为核心的经济社会评价体系,既不现实,也不能更好地完成当前一个相当长的历史时期的阶段性发展任务。因此,对原有以GDP为核心的经济社会评价体系进行必要的修正、完善,构建以"绿色GDP"为核心的经济社会评价体系,既保留GDP的已有优势,又引入新的元素修正其不足,才是最现实、最有可能被各方所接受、最符合我国现阶段国情的必要之举。将"绿色"与"GDP"结合起来开展经济社会发展的评价就成为一种理论与现实发展的理性选择。

　　如何将"绿色"与"GDP"结合起来?20世纪90年代的"绿色GDP"已经是一个大家所熟知的概念。墨西哥、挪威、瑞典、澳大利亚等国家都纷纷围绕"绿色GDP"展开了深入的理论与实践探索。

---

① 习近平.之江新语[M].杭州:浙江人民出版社,2007:45.

我国政府和学者也在积极探索,但已有理论与实践研究都未能走出国民经济核算的思维框架。现阶段,如果还是用传统的"核算"思维来处理绿色GDP的问题可能已经不现实。最根本的问题在于,追求核算结果的绝对精确性与核算所涉及的对象、方法等方面的复杂性之间似乎具有暂时不可调和的局限与矛盾。最近几十年,各国科学家对绿色GDP核算结果的探索,几乎都印证了这一点,即如果期待穷尽核算之后的精确数值,或许只是一种理想。换一种思路,根据理论与实践中对"绿色GDP"科学内涵的已有理论与实践共识,选取影响绿色GDP和生态环境损失的因素,作为评价指标,进而采用一种"绩效评估"的思路,根据现有的统计学实践,倒是既可以反映现实状况,又能对未来发展有所指引,这就是"绿色GDP绩效评估"。在这个意义上,绿色GDP绩效评估既追求"GDP",又体现"绿色",是兼具"理想"与"现实"的必然产物。

二、绿色GDP绩效评估的路径

向绿色GDP结果的绝对精确性做出理性妥协,并不意味着就放弃绿色GDP核算,更不意味着应该放弃绿色核算研究。"绿色国民经济核算研究的时间短,基础更差,更需要逐步完善。不能因为技术方法和统计制度的不成熟就停滞不前,不研究绿色GDP核算体系。更不能因为国际上没有核算标准我们就不搞绿色GDP核算,研究本身就是一种探索。"[①]反而,绿色GDP绩效评估是要利用统计学、计量经济学、环境经济学的已有核算方法,以及对有关影响绿色GDP结果的定量分析模型作为基础和借鉴。但是,绿色GDP绩效评估又不能局限于这些"绿色GDP核算"的数理分析,还需要从政治学、管理学等学科加以考察,从而以复杂性思维处理经济与生态、社会的系统问题。因此,绿色GDP绩效评估在

---

① 王金南.关于绿色GDP核算问题的再认识[J].环境经济,2007(9):21.

其本质上首先是一种跨学科视野的研究与探索,它所采用的方法也必然是多学科的。

开展绿色GDP绩效评估的关键在于评估指标的选取。所谓指标,即为衡量对象的单位或方法。评价指标的选取主要有定性和定量两类基本方法。定性指标的量化处理一般可以采用直接评分法、分解合一法、模糊统计法、两两比较评分法、分类统计法、专家评分法、定性排序法和尺度评分法等。[1] 在过去的研究中,采用经验来构建评价指标体系十分常见。这类方法一般是由研究者根据目的性、全面性、系统性、可行性等几个主观原则,结合已有理论和实践经验,确定一套指标体系,甚至会加权处理各个指标,然后得出一个评价结果。无论是这类方法所涉及的"经验"还是"加权",都使得这类方法具有较大的随意性,其评价结果带来的争议也比较多。为了尽可能避开这种主观性的干扰,构建绿色GDP绩效评估指标体系的理论基础,可以直指概念本身,以"绿色GDP"的概念内涵为基础而展开,构建与之相应的指标体系。之所以这样处理,是由"概念"本身的基本属性决定的,这恰恰是许多研究者容易忽视的"路标"。

所谓概念,康德认为:"通过理性形成的表象是概念……一般的表象是概念,概念是一般的表象。"[2]因此,概念是具有内容的,这个内容就是概念本身的所指。根据概念的这种所指,我们就可以找到指标选取的最初源头。如果我们将所有涉及绿色GDP的指标定为n个指标,在无法穷尽目标指标的情况下,则可以基于数理统计学方法,通过判别分析、聚类分析等方法,筛选、选取具有代表性的指标。除此之外,我们还可以通过先行假定指标,并通过分析不同指标之间的因果关系,来确认最相关、最具因果性的指标,并据此构成多级、综合性的指标体系。这是绿色GDP绩效评估从

---

[1] 苏为华.多指标综合评价理论与方法研究[M].北京:中国物价出版社,2001.
[2] [德]康德.逻辑学讲义[M].许景行,译.北京:商务印书馆,2011:201.

定性指标到定量分析转变的关键之链。根据统计指标计算的结果必然是一种具有"绝对性"的数理统计结果。仅仅有这种结果并不能看到绿色 GDP 的效率，或者说相对情况。考虑到在实际发展过程中，不同地区的经济规模、人口数量等不同差异，则需要进一步通过比较的方法，分析不同地区绿色 GDP 的"相对"效率。美国统计学家罗伯特·查多克（Robert E. Chaddock）、威廉·洛维奇（William V. Lovlitt）和亨利·霍尔齐劳（Henry F. Holtzelaw）认为，指数法是统计学的杰作。西方指数理论的发展为我们进一步从相对角度看绿色 GDP 的绩效提供了解决这个问题的理论路径，它可以与"绝对值"统计结果形成呼应，有效弥补其不足。因此，较为理想的绿色 GDP 绩效评估结果应该是"绝对值"与"相对值"的共同表述。

与任何一种评价指标体系一样，我们并不可能构造出一劳永逸的发展绩效的测度方法和体系。不断完善、修正这种评价体系既是科学评价的必要，更是实践发展的必要。从已有有关绿色 GDP 的研究来看，绿色 GDP 仍是有待深入研究、逐渐成熟的课题。在其实践中，大多数国家仍停留在生态资源、能源损耗等指标的实物量统计阶段。这表明，绿色 GDP 绩效评估仍存有很大的研究空间。它的发展需要在更为广阔的理论和实践视野下，采用多种方法，从指标选取、数据采集、理论分析等多个环节展开并逐步深入、层层递进，才可能实现预期的研究目标。因此，绿色 GDP 绩效评估并不是绿色 GDP 核算的替代品，也不是一种纯粹管理学意义上的理论研究，而是一种文理综合、新的跨学科研究。它所开辟的不仅是有关绿色发展研究的一片新天地，而是提供与绿色 GDP 核算、绿色发展绩效指数等已有探索相互借鉴、相互促进的研究路径。

过去的几年间，本课题组在上述基本思想的指引下，依据最严格意义上的"绿色 GDP"定义，创新性地构建了新的"矩阵型"二维绿色 GDP 绩效评估指标体系，在中共湖北省委、湖北省人民政府、湖北省统计局、环保厅等单位的大力支持下，采集到了湖北省 17 个地区 2008 年到 2014 年间，39 个不同行业的能源消耗、环境损失、生态损耗等，共计 418710 个有效数据，利用自主研发的"绿色发展大数据分析平台"，开展了省级绿色 GDP 绩效评估，全面展现了 2014 年湖北省 17 个地区 GDP、人均 GDP、绿色 GDP、人均绿色 GDP、绿色发展绩效指数 5 个基本维度的不同排名情况。同时，研究结果还利用 17 个分析图、17 个数据表，客观呈现了湖北省 17 个地区从 2008 年至 2014 年间 GDP、人均 GDP、绿色 GDP、人均绿色 GDP、绿色发展绩效指数 5 个基本维度的年度变化情况[1]。研究表明，课题组提出的新思路和新方法非常直观地反映了被评估地区在产业结构、规划布局等影响绿色 GDP 绩效的多个治理误区，并在地方领导干部政绩考核等问题上提交了政策建议，为政府决策和发展提供了重要理论参照，已经初步展现出绿色 GDP 绩效评估的理论与实践价值。

三、绿色 GDP 绩效评估的价值

绿色 GDP 绩效评估的首要价值是对各地的绿色发展实现精准指引。"发展"具有一定的内在规定性，它是现时空迈向未来时空的历史进程。因此，处于发展进程的任何人都需要通过一定方式展望未来，从而尽可能在未来实现预期目标。通常，各国、各地政府都会确定在未来希望实现的经济增长、生态环境目标，如更加可持续的发展方式或者生产、生活方式，根据这些目标，为识别具体的空气质量、经济行业规模调整等问题提供更为详细的规划。绿色 GDP 绩效评估则延续了 GDP 在测度经济发展的合理性和可持续性方面的监测作用，强化了 GDP 指标对资源利用效率的引

---

[1] 其详细的研究报告内容可与作者担任组长的华中科技大学国家治理研究院"绿色 GDP 绩效评估跨学科研究课题组"联系。

导,从而促进可持续发展、绿色发展的实现。通过绿色 GDP 绩效评估,可以为可持续的经济发展道路提供多种可选情景,并通过对一定时间内绿色 GDP 绩效评估结果的动态分析,为发展规划者提供实现绿色发展的过渡路线。一旦确定了这种长远的发展路径,并知晓了当时的状况,基于绿色 GDP 绩效评估的政策制定就是最好的政策分析工具。这种分析可以为政策制定者提供多种政策选项,并提供多种可能的发展结果预测。由此确定的政策模型还可以用来检测各种与绿色 GDP 相关的税收、可交易许可或者污染排放的经济意义、发展意义,以及宏观经济政策对生态环境的动态影响等,它的政策蕴涵具有多重重大意义。

绿色 GDP 绩效评估可以成为中国推进国家治理体系和治理能力现代化的重要引擎之一。我国的国家治理体系是在中国共产党领导下建立的经济、政治、文化、社会、生态文明和党的建设等各个领域的体制机制、法律法规等一系列中国特色社会主义制度。治理能力则是运用这些制度实现国家发展目标的能力。实现国家治理体系和治理能力的现代化内在地包含了对国家治理体系、国家治理能力的现代化实现方式、途径等方面的重构与再造。绿色 GDP 绩效评估最直接的应用则是将其结果引入现行领导干部的政绩考评中。它在快速改变地方领导干部不惜牺牲生态环境为代价而单纯追求 GDP 规模方面,形成新的经济社会发展指挥棒,将极大地激发政府和各经济主体对生态环境保护的内在积极性和发展活力。同时,绿色 GDP 绩效评估还会促使国家治理中统计制度、生态环境数据确权、污染排放制度、绿色发展绩效评审等一系列制度改革。这种改革又将倒逼国家治理的各个环节快速引入大数据、人工智能等现代化的治理工具,迫使国家治理各层面的各类决策都不得不从传统的"经验决策"加速转向综合的"精准决策",从而快速提升国家治理的现代化水平和能力。这种国家治理体系与治理能力的良性互动,将会深刻地影响中国未来的国家治理模式与路径,影响中国在全球治理中的身份选择。

绿色 GDP 绩效评估还可以在推进全球治理、重塑人类命运共同体、完善中国的国家形象方面做出更加积极的贡献。"要提高全球治理的质量,最为需要的就是共同信守全体人类共同接受的价值。"[①]和平、增长、改革、文明仍然是全球治理中在这个时代无法回避的共同追求。追求可持续发展,维护子孙后代的发展利益,则是不同国家和地区的共同愿望,是当代全球治理中最大的价值共识。绿色 GDP 绩效评估以"绿色 GDP"这一国际话语为切入点,撬动全世界对中国形象、中国未来的思考。中国在过去半个世纪以来的发展,尤其是最近四十年的发展,对生态资源的消耗让西方国家似乎看到了过去他们在现代化进程中的影子。据此,西方发达国家可以非常容易地采取各种措施来实现他们在全球发展中的政策调整和战略规划。有学者认为,"绿色 GDP"本身是一个舶来品,这种中国语境下的"俗称"看起来并不严谨。这恰恰是"绿色 GDP"这个概念的优势,它融通了中西话语共识,继承了 GDP 在传统经济社会评价上的经验积累和理论深度,却又很好地弥补了 GDP 的现实不足。更重要的是,由此延伸的概念、命题、理论突破性成就,将有助我国从实践、理论两个基本层面快速获取绿色发展的世界话语权,引领全球治理走向新的阶段。这也正是绿色 GDP 的理论研究虽然艰难,但从未被西方现代化程度较高的国家所抛弃的重要原因。因为这是未来全球治理话语权的制高点和趋势,即使是发达国家也从未彻底放弃这方面的跟踪探索。

当然,绿色 GDP 绩效评估在其理论和实践上还有很长一段路要走。这里面既包括研究方法有待完善,指标体系设计有待更加全面、科学等理论问题,也有认识上有偏差、重视程度不够、技术方案不够完善等实践问题。绿色 GDP 绩效评估的理论与现实困难不是我们放弃研究的恰当理由。生态环境资源是有限的,只要我

---

① 参见 The Commission on Global Covernance, Our Global Neighborhood: The Report of the Commission on Global Governance.

们打算追求可持续发展,我们就没有理由放弃这种研究。相反,我们需要的是去努力思考如何可能通过绿色 GDP 绩效评估实现预期研究目标,又或者是通过其他方式达到绿色 GDP 绩效评估的预期效果。但无论是哪种情况,绿色 GDP 绩效评估都在追求全球可持续发展、探求绿色发展新模式方面,具有了自身独特的理论思路和实践价值。

对 GDP 这一经济社会评价指标历史局限的理论揭示,以及以 GDP 规模和增长速度为导向的发展模式在全球各地遭遇不同程度的现实困境,促使了"绿色 GDP"的诞生,并孕育了"绿色 GDP 绩效评估"。绿色 GDP 绩效评估在生态学、政治学、管理学、经济学等多学科视野下,依据"绿色 GDP"概念的科学内涵,选取绿色 GDP 的绩效评估指标,开展数据采集和结果分析,可以有效实现对全国各地绿色发展路径的精准指引,加速推进国家治理体系和治理能力的现代化,最终从多个层面重塑中国在全球治理中的国家形象,为人类命运共同体提供可持续的发展路径。

第九章

国家治理现代化的全球视域

中国与世界各国现代化的关系正在发生着深刻的变化,中国已经由对发达国家的追随时期转变到必须独立自主开创自己现代化的全新时期。当前中国最大优势是已经具备了较强的经济实力,希望能够和平崛起,谋求更大发展。但一方面中国的内部发展空间仍显不足,需要向外部拓展,而另一方面世界格局也已经并在持续发生着深刻的变化,不断对中国产生新需要并提出新挑战。中国有可能通过对自身变化的自觉谋划与世界性拓展,创造出新的内部发展空间,更好地与各国在各相关领域务实合作,互通有无、优势互补,真正实现共享机遇、共迎挑战,实现共同发展、共同繁荣,从而更好地发挥出对世界的辐射作用,引领全球治理格局的变革方向。

第一节　全球治理变局与中国治理能力的时代性提升[①]

中国的"十三五"在全球治理体系的迅速变革中展开。中国既

---

① 本节内容发表于《光明日报》2015年12月9日,略有删改。

必须清晰认识和自觉适应这种变局,以消除其对于中国发展的不利影响,也应当积极参与并主动引领这种变局,使之成为促进自我发展的必要国际条件,为此必须自觉推进中国国家治理体系的全方位构建和治理能力的革命性提升。甚至可以说,通过内外兼修而构建起既能引领中国全面建成小康社会,又能有效适应和成功引领全球治理变局的中国治理体系,发展出真正"治国、平天下"的能力,既是中国和平崛起的必要条件,也是中华民族伟大复兴的重要标志。

一、深刻认识经济全球化与全球治理体系的互动关系

公正合理的全球治理体系既是人类文明整体进步的必要条件,也是世界格局健康发展的重要标志。

真正意义上的全球治理体系是在经济全球化和世界一体化的进程中形成和构建的。人类长期以来以民族和国度作为单位而在特定地域分散生存和发展。民族与国家间关系调适往往通过战争来解决,没有形成真正意义上的全球性关系,也谈不上全球治理。近代以来,尤其是20世纪以来,随着世界现代化快速而又不平衡地发展,一些国家的经济和军事实力急剧膨胀,强行通过战争来改变与他国的关系,甚至改变世界的政治格局以至地缘版图。两次世界大战正是由此产生,给人类带来极大灾难,也呼唤着全球治理体系的构建。

第一次世界大战后的凡尔赛-华盛顿体系确立了帝国主义强国对亚非拉和太平洋地区的统治秩序,奴役殖民地半殖民地国家和人民。第二次世界大战后,美国、英国和苏联等战胜国通过雅尔塔协定等,重新划分世界版图和势力范围,建立了新的国际关系格局和全球政治治理体系。联合国的建立和目前以美、俄、中、英、法五大国为安理会核心的"大国一致原则",对于保护中小国家的安全与维护世界和平发挥了积极作用。"关贸总协定"和世界贸易组

织等为战后经济重建和世界经济的一体化发展提供了重要的全球性经济组织,在全球经济治理中发挥了重要作用。布雷顿森林体系和相应建立的世界货币基金组织、世界银行等则为战后的全球金融一体化提供了必要的组织保障。

第二次世界大战以后的世界秩序在相当长的时间里以美苏两个超级大国的争霸而展开,并通过由他们操控的资本主义与社会主义两大阵营而支配与调控。苏联东欧社会主义阵营解体后,形成一超多强的世界格局。美国在各方面一家独大,主导着全球治理体系及其演变方向。日本、欧盟、俄罗斯和中国等分别在经济、政治、军事和国际事务中具有一定优势而以自己的方式参与到全球治理的某些方面。其他各洲各国以不同方式在不同程度上活跃于各种力量之间。由于世界多种力量处于不均衡和动变状态,全球治理体系变得更加多元、纷乱和复杂。美国"9·11"事件呼唤着全球性的反恐怖主义联盟,安全成为全球治理的紧迫主题,牵动着全球治理体系的演变。

二、深刻认识当前全球治理体系变局

当前全球经济、政治、军事、科技、文化和外交等呈现出极为复杂的交织状态,既展示着各国的实力与地位,考验着人类的智慧与秉性,也急速地推动着全球治理格局的深刻变革。

其一,和平从总体上看仍然是时代的总趋势,但如何有效管控战争则一直困扰着人类。战后世界总体上保持和平格局,但局部战争不断,如朝鲜战争、越南战争、阿富汗战争等,人类不时走到世界大战的边缘。大国博弈不时挑动着各国的战争神经,战争的形式随着高科技的军事运用展示出全新形态。同时,安全威胁由传统领域渗透到非传统领域,形成传统安全威胁和非传统安全威胁交织的复杂局面。战争管控仍然是全球治理中最敏感的领域和最严重的问题。

其二，发展仍然是世界各国的普遍主题，但对发展道路的合理选择与经济治理体系的合理建构则一直困惑着人类。第二次世界大战以来，国度经济与全球经济相互交错，世界经济徘徊在自由主义与政府干预主义之间；全球经济一体化形成有机整体，其积极作用与负面作用同时呈现，甚至出现"一荣不一定共荣，一损却可能皆损"的复杂局面。战后先后发生的拉丁美洲债务危机、日本金融泡沫、东亚金融危机和美国次贷危机等严重影响世界经济发展，演变为全球经济疲软甚至衰退。当前世界经济在深度调整中曲折复苏，但全球经济贸易增长乏力，国际金融危机深层次影响仍会长期存在，人类命运共同体在经济的负面相关性中更加鲜明地凸显出来。

其三，政治多极化加速拓展，地缘政治关系日趋复杂，政治体制与意识形态冲突仍然困惑着人类。全球化消解了不同国家之间的空间距离，也凸显了不同国家之间的经济政治和社会文化差异，加剧了国家间的利益纠葛与地位纷争。不同国家之间政治与意识形态差异甚至对立仍然存在，却又共同面临经济下行的压力，不得不在一定程度上携手合作，谋求共赢。由于经济形势趋紧和利益分化，国度与地方保护主义再度抬头，地缘政治关系变得空前复杂与多变，全球治理体系面临深刻变革。联合国等国际机构的作用有所弱化，各种形式的全球性与区域性的政府间组织与非政府间组织风起云涌，各种形式的国际平台越来越多，作用越来越大。它们削减着全球治理中的大国力量，推动着全球治理的民主化发展。这既给各国参与全球治理提供了更多机会，也对其参与能力提出了更大挑战。

其四，文化多样化发展，文明冲突加剧，种族主义抬头，恐怖主义严重威胁着人类生存与安全。经济全球化使不同国度与民族在经济生产和社会生活中更加趋同，也把各民族保存文化特异性提升到了文化生命线的地步。恐怖主义的全球肆虐挑战着人类文明底线，也不时扰动着全球治理格局。

其五，社会信息化迅速扩展，新一轮科技革命和产业变革蓄势待发，立足于高科技的全球分工体系更加明晰，各国需要重新定位自我在全球生产和消费体系中的位置。互联网深刻地改变着全球的信息传输与交往方式，也几乎改变着世界的一切。"互联网+"作为一种最为普遍的全球思维方式，既为全球治理提供了全新的手段，也提出了复杂的挑战。

三、中国"十三五"规划与治理能力提升

中国的快速发展在很大程度上改变了当今世界的经济政治格局，是推动全球治理变局的重要积极力量。中国和平崛起也需要推动全球治理体系向着更加有利于中国发展的方向前进。中国的"十三五"规划在推进中国国家治理体系和治理能力现代化方面做出了特殊的谋划，为确立中国在全球治理中的话语权和主导权做出了更大贡献。

第一，从中国健康发展和世界合理化发展的全球战略高度深刻认识与合理定位全球治理体系及其演变方向。要深刻认识当代全球治理格局变化的多元基础、发展动力、演进逻辑、内在缺陷、问题根源和解决途径，准确预见全球治理体系的未来趋势和价值导向，继续丰富人类命运共同体等主张，弘扬共商共建共享的全球治理理念，以思想上的超前建构为实践上的合理设计提供思想引领和价值指导。

第二，善于依据全球治理格局未来定位统筹国内大局，自觉推进中国国家治理体系和治理能力现代化。我们要努力深化对于人类文明发展规律、国际关系演进规律、中国社会发展规律和中国共产党治国理政规律的认识，在发掘中国传统优秀治理文化、学习世界先进治理理论和发掘马克思主义治理理论的统一中推进全球治理和国家治理的思想创新、制度创新和政策创新，善于统筹经济、政治、社会、文化、生态、政党、外交和国防治理，努力推进国家治理

现代化,提升治国理政新境界,使中国的国家治理体系更加完整、更加成熟、更加定型,为全球治理提供更多更好的中国经验与中国方案。

第三,积极参与全球治理体系的变革,自觉履行发展中大国的世界责任,以内促外,努力提升在全球治理体系中制定规则的能力,确立中国话语权。一方面要坚定维护以联合国宪章宗旨和原则为核心的国际秩序和国际体系,维护和巩固第二次世界大战胜利成果,积极维护开放型世界经济体制,另一方面要勇于应对各种全球性挑战,善于给国际秩序和国际体系定规则,努力占领发展和道义制高点,提高在国际秩序和国际体系长远制度性安排中的地位和作用。要通过"一带一路"等倡议和亚投行等机构,建立以合作共赢为核心的新型国际关系,促进中国国内治理体系与全球治理体系的良性健康互动,引领全球治理体系向着更加公正合理的方向发展。

第二节 地缘政治中的中日关系问题[①]

中华民族伟大复兴需要良好的国际环境。中日关系目前由于钓鱼岛争端而处于僵持和困难局面,不利于中国健康平稳和快速发展。作者及其团队近年来组织的中日关系调研对话和"跨文化对话与中日关系研讨会"情况,分析当前中日关系中存在的三个焦点问题"钓鱼岛'国有化'"、"中日历史教育"和"中日力量对比变化与中国和平发展",从中日关系和中国发展大局出发有针对性地提

---

① 本节内容为作者主持的国际合作项目"跨文化对话与中日关系"的成果之一,华中科技大学哲学系陈刚教授、硕士生杭慧哲、博士生钟林等参加了课题研究,日本姬路独协大学石晓军教授参加了部分工作,发表于《华中科技大学学报(社会科学版)》2014年总第28卷第2期,略有删改。本课题研究得到了文中所及诸多学者的大力支持,特此鸣谢!

出了对策和建议。

如何看待当前中日关系的困局？问题的焦点在哪里？出路在何方？对此我们近几年组织了对于日本的实际调研和考察，与日本学者开展了坦率而又积极的对话，召开了相关国际学术研讨会，对中日关系中的历史认识、海岛争端与未来走向进行了深入的对策性探讨。本节将从以下方面展开论述。

一、中日关系问题的调研与建议

为了深度研究和把握中日关系实际，作者从 2012 年即开始谋划中日关系研讨系列活动：一是实地调查研究和直接对话，把握日本民众和学者的真实想法；二是参加高端学术研讨会，集中探讨焦点问题，提升认识水平。

1. 对日本的实地调查研究和直接对话

2010 年 1 月 29 日至 30 日，作者应日方邀请和资助，参加在日本东京国际会议中心举行的中日大学校长论坛，会上做了题为《深化跨文化理解，强化中日大学战略合作》的发言，指出跨文化理解是跨国大学合作的深层基础，大学发展本质上是一种文化建设，校际交往的核心是文化交往，应当强化对于大学功能的文化学解读，探讨大学跨国战略合作所需的深层文化基础。为了深化中日大学合作，应当努力超越历史遗留尘埃、政治体制差异、经济模式区别、社会文化隔障和教育功能定位可能带来的误解，着力于探寻共同学术兴趣，提升研究品位，寻求必要经费支持，促进管理体制更新，加强个体与团队互动等。

2011 年 4 月 13 日至 14 日，值日本大地震和核泄漏后仅一月之际，作者应日方邀请和资助访问日本大阪、神户，并做题为《合作共赢的中日关系》大型学术报告。报告指出，中日之间既有两千多年的友好，也有近百年来的矛盾和冲突。2011 年日本发生海啸灾难时两国在救援上的积极合作，展现了中日之间的友谊、宽容和大爱。目前中日关系出现重大困局，对两国发展均有重大影响，应积极探索超越之路。

2013年7月上旬，作者和华中科技大学陈刚教授访问日本，与日本姬路独协大学石晓军教授一道访问了东京大学、同志社大学、立命馆大学、佛教大学、日本国立民族学博物馆等学术研究机构，以坦诚的态度与日方学者讨论了涉及中日关系的有关问题。东京大学的阿古智子教授认为，日本社会目前左、中、右分化明显；日中关系的主要问题是，过去的交往主要局限在政府层次，以自上而下的方式开展，民间交流不够，因此中日关系缺乏长期牢固的民众基础；目前是"政冷经热"，但是这种情况是无法长期持续的，日中需要加强民间的科技文化交流。同志社大学的浅野亮教授认为，中国经济的长期高速发展不可避免地会挤压日本的国际空间，他对未来的中日关系持悲观的态度。日本国立民族学博物馆的几位年青学者认为，目前中日关系的恶化，除了钓鱼岛因素，中日两国的媒体起到了推波助澜的作用，都存在过度报道对方负面新闻的问题。

关于钓鱼岛问题，日方学者大部分说"自己不是这方面的专家"，回避谈论该问题；少量学者则承认"钓鱼岛就是中国的领土"；也有学者认为，"搁置争议"不能解决问题，钓鱼岛的归宿最终由中日两国的实力来决定。

2. 跨文化对话与中日关系国际学术研讨会

经教育部国际合作与交流司批准，华中科技大学于2013年9月8日至9日在武汉举办了"跨文化交流与中日关系"国际学术研讨会，来自日本、美国和中国的十余位知名学者相聚在华中科技大学，为跌入低谷的中日关系"找症结""开药方"。这是高校开展重大问题高端对话和决策咨询的一次积极尝试。

作者作为主席在谈到本次会议主旨时指出，日本现已迈出了购岛的步伐,很难退回原来立场;中国也绝不可能放弃钓鱼岛主权,为此由钓鱼岛主权归属引发的中日争端可能还将持续20~30年,甚至更长时间。在这种背景下中日关系会走向何方?我们应当高度关注,积极谋划,做好各种准备,应对各种可能的挑战。总体上看,钓鱼岛问题一时难以化解,但它不是中日关系的全部,中日之间还有比钓鱼岛更重要的问题,那就是中日各自发展和亚洲共同发展的问题。如果中日双方都能够以承认并搁置钓鱼岛主权争议为前提,以和平、发展、友好作为共同的主题,就应当尽量避免为一些局部性问题妨碍发展大局。为此应当从世界和中日战略发展高度积极探讨应对以至化解钓鱼岛之争的多种可能途径。这正是召开本次大会的主要目的之一。李培根院士回顾了中日关系发展历程,分析当前的困难局面,强调在这样的关键时期加强两国学者之间的民间交流,不仅有助于探讨解决矛盾冲突的有效途径,也是时代赋予两国学者的责任和使命。

武汉大学原副校长、资深教授、国家领土主权与海洋权益协同创新中心主任胡德坤教授做了题为《"合"为贵,"和"为上:对现在和将来中日关系的若干思考》报告,指出了对日政策两个建议:"和"为上,搁置争议,维持"政冷经热"的近期政策;"合"为贵,求同存异,保留争议,共谋双赢的长期政策。日本当代知名的中国问题研究专家、横滨市立大学名誉教授矢吹晋教授以丰富的史料为依据,对《钓鱼岛冲突的起源在于冲绳归还条约里》一题进行详细阐述,说明美国当时归还的是行政管理权,而非领土主权,并认为中日要解决钓鱼岛问题,除了通过真诚沟通交流来达成东亚和平和探索资源共同开发之路外,没有别的路可走。中兼和津次教授以《日中学术交流发展的一些思路》为题,探讨了开展社会科学国际交流的现状与方法问题。平成国际大学教授德冈仁以"围绕历史学与历史观的日本高等教育政策"为中心,介绍了日本的历史观传统及2012年"大学改革实行计划"的由来。武汉大学中国传统文化研究中心主任、资深教授、著名历史学家冯天瑜教授聚焦"汉字文化圈与中日文化互动",提出要着眼于历史的纵深度来看待中日关系,解决中日问题,既要铭记"百年干戈",也不能忘却"两千年玉帛"。张焕利先生主张"跨越文化差异看今天中日关系",认为中国仁爱、和谐、诚信、中庸的传统与日本尚勇、开放、外向、好战传统影响了两国的外交政策,跨越文化差异才能改善中日关系。

作者的主题发言"合作共赢的中日关系",集中探讨了全球视野中的中日关系及其未来走向,以"中日近邻,一衣带水,千年友好,平和邦交,相互学习,良性互动,和则两利,合作共赢"为关键词,梳理了中日关系的三种可能前景,尤其分析了历史战争与反思、钓鱼岛争端和中日两国力量对比变化对两国关系的影响,探讨中日两国在承认和搁置钓鱼岛争议的前提下友好合作、谋求共赢的必要性和可能性。陈刚教授介绍了井上清的《钓鱼岛的历史和主权》的主要观点及其分析论证,并与鞠德源的《钓鱼岛正名:钓鱼岛列屿的历史主权及国际法渊源》和郑海麟的《钓鱼岛列屿之历史与法理研究》等著作做了比较,高度评价了井上清的研究水平和写作风格,并发表了关于钓鱼岛历史以及如何治学等方面的见解。

二、中日关系的症结和焦点问题

在实地调研对话和学术研讨过程中,中日专家对于以下几个问题的看法存在较大分歧。

1. 关于钓鱼岛"国有化"问题

2012年9月10日上午,日本政府举行内阁会议,决定用20.5亿日元从所谓"土地权所有者"手中将钓鱼岛、北小岛、南小岛购入,将其"国有化";9月11日与钓鱼岛所谓的"土地权所有者"签订"买卖合约"。

中国专家认为,日本对我国钓鱼岛及其附属岛屿实施所谓"国有化",是对我国神圣领土的悍然侵犯,严重损坏了两国关系。日本政府罔顾历史事实和国际法理,实施所谓"国有化",是完全非法的、无效的。日方这种掩耳盗铃的做法,公然打破了中日两国搁置争议的历史状态,其目的是达成日本对钓鱼岛及其附属岛屿的主权企图。

但日本专家普遍认同野田佳彦关于"为了维持对钓鱼岛的'稳定管理',将把其'收归国有'"的立场。中兼和津次提出,从日本的法律和文化而言,"国有化"和"私有化"的意义并没有本质区别,前提都是钓鱼岛是日本的;中国对钓鱼岛"国有化"提出异议,是两国关于这一概念理解的区别造成了彼此之间的误解。中兼和津次认为,日本政府之所以将钓鱼岛"收归国有",目的也是实施稳定管理,避免东京都知事石原慎太郎以东京都政府的身份购买钓鱼岛而引发难以控制的轩然大波。

2. 中日关系中的历史教育问题

中国专家普遍认为,日本战败投降已几十年,而日本至今未能彻底清算过去,日本政治家甚至最高领导人不时发出否认历史的错误言论,引起世界各国尤其中韩民众的不安与愤慨。中日两国在历史认识等问题上的交锋短时期内不会停止,并将长期影响中日关系的健康发展。日本的宣传当然有其民族传统文化意识的背景,但更有其政治、经济、军事等原因。日本政府应深刻反省侵略历史并切实恪守承认历史错误的表态与承诺,以实际行动取信于国际社会,否则,日本同亚洲邻国的关系就没有未来。

日本专家则强调了中日历史观的差异。德冈仁援引"言论NPO"调查数据表示,多数日本人是在观察当今中国社会的基础上形成对其的认识,而中国人却有很强的倾向,从之前的特别是关于战争的历史认识上来看日本。在一项"一提到日本,(中国人)会想到什么"的调查中,特别是对"您所知道的日本历史上的事件是什么"的回答中,中国受访者中有超过90%的人列出了"九一八事变、卢沟桥事变、南京大屠杀",而对"中日和平友好条约的缔结"有所了解的只有不到20%的人。德冈仁对此提出质疑,他认为这个事例证明了中日两国之间对历史观的态度有着很大的差异。日本专家还指出,近年来,日本涌现出一批提倡"自由主义史观"的历史学家,他们否定实证主义历史学,认为"历史"不是科学,而是"故事"。两国在历史教育问题上的分歧,在一定程度上和中日看待历史态度的差异有关。

值得关注的是,"言论NPO"《第9次中日共同社会调查》数据表示,中国民众将"日本的历史认识和历史教育"列为第二位,日本民众也将"中国的反日教育"列为阻碍中日关系发展原因第二位(第一位均为"钓鱼岛问题")。日本民间的反中嫌中情绪正逐年上涨,人数比例已从20世纪90年代前的20%左右,上升到了80%以上。历史教育问题正日益成为影响中日关系的重要问题,我国政府需对这一现象予以高度警惕。

3. 关于中日经济力量对比变化与中国和平发展可能性

近年来中国经济快速增长,尤其是从2010年以来中国GDP总量超越日本,成为世界第二大经济体,这对日本民众的对华心理有较大负面影响。这种情况与中日钓鱼岛之争交织,与中国军力快速增长相伴,与中日关系恶化相随,带来不少日本学者对中国的复杂态度,引出了对华的很大担忧,产生了对于中日关系的一些负面评价,助长了"中国威胁论"的论调。在我们对日本学者的对话与访谈中,他们普遍不认同中国和平崛起的可能性,普遍相信"中国威胁论"的宣传,有些日本学者还列举中国元朝西征欧洲案例为证。

中国专家认为中国和日本都不应为两国GDP的表面的数字所迷惑,因为在GDP总数的背后,其实是中国和日本及美国非常不同的人口和国情。应当看到的是,美国的GDP将近是中国的3倍,但人口是中国的四分之一,而人均GDP是中国的10倍。日本的总GDP比中国略少一些,但其人口仅为中国的十分之一,其人均 GDP 是中国的 8 倍,比中国台湾和香港都高出很多。中国在最近三十多年来 GDP 总量确实在快速增长,经济增长的速度位居世界第一,但是由于基础太差,人口太多,发展之路还非常漫长。尤其是在我们看来,中国的发展走的是一条和平发展的道路,不仅不构成对于任何国家的威胁,只会造福于各国的发展。

三、处理当前中日关系的若干对策建议

通过对中日关系的深度调研和与日本学者的直接对话,我们形成对于处理中日关系的如下对策建议。其总体思想是,从中国和平崛起这个根本利益和战略大局出发,将其与世界和平正义的根本价值内在统一起来,以复杂性思维多方位透析钓鱼岛问题的生成原因和当前困局,具体分析美日两国的历史地位和现实责任,根据对中日关系未来发展多种可能前景的估计,提出多方位和多层次的对策建议。

1. 以复杂性思维谋划钓鱼岛问题对策,在坚决捍卫国家领土领海主权同时,尽量防止其阻碍中日关系之大局

第一,在国家领土领海主权问题上寸步不让,继续坚定不移地捍卫国家主权和领土领海完整,以各种形式迫使日本方面承认钓鱼岛争议,为进一步谈判提供前提,为最终解决问题打下基础。

第二,尽量不让钓鱼岛之争妨碍中国与日本、中国与世界的合作发展大局,防止为"中国威胁论"造成更多的口实。当前中国最为根本的利益仍然是又好又快地发展自我,为此需要努力争取和创造良好的国际环境,也需要更多关注中日之间更大范围内的共同利益。钓鱼岛问题一时难以化解,但它并不是中日关系的全部,中日之间还有比钓鱼岛更重要的问题,那就是中日各自和共同发展的问题。如果中日双方都能够以和平、发展、友好作为共同的主题,能够承认争议并搁置钓鱼岛争议,就应当尽量避免为一些局部

性的问题影响大局的发展。中国在钓鱼岛问题上处理得有理有节,也有助于消除世界上一些国家对于中国发展的担忧,防止为"中国威胁论"提供更多的口实。

2. 廓清美国与日本在钓鱼岛问题上的历史责任和现实利害,增强对美国和日本工作的针对性

矢吹晋教授在《钓鱼岛冲突的起源在于冲绳归还条约里》等文章和书稿中的观点凸显了美国在钓鱼岛问题上的特殊责任,应当引起足够重视。我们应当高度关注美国在钓鱼岛问题上的特殊地位。同时也应看到钓鱼岛问题与日本由于其地理和资源困局而力图侵吞海外资源、多次发动对外战争的军国主义本性有关。第二次世界大战结束日本战败以后,日本不仅拒不交还其殖民扩张侵占的邻国领土,反而乘美国实施东亚冷战政策之机与美国结盟,进而利用美国索要已被盟国剥夺的岛屿,造成美国返还琉球和日本与中、俄、韩的领土之争。这是战败国索取战胜国领土的罕见案例,应当向世界充分说明。中日钓鱼岛问题凸显以来,日方千方百计地将中日钓鱼岛之争的主要原因引向美方,既为自己占有钓鱼岛制造根据,又想转移视线,诱导中国以美国为主要对手,激化中美矛盾,坐收渔人之利。为此我们应当有针对性地分别做好对美国和日本的工作。

对美国要从维护反法西斯战争成果和消除殖民主义后果的道义高度上加强宣传与论战,深刻揭露日本的侵略历史和殖民倾向,澄清钓鱼岛问题是对中国领土的侵占实质,促使美国认识其过去处置钓鱼岛问题的道义缺失,强化美国在钓鱼岛所有权问题上的中立立场。在当前要促使美国转变或者软化其与日本的协防阈限和具体内容,更加警惕和遏制日本的右倾化倾向和军国主义冲动,在影响和规制日本方面发挥更大作用。从长远来看要促使美国早日卸下留给中日的政治包袱,支持钓鱼岛主权回归,为世界和平和正义做出更大贡献。

对日本要在政治上、军事上、外交上、舆论上坚决斗争,尤其要在反法西斯主义的道义高度上揭露其侵略和军国主义本质,唤起民众的道义感和和平意识,防止或延缓日本政府领导人修改和平宪法、推动军事正常化,减缓其右倾化倾向的力度、速度和程度。

3. 充分估计从根本上解决钓鱼岛所有权争端的艰巨性和长期性,开放式探讨在搁置钓鱼岛争议前提下的东海划界方案和东海资源开发

矢晋吹教授提出,如果将钓鱼岛列屿定性为无划界效力的岛屿,可使东海划界问题与钓鱼岛主权归属问题相剥离,可同时实现搁置钓鱼岛主权争议与东海划界。他介绍马英九在其哈佛博士论文中,曾从海洋法的四大法源——条约、国家实践、国际司法判例和相关学说入手,讨论岛屿在海洋划界中的地位问题。他指出,岛屿的划界效力一般是通过衡量它对界限的影响程度及其自身重要性之间是否成比例来决定的,根据岛屿位置、大小、法律地位、面积、人口、经济及总体地理因素分别定为全效力、部分效力或无效力。而钓鱼岛的主权问题应该也可以与东海划界问题分离,因为钓鱼岛列屿只是几个无人小岛,本身资源极少,中日双方真正感兴趣的是大陆架上的石油。如果主权争执可以从划界问题中分离,则未来无论钓鱼岛主权归属何方,该方都不可据主权来独享。因此,他认为"钓鱼岛列屿不应享有专属经济区"。

矢吹晋教授还提出,马英九所设想的"钓鱼岛列屿与东海划界方案"是最可能获得中日韩三国共识的方案。如果能够在这样的共识基础上签订具体协议,如签订海底资源协议、渔业协议等,可以搁置钓鱼岛引起的严重争端,缓解两国在钓鱼岛周边愈演愈烈的资源争夺,希望中国政府给予考虑。他的建议是:以北纬30度为界,东海北部中、日、韩三国之间,可以考虑遵循中间线原则等分海床;东海南部中、日之间,中方主张的大陆架自然延伸到琉球海沟原则和日方主张的中间线原则均难以实现,可以考虑以这两条线为基础进行谈判,划出一条折中的界限,大致是200米等深线一致,中、日比例约为64∶36。

总体上看,专家们希望中日通过真诚沟通交流来达成东亚和平和探索资源的共同开发之路,以和平、发展、友好作为中日共同的主题,不为一些局部性的问题影响大局发展。

4. 反省并改进我国的自我形象设计与历史教育,占领战略和道义高地

崛起中的中国需要认真设计自我的总体形象,强化作为一个和平大国、友善大国、礼仪大国、文化大国的形象,彰显中国的和平发展决心及其对世界文明进步的意义,并将其以多种生动形象的手段推向世界,消除世界各国人民对中国发展的误会和担忧,增强世界各国人民对中国人民的良好印象。同时当代中国人应该更好地认识世界,提高精神境界和文化内涵,学会与世界各国人民文明和谐友好相处。

要站在维护世界正义与和平的道德高地,把中国和平崛起与捍卫世界正义和平的立场协调起来,利用各种国际平台和世界舆论宣传手段,组织和动员全球性反法西斯主义正义力量,捍卫第二次世界大战成果,批判和阻止日本的右倾化和军国主义复活,促进世界和平。

要反思和改进我们的历史教育,帮助中国人民更好地认识历史和时代,处理好与世界各国尤其是对日关系中存在的问题。日本侵华战争给中国人民带来巨大灾难,我们有权利和必要在对历史事实的充分揭露和对法西斯主义的批判中对中国人民进行历史教育和爱国主义教育。但就当前我国的涉日宣传教育而言,有两点需要注意,一是全面看待中日关系。中日两国之间既有两千年的友好,也有百年的战争。从近来的社会舆情来看,两千多年的友好相处常常被忽视,而近百年来的战争和敌对却被过分渲染。民众在认识上冷淡"两千年玉帛"、热衷"百年干戈"的现状是阻止中日关系回暖的症结之一。二是注意避免对日本的单一丑化宣传，防止对于两国舆论和公众的误导。近来一些抗日主题影视剧充斥荧屏，对日本人的随意丑化和过度片面化渲染随处可见，这些作品和言论如果脱离了历史真实，不仅不利于我国民众全面认识中日关系，而且可能造成中国民众的过度仇日反日情绪，产生狭隘民族主义，干扰中央对日大战略的实施，也有可能加深日本民间对华的反感情绪，为日本右翼反华势力的反华宣传提供口实，不利于中日关系的健康和长远发展。

5. 在目前两国政府层面缺少合作互信基础的情况下，继续大力加强中日之间的民间交流

由于日本政府在钓鱼岛问题上一意孤行，并借此推动日本右倾化和军事正常化等，中日政府间合作缺少必要的互信基础。这种情况由于得到日本民众比较广泛的支持，估计还会延续甚至扩展。但中日两国友好关系的强大基础在民间，共同利益与合作基础也在民间，从长远发展大局谋划中日关系，应当着眼于争取民众，发挥民间组织和知名友好人士的积极作用，通过加强合作从日本国内激发更多的促进中日友好合作的声音和行动。为此应当继续在科学技术、企业、教育、文化方面加强合作，尤其是加强中日高校之间的校际交流，增派教授学者、留学生等，在民间建立更加密切的、友好的合作关系。

第三节 全球治理变局中的"一带一路"[①]

"一带一路"倡议是中国在全球化进程中提出的重要国际合作

---

① 本节内容发表于《中国社会科学》2018年第8期，略有删改。

方案,既是对逆全球化的批评性回应,更是对全球化的积极推进,目标在于搭建"合作共赢"新型国际合作平台,以经济互通促进政治互信、民心相通和文明互鉴,促进相关国家和地区在"共商、共建、共享"基础上的共同发展,推进新时代人类命运共同体构建。作者认为,实施"一带一路"建设,意味着当前中国的国内事务与当代世界的国际事务已经前所未有地融为一体,其能否成功及其成效如何,一方面在于是否能够自觉有效地把国内发展提升到国际水平,另一方面在于能否自觉有效地把国际事务融入国内发展。为此必须科学合理地统筹世界和中国两个大局并推动全球治理格局和中国国家治理均向着更加健康合理的方向发展。从国际方面看,既要能够主动适应全球治理变局及其多维挑战,更要能够引领全球治理变局走向健康方向;从国内来看,既要依托于国家治理现代化,也要能够引领国家治理现代化。正是通过这种特殊的和高水平的"内外兼修",并真诚谋求"合作共赢",我们才有可能在二者的有序有机结合上既加速推进中华民族伟大复兴,又为人类命运共同体的当代构建做出更加积极有效的贡献。

一、多维探析合理定位"一带一路"

"一带一路"倡议自提出以来,通过各方面的努力,在实践中有了很大进展,在国际上也得到了相当多国家的积极认同。但从深入推进"一带一路"建设的角度来看,也还存在一些简单化的理解,甚至存在着一些误解与质疑。①

这大体可以分为以下几个方面:

其一,简单历史类比,认为"一带一路"就是古代陆地丝绸之路和海上丝绸之路的简单再现与现代翻版,实施"一带一路"仅仅是要重建历史上的国际贸易路线。由此国内的相关地域和省市县乡

---

① 刘卫东."一带一路"战略的五大认识误区[J].国家行政学院学报,2016(1).

努力寻找和挖掘丝绸之路的历史遗迹，强化各自在丝绸之路中的历史地位，以确立在"一带一路"中的现实地位。而相关国家和地区也致力于唤起历史记忆，寻找古代丝绸之路在各地域各国度的痕迹，并以此作为自己参与"一带一路"建设的历史依据。简单化的历史类比忽略"一带一路"所具有的创新内涵，极大降低了"一带一路"所具有的时代意义。

其二，狭隘功利追求，认为"一带一路"就是扩大对外投资，向海外转移国内产能，使传统企业实现在海外的规模扩展或经济利益的分割。一些中国企业希望借船出海到相关国家谋求发展，甚至希望从国家大项目中分得杯羹。而一些域外国家和企业则将"一带一路"视为一个大的经济援助计划，甚至将其看作第二次世界大战以后美国援助欧洲复兴的"马歇尔计划"，[①]期盼获得来自中国的经济援助，搭上中国经济快速发展的便车。狭隘的功利追求有可能扭曲各方对"一带一路"的价值期盼，有可能把"一带一路"建设引向歧途！

其三，偏狭政治猜测，认为"一带一路"就是中国的地缘政治工具，目的是依托于经济国际化加强和展示中国的政治影响力。

如上所述，一些人不仅将"一带一路"看作一个由中国主导的"新马歇尔计划"，而且认为它与当年美国在第二次世界大战后为振兴欧洲而制定的"马歇尔计划"一样，既有经济援助，更有政治目的，是中国展示全球影响力的重要途径，是与美国争夺世界领导权的重要方面。有的人甚至将其与美国、日本等12国曾经签署的"TPP"（跨太平洋伙伴关系协定）联系起来，看作一种由中国主导的国际合作组织，由此而产生出对于"一带一路"的很多负面理解与非议。这些偏狭的政治猜测有意抹杀"一带一路"的正面意义和积极价值，导致一些国家存在不应有的抵触情绪和抵制态度。

应当看到，以上理解尤其误解与质疑有的是出于认识论方面

---

① 王文龙."一带一路"战略与马歇尔计划有本质不同[N].中国经济时报，2015-11-27，第11版.

的原因,涉及观察和理解"一带一路"的视角与方法问题,存在着认识的片面性与全面性的差异;有的是价值论方面的原因,涉及不同的单位与国家之间的利益诉求,存在着价值定位方面的差异;有的则是由于"一带一路"作为由中国提出的新发展构想,本身所具有的新颖性、创新性和复杂性,需要更加全面深入的说明与定位。作者认为,"一带一路"倡议既是中国深度融入全球体系的全新构想与重要方略,也是中国在经济全球化面临挑战的关键时期以自己的力量推进全球化的积极努力,其目的在于促进全球化体系的开放性和包容性新发展。只有立足于这样的思想高度才能在理论与实践的结合上回应各种简单化理解、误解与质疑,对"一带一路"做出全面正确理解与科学合理定位。

(一)时代定位:传承优秀历史文化,复兴现代中华文化,推进人类新文明构建

"一带一路"是一个拥有浪漫名称与丰富历史文化内涵的倡议,因此对其开展历史类比不仅是可能的,也是必要的。这里的问题是不能仅仅做简单化的历史类比,而应全面认识"一带一路"倡议所具有的深厚历史根基与丰富时代内涵。

首先,确认"一带一路"倡议所具有的深厚历史文化根基。"一带一路"倡议的提出有其深厚的中华古代优秀历史文化基础,那就是两千多年前的古代丝绸之路。丝绸之路是起始于中国,连接亚洲、非洲和欧洲的古代商业贸易路线。德国地质地理学家李希霍芬1877年在其著作《中国旅行日记》一书中,首次把"从公元前114年至公元127年间,中国与中亚、中国与印度间以丝绸贸易为媒介的这条西域交通道路"命名为"丝绸之路"。[①]

从那以后"丝绸之路"这个概念和相关史实得到世界各国学界

---

① [德]费迪南德·冯·李希霍芬.李希霍芬中国旅行日记(上、下)[M].李岩,王彦会,译.北京:商务印书馆,2016.

的普遍认同。丝绸之路包含着陆上丝绸之路和海上丝绸之路,是古代中华民族的开放之路和繁荣之路,促进了多民族、多种族、多宗教、多文化之间的交汇与融合,形成了"团结互信、平等互利、包容互鉴、合作共赢,不同种族、不同信仰、不同文化背景的国家可以共享和平,共同发展"的丝路文化。[①]

正是立足于如此悠久厚重的优秀历史文化传统,"一带一路"倡议获得了更加坚实的历史基础,更加富于历史感和文化依托。

其次,超越近代以来的世界分化与文化隔离。今天来谈"一带一路"建设,有一个重要背景,就是丝绸之路的后续中止、世界的近代分化和各国之间的文化隔离。在世界文明的近代发展中,世界各国之间陷入战争,中华民族遭遇巨大苦难,丧权辱国,割地赔款,还被打上"东亚病夫"的印记。新中国成立,尤其是改革开放以来,中国经济快速发展,实现了由"站起来"、"富起来"到"强起来"的历史性飞跃,也为人类的发展和进步做出重要贡献。国外一些人却又开始唱衰中国,质疑中国的和平崛起,甚至宣传"中国威胁论"等。在这种背景下,倡导"一带一路",就是要将古代丝路文明活化,使之融入并塑造当代中华文明,向世界传输中华文明进步的成果,表达中华民族的友善、智慧与热情,扩展相关国家与民族的共同利益与文化融通,吸引他们超越近代以来的分化与对峙,寻求与创造各国之间的合作共赢之路。

最后,创造当代人类文明新形态。"一带一路"倡议还具有更加丰富的时代内涵,那就是为当代人类文明注入更多的中华文化优秀内涵,为创造当代人类文明新形态提供可能。"一带一路"倡议依托于中华古代优秀文明,巧妙而又合理地借用古代丝绸之路的历史符号,高举和平发展、共同发展的旗帜,将以"和平合作、开放包容、互学互鉴、互利共赢"为核心的丝路精神注入新时代文明

[①] 国家发展改革委、外交部、商务部.推动共建丝绸之路经济带和21世纪海上丝绸之路的愿景与行动[R],2015-03.

的丰富内涵,重新塑造中国的时代形象,既使中华古代优秀文明得以彰显和活化,获得了丰富的时代意义,更为人类文明未来发展提供更加丰富的中华文化内涵,促进其内容的更新与形态的演变,为人类文明进步做出新贡献。

(二)经济定位:统筹应对国际国内经济发展,打造共商共建共享现代经济体系,继续推进经济全球化

经济是社会发展的主题,也是国际交往的主线。"一带一路"倡议无疑有其重要而丰厚的经济内涵,这也是其吸引相关国家和地区的最为重要的方面。各个国家和企业对于"一带一路"有经济和利益方面的考虑和追求都是正常的和合理的,但却不应当有片面的利益诉求和过度的功利追求。

首先,要深刻认识当代中国经济新常态,自觉将中国经济纳入当代世界经济体系之中,促进中国经济结构的合理化改善与经济质量的根本性提升。要通过"一带一路"建设,积极有效统筹国内市场和国际市场两个巨大市场,全面配置国内资源和国际资源两种重要资源,统筹运用对内引资和对外投资两种重要渠道,同时加强对内开放与对外开放双向互动,进一步推动我国经济结构调整、转型与升级,促进我国区域经济协调健康发展。长期以来,西部地区发展相对滞后,是我国经济发展的薄弱地区,也是全面建成小康社会的难点地带。正是通过"一带一路"建设,我们可以也应当积极扩大向西部的开发开放,促进西部地区大发展,努力把我国广大西部地区从改革开放的末梢地带变成新一轮改革开放发展的前沿地带,助推东中西部地区在更高的程度与水平上梯次联动并进,通过加快解决西部发展相对滞后的问题,积极推动解决我国区域发展不平衡、不协调和不充分的问题。

其次,通过"一带一路"与周边国家共创共享发展机遇,改善我国的地缘政治经济环境。古代丝绸之路经济本身就是互通有无的经济,以中国的丝绸、瓷器和茶叶等商品为纽带,带动相关国家和

地域之间的商品贸易与经济发展。今天的"一带一路"同样要带动甚或引领我国与周边国家的共同发展。我国与14个国家陆地接壤,还与6个国家隔海相望,是世界上邻国最多的国家之一。与周边国家的关系好坏不仅直接影响到我们的国家安全,也直接影响到我们的国内发展。从总体上看,周边国家与我国地缘相近、人缘相亲、文缘相通,加强交流、合作符合彼此的利益,也有利于世界的稳定与发展。"一带一路"建设可以使我国发展更多惠及周边国家,促进共同发展,为国内发展创造稳定、和平、友好的周边环境。①

最后,通过"一带一路"促进世界经济稳定增长,以"中国方案"和"中国动力"创造新兴经济带,继续推进经济全球化,创造包容性全球经济新体系。近代以来尤其是第二次世界大战以来,世界现代化进程不断加快,经济全球化不断推进,世界经济快速发展,中国在融入经济全球化的进程中实现经济社会快速发展,取得了巨大成就。然而,当今世界和中国的经济发展都正发生着复杂而又深刻的变化。在国际范围内,金融危机不仅造成当时全球经济的巨大伤害,其深层次影响还在延续和扩散,世界经济发展仍然非常缓慢,复苏乏力。面对着全球经济发展困境,各国不得不自寻出路,导致世界发展方式分化,产生新的利益与模式冲突。原有的国际投资格局正在发生深刻改变,多边投资贸易规则遭遇多种挑战,正在酝酿深刻调整。世界经济发展从局部到全球都面临严峻挑战。同时,由于现有国际合作的碎片化、分立性与排他性,世界缺少足够的手段和力量把资源有效整合起来。"一带一路"建设以亚洲和欧洲国家为重点,以陆地和海上经济合作走廊为依托,东边连接具有巨大实力和潜能的亚太经济圈,西边进入高度发达的欧洲经济圈,贯穿亚洲和欧洲大陆,带动非洲大陆,涉及世界60多个各种类型的国家,涵盖44亿人口,其GDP规模超过21万亿美元,有

---

① 潘盛洲.构建人类命运共同体的伟大探索和实践[N].人民日报,2017-04-19,第7版.

可能成为当今世界上跨度最大、覆盖面最广、活力最强的新兴经济带。以"一带一路"建设为契机,我们可以促进经济要素有序自由流动,推进资源高效配置,推动国际市场深度融合,共同打造开放、包容、均衡、普惠的区域经济合作架构,促进全球经济的包容性和创新性发展。这不仅将极大推动"一带一路"参与国的经济发展,也有利于消解各种形式的"逆全球化"思想与行动,有利于世界经济的稳定与健康发展,继续推进经济全球化。

(三)政治定位:以经济融通促进政治互信、民心相通、文明互鉴,打造人类命运共同体

"一带一路"建设,直接地看是经济商业和贸易问题,更深层地看是政治制度和文化价值问题。通过"共商、共建和共享",我们不仅应当也可以努力实现经济融通,还应当致力于增强世界各国的政治互信、民心相通和文明互鉴,打造人类命运共同体。

首先,通过平等协商增强政治互信。"一带一路"建设涉及亚洲、欧洲和非洲的很多国家,各国之间在思想体系和政治经济社会制度等方面存在差异,要达到真正的政治互信则需要做出更大的努力。随着中国经济的快速发展,中国走近了世界舞台的中央,在国际事务中的影响力和话语权不断增强,一些国家对中国的疑虑也在增加,有的国家甚至强化了"中国威胁论""中国挑战论"等不同的声音。世界的动荡与转型需要新的发展机遇与空间,这既是对"一带一路"的呼唤,也是对其的挑战。"一带一路"建设直接看来是一种项目建设与经济交往,实际上更重要的是一种规范交往和制度协调。因此,"一带一路"建设强调相互尊重、平等协商、公开透明、自愿参与,坚决摒弃冷战思维和强权政治,走对话而不对抗、结伴而不结盟的国与国交往新路。我们尤其要重视和培育开放协调共赢的区域合作精神,强化彼此之间的利益联结纽带,增强不同制度之间的政治互信与不同国家之间的战略合作。在更高的意义上,通过"一带一路"建设,中国也许还可以拓展发展中国家走

向现代化的途径,给世界上那些既希望加快发展又希望保持自身独立性的国家和民族提供一种全新的制度与道路选择,为解决各国问题乃至人类共同面临的问题贡献中国智慧和中国方案。

其次,通过经济互惠促进民心相通。中国经济实力的不断增强和中国与世界力量对比的变化,使很多国家对中国的态度发生着微妙而深刻的变化。随着冷战时期的结束,东西方之间的意识形态之争有所淡化。尤其是随着中国改革开放,向世界打开国门,很多外国投资者首选到中国来投资,中国则借用海外资本发展了自己,获得了巨大的海外市场,中国与各国之间的经济交往成为主旋律。经过改革开放40年的发展,中国迅速崛起,已成为世界第二大经济体,中国在世界经济格局中的地位和作用发生了重大转变。通过"一带一路"建设,一方面是中国积极地走向相关国家,贯彻"共商、共建、共享"的核心原则,积极构建互利合作网络、新型合作模式、多元合作平台,切实造福沿线各国人民,与他们分享中国发展的福祉,使他们增强对中国的理解信任;另一方面,通过新丝路文化和新丝路精神的构建,张扬中华丝路文化所崇尚的筚路蓝缕、刚健有为、自强不息、厚德载物、重谊尚义、团结友爱、合作共赢等核心价值,努力使之国际化、世界化、全球化,成为世界各国人民的共同精神财富,在此基础上促进"一带一路"参与国家和人民的民心相通。

最后,通过合作共赢加强文明互鉴。"一带一路"沿线国家不仅存在着政治制度的差异,也存在着民族文化与文化形态的差异,还有不同宗教和信仰体系之间的差异。由此,"一带一路"建设应当尤其重视文化的交流与融通,强调文明的共存与互鉴。要坚持环境友好,合作应对气候变化,保护好人类赖以生存的地球家园;要尊重世界文明多样性,以文明交流超越文明隔阂,以文明互鉴超越文明冲突,以文明共存超越文明优越。

正是在以上全方位努力的基础上,"一带一路"将通过经济融通、政治互信、民心相通和文明互鉴为构建当代人类命运共同体做出重大贡献。

二、顺应并引领全球治理变局,积极构建人类命运共同体

就其国际背景而言,中国的"一带一路"倡议是在应对全球治理变局中生发出来的,相应地,"一带一路"建设也必须清晰认识当代世界治理格局的复杂性和多变性,一方面应当科学认识和自觉有效顺应全球治理变局,另一方面应当努力引领全球治理变局的良性健康发展,促进人类命运共同体的当代构建。

(一)深刻认识全球治理格局的当代特点

新中国成立尤其是改革开放以来,我们基本上是在按照第二次世界大战以后的世界秩序和世界规则开展活动,遵循WTO的规则改变自己,在既成的世界体系中发展自己,发展中国特色社会主义市场经济,发展多种所有制形式,努力融入世界现代化进程,经济取得了举世瞩目的成就。然而今天的世界经济、政治、军事、科技和外交格局等都正在发生着急剧的变化,全球治理格局也呈现出极为复杂的态势,考验着人类的智慧。

当今世界的全球治理格局呈现出如下显著特点:

其一,和平仍然是时代发展的总趋势,但局部战争不断,战争管控仍然乏力,战争威胁并未消除。第二次世界大战以后的世界在总体上保持了和平的大格局,但全球范围内各种形式的局部战争却一直没有中断。就战争的形式而言,随着高科技军事技术的发展和运用,新时期的战争展示出全新形态,巨大战争机器随时可能成为毁灭人类的无情力量。与此同时,人类的安全威胁不仅在传统领域仍然非常严峻和突出,也日益广泛地渗透到非传统安全领域,并且借助于信息化网络化新兴传媒而拓展,形成了传统安全与非传统安全威胁广泛存在、内在交织、恶性互动的复杂局面。战争管控仍然时刻挑动着人类的脆弱神经,成为全球治理中的敏感

领域和严重问题。

其二,从全球范围看,发展仍然是人类追求的主要目标,并由此而继续成为世界各国自觉彰显的普遍主题,但对何谓各国最佳的发展道路,何谓各自有效的发展方式和治理模式,则在不同国家和制度之间形成不同的看法与选择。近年来,一方面是经济全球化不断发力,继续推进,另一方面由于各国经济下行,因此一些国家在经济上趋向保守,甚至保守主义之风日渐盛行。从总体上看,当前世界经济在深度调整中曲折复苏,但世界金融危机的深层次影响在相当长时期将依然存在,全球经济贸易增长乏力,人类命运共同体的经济内在相关性往往以负面的方式更加鲜明地凸显出来,值得警惕。

其三,与经济一体化形成悖反运动的是,世界政治多极化趋势变得更加明确和紧迫,使得全球范围内地缘政治关系变得更加复杂。全球化对于空间隔离的急速消除,又引发或者扩大了不同国家之间在经济、政治、社会、文化及至生态追求方面的价值差异。不少国家的地方保护主义再度抬头,领土、资源、能源和环境等需求日趋加紧,地缘政治关系变得空前敏感与复杂,全球治理体系面临深刻变革。在当前全球政治治理格局中,一方面是联合国等常设机构继续发挥着重要作用,另一方面是各种新兴的全球性与区域性政府间组织与非政府间组织不断涌现。各种形式的新型国际组织一定程度上削弱着全球治理中原有大国的力量,彰显着全球治理的民主化方向,推动着全球治理的民主化发展。

其四,民族文化多样化继续发展,不同文明类型之间的冲突加剧,各种形式的极端种族主义广泛兴起,作为人类文明毒瘤的恐怖主义全球蔓延,严重威胁着人类生存与安全,挑战着人性和人类文明底线。全球经济一体化和科技信息化一方面扩展了人们的活动空间,另一方面又缩小了不同国度的空间隔离和民族文化差异。一些民族在全球化的进程中得到发展,另一些则受到挤压甚至侵略,由此带来了一些民族的生存危机感。各民族在全球化进程中的自我保全与自我发展成为全球化时代的紧迫问题。

其五,高新科技革命和社会信息化网络化迅速扩展,不仅加快推动着产业变革,改变着社会分工和生产方式,也深刻地改变着社会生活方式和交往方式,正在造就一种真正立足于高新科技和信息化的全球分工体系。各国都应当也必须依托于自己的高新科技和信息化水平,重新定位本国在全球生产和消费体系中的位置,并根据这种定位选择与之相应的生产方式、生活方式乃至国家治理体系。[①]

我们通过"一带一路"建设要面对的世界,就是这样一个极为复杂多变的世界。充分认识并自觉应对全球治理变局,是"一带一路"建设能否顺利推进和取得实效的重要前提条件。

(二) 强化人类命运共同体意识

人类命运共同体意识既是全球治理的必要思想指导,也是推进经济全球化的重要价值导向。人类命运共同体思想为当代人类更好认识自我和处置国际关系提供了重要的思想理论原则,也是推进"一带一路"建设的根本价值导向。

人类关于命运共同体的认识由来已久。西方古代人的"诺亚方舟"传说,中国古代文化中的"天人合一""世界大同""协和万邦""兼济天下"等,都反映了当时人们所具有的共同体意识。1972年以来围绕罗马俱乐部发出的关于"增长的极限"的警报,以及后来引发的"没有极限的增长"的讨论,人们关注着地球生态生物圈对于人类发展的可承载能力,"地球村"和"我们只有一个地球"的说法集中反映着由此而产生的地球生存与危机意识。

应该看到,由中国发起并努力推进的对于人类命运共同体的关注、阐发和构建具有非常重要的意义。

[①] 欧阳康.全球治理变局与中国国家治理能力的时代性提升——中国"十三五"的一个重要使命[N].光明日报,2015-12-09,第13版.

第一,从思想上来看,这意味着对于全球化所造就的当代世界格局的一种高度清醒的认识。现代化的全球性扩展正促进着世界经济的一体化发展,人类命运共同体由原初的以家庭和种族为单位,经过以民族和国度为单位,形成以国度、民族、宗教等元素复杂交织的格局,正在转向以人类整体为单位的新的视角。这是人类文明进步的全新阶段。自觉认识和科学建构人类命运共同体,既是大势所趋,也是人心所向。

第二,从实践上来看,人类命运共同体理论为全球治理提供了根本性和基础性的思想前提和价值导向。当代人类面临着前所未有的挑战,第二次世界大战以来的全球治理格局正面临着深刻的变迁,人类未来走向何方已经成为重大而又紧迫的问题。构建人类命运共同体无疑将作为一种富于建设性的积极价值取向引领人类文明的发展方向。

第三,从中国未来看,人类命运共同体意识由中国领导人提出和阐释,表明了中国发展所带来的与世界力量对比关系的变化,展示着中国的世界影响力和应有的时代担当,是中国和平发展的重要的理论背景,为中国参与全球治理提供了更大的空间。人类命运共同体意识是"一带一路"倡议的理论指导和价值基石,使中国有可能为人类命运共同体的当代建构做出更大的贡献。

(三) 积极应对并努力引领全球治理变局

"一带一路"倡议是中国构建当代人类命运共同体的基本方略和重要途径。面对如此复杂的全球变局,在人类命运共同体思想的指导下,我们应当也有可能通过"一带一路"倡议积极应对全球治理变局,充分发挥引领作用。为此我们提出三个层次的目标:

第一,继续维护第二次世界大战以来的世界秩序,保护和扩大中国的发展空间。第二次世界大战以来的世界格局是经过两次世界大战的血雨腥风、人类付出了巨大代价换来的,是一个总体上有利于世界和平稳定和发展的体系。我们要继续学习和跟进世界现代化,努力开拓中国在既有世界格局中的发展空间,尽最大可能又快又好地发展中国。中国作为第二次世界大战的战胜国和联合国安理会常任理事国,既有这种责任和义务,也有相应的权利和力量。

第二,通过"一带一路"建设,以项目带动,与各国交往,分区域突破,在世界总体复杂格局中逐步开拓于我国更加有利的新发展领域和新发展空间。当代中国的发展仅仅靠跟随世界发达国家已经远远不够,必须进一步探索中国特色的新型发展道路和发展模式。"一带一路"建设要逐步实现由"点"到"线"到"面"到"体"到"系统"的拓展、深化、提升,通过扩大增量来改变和完善世界现有格局,为中国争取更大的发展空间。

第三,通过"一带一路"建设,一方面促进中国在经济、政治、社会、文化、生态等方面的持续全面健康发展,另一方面与越来越多的国家实现良性健康合作共赢,构建新的跨国度合作发展道路,回应世界各国对于当前人类发展道路的疑惑,展示中国特色社会主义制度的主要特点和比较优势,为那些既想快速发展又希望保持自身独立性的国家与民族对于更加美好的社会制度的探索提供中国智慧和中国方案,争取对于全球发展未来战略的更多话语权、主导权,站在人类文明发展的制高点,积极引领世界文明发展方向。

三、加强制度和能力建设,推进中国国家治理现代化

"一带一路"倡议作为中国在新时代构建与其他国家合作共赢新型关系的独特方式,承载着特殊的国家使命和国际责任,能否得到有效实施,在很大程度上取决于中国是否能够将国内发展提升到国际水平,是否具有足够的能力投身和引领经济全球化的当代发展。因此,推进"一带一路"建设,对于中国的制度建设、企业治理和国民素养提出了很高的要求,不仅要求也必然推进中国国家治理体系和治理能力的现代化。

(一)深度认识"一带一路"所承载的特殊使命

首先应当明确,"一带一路"建设在当代中国的现代化进程中具有极为重要的战略性意义,在一定程度上也标志着中国从追随世界现代化到实现独具中国特色的社会主义现代化的重大转变。中国与世界发达国家在现代化水平方面的差距正在迅速缩小,在某些领域已经做到了与发达国家同歌同行,一些领域已经开始有所超越。从根本上说,中国已经进入独立自主地开创中国特色社会主义现代化道路这样一个新时代。而"一带一路"建设正是中国道路的重要而又独特的内在组成部分。通过实施"一带一路"建设,中国不仅可以更有效地解决好自身的内部发展问题,也有可能为世界现代化提供一种更有魅力的中国方案。

(二)深度认识实施"一带一路"建设所承载的内部难题

改革开放以来中国社会价值体系迅速多样化,其领域之广、程度之深、影响之大都已经超出了我们自己的想象。这种多样化给中国人民带来更多的选择空间,给中国经济社会发展带来更多的机遇,让中国社会变得更加鲜活、丰富、多彩,但它也带来了中国社会在区域、行业、人群之间的巨大差异,给中国的国家治理提出了很多新的难题。

从某种意义上可以说,当今我国在发展方面的最大挑战就是要同步解决以下问题:既要保持经济的中高速增长,不断扩大经济规模,继续增加经济总量,又要努力调整经济结构,提升经济质量,使之更加健康合理,还要尽力降低资源消耗,节约能源,切实保护生态环境。很明显,这种低能耗、高水平、高质量的发展对我们的治国理政提出了很高要求,也对"一带一路"的全面实施提出了巨大挑战,要求我们更加自觉主动地贯彻创新、协调、开放、绿色、共享五大发展理念,大力加强"资源节约型"和"环境友好型"社会建设,促进中国经济、政治、社会、文化和生态的全面健康发展。

(三)着力提升中国国家治理现代化水平

承载如此重要的使命,"一带一路"建设能否顺利开展并取得预期成效,在很大程度上取决于中国国家治理现代化的能力和水平。我们认为,"一带一路"建设既依托于并呼唤着中国国家治理现代化,也为提升中国国家治理体系和治理能力现代化提供了施展空间和发展机遇。由此我们至少应该在三个层面同时着力:

第一,在思想理念上,要大力提升"一带一路"建设的思想品格和战略定位。"一带一路"建设既是中国在新时代实现民族复兴的重大设计,也是面向世界的全球战略举措,其最大特点在于将国际建设和国内建设集于一身,将国际发展与国内发展融为一体,实现内外良性健康互动。而能否实现这样的集合与融汇,既取决于对国际发展态势的科学认知与准确评估,也取决于对国内发展方向的全面认识与准确把握。由此要求我们更加自觉和有机地统筹国际事务和国内发展两个大局,既以对国际发展战略态势的科学预见来谋划中国未来发展战略,确定中国社会发展未来方向,并将其具体化到"一带一路"的实施计划和建设项目中,使之具有足够的国际需要和国际意义,又能依据中国未来长远需求设计中国在一定时期走出去的方向与路径,并将其转化为"一带一路"项目,有效推向国际社会,展示中国力量和中国特色,影响国际社会的未来发展。正是通过这样的"内外兼修",我们既能够自觉有效地把国内发展提升到国际水平,为人类文明的当代发展做出更大贡献,也能够自觉有效地把国际事务融入国内发展,提升中华民族伟大复兴的国际内涵。

第二,在价值取向上,要努力提升"一带一路"建设的价值品位与文化品格。"一带一路"建设是一项势能战略,势能传输的特点是从高到低、从强到弱、从大到小、从新到旧,等等。中国科学技术、经济、社会、文化等是否真正具有比相关沿线国家地区和民众更高的品位与势能,决定着"一带一路"建设的命运。值得注意的是,"一带一路"建设归根到底要由一个一个的企业和单位来具体实施,他们的价值取向和运作水平决定着所在项目的进程。我们应当科学遴选参与"一带一路"的企业和单位,使他们真正成为"一带一路"中的中国代表,发挥出良好的示范作用,切实提高"一带一路"建设的价值品位和文化品格。

第三,在体制机制上,要努力提高"一带一路"管理运行的制度体系和规范品格。要努力探索如何将中国特色社会主义的制度优势转化为有利于推进"一带一路"的现代国家治理体系,为"一带一路"建设构建起科学合理有效的制度依托和实施体系。为此必须努力把全球治理与中国国家治理有机结合起来,一方面自觉将全球治理与全球善治作为国家治理体系和治理能力建设的国际依托和发展方向,将国家治理提升到全球治理内在组成部分的高度,另一方面以现代化的中国国家治理体系和治理能力参与全球治理,展现中国特色和中国优势,提供中国智慧和中国经验。要通过加强中国国家治理体系和治理能力现代化建设,加强中国相关法律法规与国际法律法规的对接和协调,不仅为"一带一路"建设提供新理念、新思想、新战略,也能提供更加科学有效的准入体系、监控体系、激励机制和淘汰机制等,更好地发挥和展示新时代中国特色社会主义的思想优势和制度优势。

综上所述,"一带一路"建设是一项具有高度综合性、时代性、全局性的工程,其最大创新和最大特点正在于上述特殊的"双向兼顾""内外双修"及其所达到的"同频共振"与"合作共赢"。"一带一路"建设应当能够自觉应对中国在新时代全面深化改革开放和继续推进新型经济全球化的双向需求与双重挑战,科学展示中国特色社会主义的制度优势和人类文明发展趋势的双向目标与双重价值,切实依托于中国国家治理与全球治理的双向激励与双重支撑,同步推进中国国家治理现代化和全球治理变局的双向建设与双重建构,在有效促进中华民族伟大复兴和构建人类命运共同体中发挥更大作用。

第四节 "一带一路"建设与中国国家治理现代化[①]

在历史与现实、国际与国内、问题与对策的整合视野中,全面分析"一带一路"倡议提出和实施的背景,主张通过"一带一路"建设科学合理统筹国际和国内两个大局,通过"一带一路"建设主动应对和引领经济新常态,促进企业转型升级,推进制度创新和文化创新。

实施"一带一路"倡议,能否成功及其成效如何,关键在于能否科学合理地统筹国际和国内两个大局,推动中国国家治理向着更加现代、合理、健康的方向发展。一方面,通过"一带一路"建设推进中国国家治理现代化,另一方面,通过提升中国国家治理现代化的水平,提升"一带一路"建设的品位与境界。

一、以"一带一路"倡议积极应对国际和国内格局变化

应当看到,中国实施"一带一路"建设,既有主动的一面,也有被动的一面。所谓主动的一面,即积极开拓新的发展领域和空间,重振中国的历史辉煌,创造我们的现代辉煌,促进民族伟大复兴;所谓被动的一面,即不仅要谨慎应对国内发展的困难和压力,还要慎重选好"一带一路"建设的地理拓展方向,更多关注西部地区和海上,减少与现代化主流区域的对冲与碰撞。从某种意义上说,"一带一路"建设正是在主动与被动的结合中展示出当前世界现代化发展的复杂格局,更好地凸显出中国特色社会主义现代化所具有的特殊意义。

[①] 本节内容发表于《国家治理》2017 年第 16 期,略有删改。

应当明确,"一带一路"倡议意味着中国现代化正在由追随式现代化转向自主创新式现代化。30多年来中国的巨大发展成就主要是在追随西方式现代化的进程中获得的。西方式的现代化包含着非常丰富的内容,例如理性化、工业化、市场化、都市化、民主化、法制化等。从1911年辛亥革命开始学习西方的科学与民主,到1919年五四运动呼唤"德先生"和"赛先生",热血青年高举"民主"与"科学"两大旗帜,再到1978年改革开放以来,我们基本上沿着西方的现代化模式一路走下来。走到今天,我们发现这些年来世界现代化道路实际上已经分化了,形成了多种主导模式:一种是西欧模式,一种是北美模式,一种是苏联和东欧模式,一种是拉美模式,还有一种是东亚模式。这五种模式各自包含着世界现代文明的不同要素,并组合成了不同的现代化模式,产生了不同的效果,形成了不同发展程度的国家和地区。各种模式创造了各自所在地区或者国家的繁荣,但是各自也都有自己的问题。中国发展道路的最大优点是,以前所未有的开放心态,向其他各种模式学习,把各种可能要素都吸引进来,让其发挥红利并用到极致。现在我们发现,这些现代化要素与模式中,一些已经衰败了,一些正在发生着改变。而我们从其他模式中能学到的、能吸引进来的、能运用的,基本上都已经学习、运用得差不多了。

要清醒认识并有效应对变化中的中国与世界的关系。随着中国综合国力的提升,世界很多国家对中国的态度在发生着非常深刻的变化。过去很多国家把中国看作投资热土,首选到中国来投资,我们则借用世界各国的资本发展了我们自己。现在,随着中国经济的发展和经济社会治理的现代化,情况正在发生着深刻变化,外国人对中国的投资热度不再高涨,甚至各国似乎也没有那么多钱来中国投资了,而中国却不知不觉中已经成为世界第三大对外投资国。过去世界各国都愿意经销价廉物美的中国商品,巨量的对外贸易发展了中国经济。现在,随着中国劳动力的成本价格不断上升,中国商品已经是物美价不廉了,国外商家经销中国商品的热情也有所下降，一些国家甚至开始对中国商品进行封锁。与此同时，中国的很多商品已经走到了世界商品市场的中高端，成为很多领域的高端产品。

这种情况表明，中国与世界各国现代化的关系正在发生着深刻的变化，中国已经由对发达国家的追随时期转变到必须独立自主开创自己现代化的全新时期。当前中国最大优势是已经具备了较强的经济实力，希望能够和平崛起，谋求更大发展。但一方面中国的内部发展空间仍显不足，需要向外部拓展，而另一方面世界格局也已经并在持续发生着深刻的变化，不断对中国产生新需要并提出新挑战。

在这样的背景下，提出"一带一路"倡议，意味着中国不得不创造一种独属自己的现代化，甚至创造一种新的世界关系与全球格局。通过实施"一带一路"建设，中国有可能通过对自身变化的自觉谋划与世界性拓展，创造出新的内部发展空间，更好地与各国在各相关领域务实合作，互通有无、优势互补，真正实现共享机遇、共迎挑战，实现共同发展、共同繁荣，从而更好地发挥出对世界的辐射作用，引领全球治理格局的变革方向。

二、通过"一带一路"建设提升中国国家治理现代化水平

通过"一带一路"建设主动应对和引领经济新常态，转变经济发展方式，探索中国经济发展新模式。30多年来中国一直保持高速增长，近年来增速有所下降，进入中高速发展期。经济过度下行的危害在于，如果我们不能在未来的几年里保持较稳定的经济增长速度，党的十八大所提出的到2020年实现国民总收入和人均国民收入"两个翻一番"的目标就很难实现，全面建成小康社会的奋斗目标就难以实现。在此背景下，发展的速度和规模必须引起足够的重视。制约我们发展的另外一个瓶颈就是有限的资源和环境。有研究表明，我国改革开放以来的 GDP 快速增长，是以消耗

世界资源、能源消耗平均水平1~2倍的资源来获得的,有的领域甚至更高,而环境的破坏速度也超出了世界平均速度。尽管中国地大物博,但由于人口众多,人均资源和能源占有相对较低,加之分布不均与过度消耗,当前中国面临着非常复杂的生态环境压力。在这样的背景下推进"一带一路"建设,就要自觉地以"创新、协调、绿色、开放、共享"五大发展理念引领中国发展道路,实现一种全新的发展目标:既是高速的,又是绿色的;既要规模大,又要质量优;既要结构合理,又要功能齐备;既要节约能源,又要保护环境,探索出一条全新的经济增长与社会生态各方面协调发展的道路。

通过"一带一路"建设,促进我国企业转型升级,提升我国企业治理水平。在"一带一路"建设中,真正走出国门、走进不同国家的是一个个的具体企业、公司,他们各自有不同的所有制、生产方式、分配方式、企业文化、人员素养等,彼此间存在着巨大的差异。但对于这些企业进入的国家、地区、民族等而言,他们都有"来自中国"这一标签。这些企业和单位自然成为中国发展的代表,他们的工作及其成效直接代表着中国。他们在国外的活动很大程度上是其在国内地位与功能的延伸,各个企业在"一带一路"的国际交往与合作中的思想境界和行为水平,一方面取决于他们是否真正懂得并能够严格遵循相应的国际规则,另一方面也在很大程度上取决于他们在中国国家治理体系中的地位和受到的规制。我们应通过"一带一路"建设,促进国内企业的转型升级和创造性发展。

通过"一带一路"建设,推进我国的制度创新和文化创新。制度与文化的差异是我们推进"一带一路"建设中必然面对的一个深层问题,"一带一路"涉及亚洲、中东和欧洲等很多国家,这些国家在社会制度和文化背景上与我国有很大差异。不同政治制度国家之间的交往,要达到真正的政治互信、制度互通、经济共赢和文化沟通,需要做出更大的努力与调试。当今世界很多国家都面临着在不断分化的复杂世界格局中重新选择自己的战略合作伙伴和发展方向的问题。这既给"一带一路"建设提供了机会,也提出了严峻的挑战。中国要通过"一带一路"真正走出去,走向世界,不仅要扩大与相关国家与区域的物资与经济交往,而且也面临着一种规范的交往和制度的协调,同时面临着一种文明的冲突。为此我们必须加强当代中国的制度建设和文化建设,提升自身品位,增强自身魅力,强化比较优势,为世界各国探索更加理想的社会制度提供科学可行的参考与借鉴。

三、以推进中国国家治理现代化保障和提升"一带一路"建设

加速推进国家治理体系和治理能力现代化既是"一带一路"建设的客观要求,也必然为"一带一路"倡议的有效推进提供必要的国家后盾与制度保障。

在思想理念上,要以新的国际视野和思想高度谋划中国国家发展战略,更加自觉和有机地统筹国际和国内两个大局,自觉推动中国的新一轮改革开放,提升"一带一路"的思想品格和定位

实施"一带一路"意味着中国的改革开放进入到全新阶段,不仅要引进国际资本,也要输出中国资本;不仅要输出中国产品,也要输出中国技术;不仅要销售物质商品,也要推行文化软实力;不仅要考虑眼前利益,更要关注长远发展与战略合作;不仅要考虑中方获利,也要谋求双赢、多赢与共赢,等等。为此我们必须更加自觉地着力于科学合理有效统筹国际和国内两个大局方面,拓展开放的力度,深化改革的程度,构建起符合时代要求的全球性思想理念、战略布局、经济体系和文化形态,并通过"一带一路"付诸实施。

在价值取向上,自觉梳理中国价值多元状态并做出必要价值评价与合理性调试,努力提升"一带一路"建设的价值品位与品格。

作者认为,"一带一路"建设进展和成效如何,在某种程度上取决于中国科技、经济、社会、文化等是否能够对沿线国家地区和民族有更强吸引力和号召力。当前中国经济社会发展处于深度转型过程之中,各种经济元素良莠不齐,如果不加分析、不加识别、不加

调控,任由地方和企业的自发推动,盲目推进"一带一路"项目,不仅不能展示中国经济、社会、文化的先进与优势,反而有可能造成严重的困难与长远的问题。我们应当对当前中国价值多元化进程中的各种因素做出必要的合理性分析,建立科学合理的"一带一路"倡议的价值评估体系,积极支持那些具有发展前景和雄厚潜能的企业融入"一带一路",防止那些代表落后生产力、缺乏国际竞争力的企业贸然推进"一带一路"项目,不断提高"一带一路"建设的价值品格。

在体制机制方面,要将中国国家治理体系的比较优势转换为"一带一路"建设的实施体系和制度依托,构建科学有效的准入体系、监控体系、激励机制和淘汰机制。

"一带一路"建设是国家意志,要求所有参与的企业与单位都要遵循现代化国家治理体系的规制与约束,履行自身的责任与义务。中国国家治理体系和治理能力的现代化程度与水平直接决定着中国国家内部的发展状况,也决定着中国能够通过"一带一路"走多远、走多久、走多好。要通过加强中国国家治理体系和治理能力现代化建设,为"一带一路"建设构建切实科学可行的体制机制,提供新理念新思想新战略,加强中国相关法律法规与国际法律法规的对接与协调,进一步理顺和改善中国不同地域、行业、阶层和人群间的关系,更好地发挥和展示中国的制度优势,提升中国在"一带一路"实施中的自主创新和发展能力。

结语

推动构建人类命运共同体[①]

2017年伊始,习近平主席在联合国日内瓦总部进行了题为"共同构建人类命运共同体"的重要演讲。"构建人类命运共同体"这一时代命题的提出,也吸引了学术界的更多思考。

首先,关于人类命运共同体的提出及意义。人类、命运、共同体,这三个主题组合在一起具有丰富内涵。所谓人类,是相对于国家、民族而言的,包括今天看到的各种种族、宗教等。所谓命运,讲的是真正的生存状态,它既是一种逻辑的状态,又是一种感性的状态。所谓共同体,则既可以是一种自然描述,也可以是一种感情沟通、合作共赢的组织。实际上,自从人类这个概念产生时,人们就在关心人类命运共同体了,所有人类文明理想实际上都是和人类命运共同体联系在一起的。当然,我们讲的命运共同体实际上有底线和高端状态。底线状态就在于能不能一块活下去,在这个意义上古老的表述就是诺亚方舟,当人类面临困难和危机的时候,有没有"另外一个世界"能让我们逃避这样的灾难?而高端状态就是人类能否共同繁荣发展。这两个方面是人类追求的梦想,所以,今天人类命运共同体命题的提出有特别重要的意义。

[①] 本部分内容为作者在上海市马克思主义研究论坛"中国特色社会主义与人类命运共同体"研究会上的主题发言整理而成,发表于《中国社会科学报》2018年4月25日,略有删改。

其次,关于人类命运共同体的多维透析。什么是人类命运共同体? 我认为,至少要从以下几个层面进行考量:第一个层面就是直接的最底层形态,即人类生存的自然地理环境。即便有共同理想、共同价值、共同追求,也需要在地球继续存在下去的时候才有可能。第二个层面是经济、生活方式和生产方式。从古到今,人类经历了自然状态、大工业状态到现代化状态,这样的状态对于人类命运产生了巨大影响,每一个人在不同劳动体系中所得到的感觉、所创造的价值和实现的收益都是不一样的,这就是人类文明进步。第三个层面是社会政治制度。从古到今,人类社会分成不同国家,产生不同主义,产生激烈碰撞,造成人类内部极大的矛盾与冲突,甚至带来战争。第四个层面是社会组织形式。这是涉及所有人的社会治理。第五个层面是文化问题。文化问题既有传统的,又有现代的。当我们讲文化多样性的时候,应当思考如何让中华文化能够在世界文化的百花园中真正站立起来,获得应有的地位和尊重。第六个层面是精神家园。13亿人的共同精神家园在哪里? 不同的人可能有不同的宗教信仰,有不同的社会生活,不同要素之间的比例及其组织方式是不一样的,在这个时候,精神家园的交集就会非常重要。

再次,关于中国特色社会主义可能带给人类的贡献。第一,把中国自己的事情做好,让当代人类命运共同体能够有好的状态。第二,中国特色社会主义能不能真正实现从"赶上"到"赶超"? 为人类命运共同体做出更大贡献。第三,如何才能真正达到共同繁荣。当代许多西方学者都承认中国正在改变世界格局,但是这个过程非常漫长。如何在这个过程中构建起人类命运共同体,需要学者提供思想、理论和方案。所以这是我们的使命,也是机遇。

附录1

访谈：全球治理变局与中国-波兰关系[①]

2016年11月12—13日，华中科技大学国家治理研究院以"绿色发展与全球治理"为主题，在武汉东湖宾馆主办"全球治理·东湖论坛2016"，华中科技大学国家治理研究院院长、哲学研究所所长欧阳康教授邀请波兰前第一副总理兼财政部长格泽高兹·科勒德克（Grzegorz W. Kolodko）参加会议并做了波兰改革与发展的学术报告，同时，欧阳康教授作为"慧源学术访谈"主持人以"全球治理变局与中国-波兰关系"为题对他进行了专访。科勒德克原为波兰共产党党员，波兰著名的政治家、经济学家，在波兰政治变革过程中发挥了重要作用。波兰政治变革之后，他曾出任波兰第一副总理兼财政部长，有人称他为波兰改革的总设计师。科勒德克一直在华沙的科兹明斯基大学任教，是一位非常优秀的学者，出版了五十余部著作。他的三本书已经被翻译成中文出版，一本是《真理、谬误与谎言：多变世界的政治和经济》，谈的是多元变化中的世界经济；一本是《从休克到治疗：后社会主义转轨的政治经济》；还有一本是《21世纪政治经济学》。本次对话涉及波兰、俄罗斯、美国、欧盟和中波关系等诸多问题，对于理解当前全球治理变局有重要启示。

[①] 本节内容发表于《江海学刊》2017年第4期，略有删改。

一、波兰的经济发展与社会改革

欧阳康:苏联东欧剧变以来,波兰发生了很大变化,您如何看待从那时以来波兰的社会改革与经济发展情况?

科勒德克:谢谢您的邀请,很高兴有此学术对话!从地域上来看,在新加入欧盟的国家中,波兰是最大的。但是,波兰也是一个很小的国家,人口只有3800万~3900万人。我们对世界产出的贡献不到1%,相对来讲我们是发达国家,但是我们仍不属于西方富有国家的行列。波兰的GDP现在约占欧盟平均收入水平的70%,约占美国人均GDP的40%左右。我们的GDP一直在增长,但是增长速度不及中国的一半。2016年,中国的GDP增长速度在6.5%~6.8%,波兰的GDP增长速度为3.3%~3.5%。但我们依然认为波兰的经济很成功,因为在过去的25年里,波兰的经济没有出现一点退步。在世界经济危机时,很多东欧国家的经济都受到一定程度的影响,但是波兰的经济没有受到影响。波兰是28个欧盟成员国之一,同时也是OECD 35个成员国之一。OECD是经济发展与合作组织的简称,波兰是在1996年我担任副总理时加入OECD的。

欧阳康:如何说明波兰的经济和政治改革是成功的?

科勒德克:首先,成为欧盟的一员对我们来讲是一个合理的决策,能够为我们的市场经济和社会民主带来显著提高。欧盟大多数成员都比我们富强,因此人民相信加入欧盟能加快波兰赶超欧洲发达国家的步伐。情况也的确如此,12年前,波兰的GDP不到欧盟平均GDP的50%,现在是欧盟平均GDP的70%。波兰经济的增长速度比东欧其他国家的增长速度都快,也比其他老牌欧洲国家如德国、法国、意大利的增长速度快,我们与欧洲富强国家的差距在缩小。中国也是如此,中国同西方国家、日本、韩国的差距也在不断缩小。我说波兰的成功是相对的成功,因为我们有可能做得更好。我们经常拿 GDP 来对比,虽然 GDP 不是最重要的,不能代表一切,但 GDP 仍是国家经济实力的非常重要的指标。与 1989 年相比,波兰目前的 GDP 是当时的 225%,增长了 120%,但中国的 GDP 增长了 500%。25 年前,乌克兰的 GDP 大于波兰,现在乌克兰的 GDP 与 25 年前相比基本持平或略高一点,而现在波兰的 GDP 是乌克兰的 3 倍多。俄罗斯和乌克兰都曾是苏联的核心国家,两个国家加起来有近 2 亿人。乌克兰的 GDP 仍然远低于 1989 年的水平,俄罗斯也一样,他们有 1 亿多人,但是 GDP 从 1989 年以来并没有多大的提高。任何事情都是相对的,你不得不意识到,世界已经发生了巨大的变化。25 年前,苏联解体,那个时候俄罗斯的 GDP 是中国的 3 倍,但是现在,中国的 GDP 是俄罗斯的 6 倍多。这就是我所说的巨大变化,这是人类历史上从未发生过的。我说波兰的改革相对来说是成功的,这取决于和谁对比。如果和东欧的其他国家对比,波兰的改革是成功的,如果和中国对比,波兰的改革就没那么成功。

欧阳康:哪些因素促进了波兰的改革与发展?

科勒德克:我们是如何做到的呢?第一,不是因为波兰人更聪明,而是因为我们更努力。我认为波兰人和其他国家的人民一样好,但是在波兰文化中,我们有一种"进取精神",这一点和中国很像。当我们谈论中国时,人们都会联想到中国人的勤劳,中国人每天都工作很长时间。

第二,波兰有自己的治理方式,波兰系统的社会变革比其他国家都要合理。波兰的变革是从"休克治疗"开始的。我说的休克治疗很多时候指的是有休克,没有治疗。《从休克到治疗》是我一本很重要的书,已经在中国出版了(上海远东出版社 2000 年版)。很多社会主义国家的政治经济改革都是从休克到治疗的。27 年前,很多国家在经济上都出现了很多没有必要的休克。波兰致力于逐渐向市场经济转型,致力于加入欧盟。苏联解体后,我们有了所谓的独立和自主,我们拥有自己的主权,所以未来掌握在波兰人自己的手上。我们决定加入欧盟,从那一刻起,我们就得适应和遵守欧盟的法律、制度和一系列法规。

第三,积极开展市场经济建设。到1998年,波兰的市场经济改革就已经完成了。在我看来,从1989年之后到今年的27年间,相对来讲,波兰的市场经济改革要好于民主政治改革。我们确实有民主,波兰人民能自由选择,他们有自由的选举权,有所谓的自由媒体,人们非常热衷于民主。但是民主并不像刚开始所构想的那样一帆风顺,从一开始就有很多问题。我经常思考:我们要做什么?如何治理?如何前进?我们努力以一种积极的方式应对全球化带给我们的全面挑战。

二、俄罗斯问题

欧阳康:刚才您提到俄罗斯,我也去过俄罗斯多次,做过一些俄罗斯专题研究。我总是在想,俄罗斯这么大的一个国家,为什么会发展成今天这个局面?有个问题非常值得我们思考:一个国家如何找到一条适合它的、好的发展道路?我们能从俄罗斯的发展中得到哪些启示?

科勒德克:成功需要很多条件,大体上来讲,成功的前提条件是必须有远见,而不是幻想。成功是要以一个长期的战略发展规划为基础,并且以实现这一规划为目标,还需要一个好的领导人推动战略目标的实现。但是,回到25年前的俄罗斯,他们几乎没有一个长期的战略规划,并且他们也没有一个好的领导人。我不认为叶利钦是一个好的领导人。

另一方面,俄罗斯的经济模式过多地依赖自然资源,经济发展模式单一,这是俄罗斯不繁荣的原因之一。加拿大、挪威、澳大利亚等国家拥有丰富的自然资源,这些国家经济社会发展得很成功,但它们的成功不仅是因为自然资源,还因为它们的经济发展得很好。俄罗斯经济过度依赖自然资源,没有推动国内经济结构重建,没有推动经济向自由化、多样化转型。俄罗斯的出口以天然气、石油、武器、伏特加酒为主,出口的工业产品非常少。俄罗斯的经济过度依赖进口,其中70%~80%,甚至90%都需要进口,这个数字是惊人的。由于石油很容易获得,价格又高,因此俄罗斯认为没有必要推进经济多样化,没有必要投资、创新,没有必要建立研究机构来提升国民素质,没有必要教育人民如何在开放、多元、合作的全球经济中取得竞争性的胜利。

俄罗斯退步的另一个原因是国家精英阶层权力相对来讲过于强大,他们更重视发展俄罗斯的军事力量和军工产业,这一理念对人民的影响很大,学者、知识分子对人民的影响很小。与波兰和其他东欧国家开放的市场占主导地位不一样,军队在俄罗斯经济中的影响特别大,重工业、军工在经济中的影响力非常大,国有资本占主导,这也是俄罗斯经济发展缓慢的原因。

欧阳康:是的,这些确实是俄罗斯经济发展中的重大问题。您提到了俄罗斯经济发展和东欧的一些不同之处,的确值得我们深思。

三、欧盟问题

欧阳康:苏联东欧解体后欧盟有很大的扩展,波兰是苏联东欧解体后较早加入欧盟的国家之一。您如何看待欧盟东扩?

科勒德克:欧盟扩大化进程中的一个阶段便是波兰加入欧盟,这是一个扩大化进程中很好的部分。在12年前的2004年5月1日,波兰、最后七个东中欧国家和两个非社会主义欧洲国家加入欧盟。其中塞浦路斯和马耳他是两个地中海岛屿国家,三个后社会主义共和国——爱沙尼亚、拉脱维亚和立陶宛,仅仅是小国,他们的人口较少,加起来差不多780万人,而一个波兰就有3900万人。同时期加入的还有捷克共和国和斯洛伐克,它们是捷克斯洛伐克以和平的方式分离而形成的两个独立国家。匈牙利和后社会主义国家斯洛文尼亚——前南斯拉夫分裂后最富有的共和国,但是人口只有 200 万人,同在 2004 年正式成为欧盟的成员国。斯洛文尼亚是东中欧最富有的国家,比欧盟的穷国更富有,也比希腊和葡萄牙富有。2007 年,保加利亚和罗马尼亚加入欧盟。2013 年,另一个后社会主义共和国克罗地亚也投入欧盟的怀抱。所以现在 8+2+1,也就是东中欧有 11 个国家成为欧盟成员,其中 3 个来自苏联。苏联现在已经分裂成 15 个独立的后社会主义共和国。在后南斯拉夫国家中,欧盟吸收了两个国家,剩下的国家中有塞尔维亚、波斯尼亚和黑塞哥维那、马其顿和独立的黑山,他们在欧盟化的路上。还有正在迈向独立的国家——科索沃,但因为俄罗斯不承认科索沃是一个独立国家,所以科索沃不是联合国的成员,也不是欧盟的成员。目前,马其顿、波斯尼亚和黑塞哥维那、阿尔巴尼亚和乌克兰正在同欧盟进行合作或为未来加入欧盟而谈判,最终结果如何我们现在还无从得知。但从目前而言,我们看不到任何欧盟想进一步扩大成员国的蛛丝马迹。现有成员国不欢迎新的成员,因为欧盟内部存在很多问题,如难民危机以及脱欧所造成的潜在威胁。

欧阳康:加入欧盟对于波兰发展产生了哪些实际的影响?

科勒德克:加入欧盟能促进我们制度的改革并有助于我们的发展。我们从欧盟获得资源和投资,这些被用来改善我们的大学、修路、建桥和清洁环境。我们向欧盟的一个口袋支付我们的会费,但我们从另一个口袋得到更多的钱。同时,因为欧盟对制度的要求所引发的变革也提高了我们的竞争力。在欧盟扩大化进程中,人们可以看到和感觉到我们的生活变得更好,当然这是因为我们是欧盟的成员。这同样也是罗马尼亚、捷克共和国和立陶宛人民的意见。

欧阳康:既然如此,怎么理解英国的脱欧公投呢?

科勒德克:但在英国、荷兰和芬兰,确实是另外一幅景象。所以,在一个简短的时期中,他们决定进行全民公投,这件事让很多人吃惊,其中包括我。在英国,脱欧势力以微弱优势获得胜利。如果在这周末,荷兰也举行脱欧全民公投,我认为多数人也会选择离开。那些生活在富裕西欧国家的人们,已经对欧盟扩大化和欧洲东部感到厌烦,因为许多人认为他们正在补贴我们。当你走在英国伦敦的大街上,如果留意非英语的其他语言的使用者,你会发现波兰人是继印度人之后的英国第二大外国人群体。我不知道我们具体有多少人在英国,大约是100万人。自从12年前加入欧盟,波兰作为一个3900万人口的国家,有将近240万人移民出去,他们大部分移居到了西欧国家,首选是德国和英国。他们在移入国受到热烈欢迎,因为他们能充实劳动力市场。大多数时候,他们是具有企业精神的、受教育的、纪律性强的和有技能的。但有些人不喜欢他们,就像特朗普不喜欢拉丁美洲人和墨西哥人。因此,怀疑主义情绪在大多数西欧国家日益增长,脱欧只是我给你提供的一个具有严重政治后果的例子。

欧阳康:乌克兰的问题就其背景而言好像比英国要更复杂一些?

科勒德克:乌克兰危机的爆发开始于乌克兰前总统——亚努科维奇说他不会签署与欧盟的协议,这些协议是已经经过谈判的。因为他拒绝签署协议,人民便涌入街道和中央广场,开始游行示威,这标志着乌克兰问题的开始。当乌克兰重选总统之后,新成立的政府就在今年与欧盟签署了这项协议。但是要使这项协议合法化,就必须得到欧盟每一个成员国的批准。然而在荷兰这个西欧富裕的小国,不是政府或议会,而是民众主动地在大街上收集签名,要求就这个问题进行全民投票,他们收集了数以百万计的签名,他们迫使政府和议会组织全民公投。荷兰民众到底赞成还是反对与乌克兰签署协议呢?结果是大多数人说不。一个小国说不,即使剩下的27国赞同,这个协议也无法通过。

欧阳康:您如何看待欧盟的未来前景?

科勒德克:不是每个人,但大多数人,他们想加入欧盟,是因为相信加入欧盟后他们会变得更好,能够得到更多的钱。从长远而言,这可能是真的。但也有些人,他们不想加入欧盟,因为他们是亲俄派。他们的文化非常接近俄罗斯,他们说俄语,他们与俄罗斯的商业来往密切。在欧盟内部有一些成员,他们不想要任何新成员,因为到目前为止他们厌倦了繁杂的扩大化过程。另一方面,欧盟怀疑主义也在蠢蠢欲动,一个令人震惊的事实就是英国决定离开欧盟。在英国脱欧这个问题上,问题远远多于答案。因为英国政府如何处理这件事是未知的,我们必须等待。希望这是最后一个脱离,但这不是一个保证,因为你可能有一些其他问题,比如悬而未决的希腊债务危机,之前的解决措施只是推迟希腊债务危机的爆发或饮鸩止渴。另外,在难民问题上,直到现在我们依然不知道难民危机会朝哪个方向发展。因为各种现存的问题,欧盟的未来是不清晰的,而且它不是一个短时间就能解决的,将是一个比3年或5年更长的过程。但我相信未来会有一个更好和更加繁荣的欧盟,欧盟与中国和欧盟与美国的关系也会发生变化。

四、美国问题

欧阳康:本次"全球治理·东湖论坛"要讨论的重要问题是全球治理变局。这方面可能发生最大变化的也许是美国。这次美国总统选举投票中,许多人认为特朗普不会获胜,但实际上他赢了。您怎么看待美国选举?为什么会出现目前的情况?我发现特朗普的想法之一是让美国退出世界警察的角色。如果发生这种情况,将对全球治理体系有什么影响?

科勒德克:这其中包含很多问题。首先我认为未来我们将看到一个完全不同的唐纳德·特朗普,与迄今为止看到的不一样。我希望他自己知道,他说的和他答应的大多数是胡说,只是对竞选有好处。因为自由风格的美国竞选运动的特点,意味着为了获胜可以不择手段。他用了他能想到的各种方法,如脏话。但现在我认为他会改变,他也不会说那些愚蠢的事情了,比如修建隔离墙、遣送那些非法移民、禁止穆斯林移民、称呼中国为货币操纵者等，因为他知道他自己说的话是无稽之谈。但不可避免的是，我们会看到他将做出一些经济的但不太合乎逻辑的行动。他将改变美国对全球气候协议的贡献，这意味着一年前气候峰会所获得的成果将烟消云散。我不希望去年的气候协定取消。特朗普做出的这些事情将如何影响美国、国际关系和全球治理？从目前而言，问号多于句号。美国的政治制度与中国及其他国家的政治制度有很大的不同。美国制度在权力制衡上确实做得非常好。虽然国会占优势比例的是共和党人，但考虑到特朗普在共和党内并不受待见，我们不禁会想，在国会他会拥有一个共和党总统的优势吗？问题是共和党人如何反应？

欧阳康：美国总统大选不仅将深刻影响美国政局，也有可能在很大程度上改变全球治理格局。

科勒德克：美国将如何负责以及在特朗普时期美国将承担多少全球治理呢？我们肯定会切身体验到，因为世界离不开美国。但自从某个时候开始，美国，包括白宫、大多数保守派和共和党人，他们都明白他们离不开中国。所以他们放弃G7，于是现在有了越来越重要的G20。G20正在取代G7，成为全球治理的一部分。G20讨论一些紧要的问题，也做出了实现未来蓝图的承诺，并提出了应对气候危机、人口环境危机、经济发展和克服贫困的主张。G20正试图在它们自己的国家执行相应的政策。但它不是第二个联合国，它不是政府，而是治理。我赞成和支持G20，因为它汇集了不同的议程、不同的价值观和不同的经验，也代表了全球经济和社会财富的共同利益。

我手里有一本装帧精美并令人兴奋的书，这不是关于科学的书，而是一本政治科学小说。这本书是10年前用英语写就的，书中的故事发生在2032年10月，也就是16年之后。故事发生的时间和昨天一样，也是总统选举后的那一天。但与昨天相反，民主党打败了共和党。然后前总统邀请新总统一起跳舞，告诉新总统其实我们一直在欺骗大众,我们操纵美国和世界各地的舆论,全球气候问题一直在恶化,但是减排却被扔到九霄云外。事实是,由于全球气候变暖,世界末日将要来临,但是他们却将日趋恶化的事实遮蔽起来。剩下的故事是努力寻找如何重新控制已经变暖的气候的办法。在美国内部,有两种想法:一种想法是以主管外交政策的国务卿为代表,他建议总统到联合国进行演讲,把每个国家聚在一起,让全世界的人一起来为这个共同目标努力;另一种想法是国家安全顾问所提出的,他说"我从来没有见过任何人对穷人无情,但我却没有看到任何理由与他们谈话"。他选择只与中国谈话,剩下的部分谈论美国如何与中国打交道,中国如何与美国打交道,然后他们如何合作,他们如何互相欺骗,他们如何共同领导全球政治。这是一个发人深省的故事,您应该读它,因为有时候 G20 和 G195 确实是在浪费我们的时间。

就在两天前,美国国务卿克里被问到,去年巴黎气候峰会签订的协议与 1992 年在巴西里约热内卢、1995 年在德国柏林和后来在丹麦哥本哈根峰会等签订的协议之间的区别是什么?克里的回答是,巴黎峰会是奥巴马与习近平,即美国和中国第一次在气候控制上达成一致协议,这是真正的进展,中美将恪守承诺,一同努力。因此,从现在到未来的全球治理在很大程度上将取决于 G2 和 G20,而不是 G7 和 G195。有一些问题应该由 G20 讨论,但是有一些将是中国和美国的选择,其余国家要做好跟随的准备。虽然 G2 之间的议题极难覆盖所有问题,但这个世界确实需要治理。因为普遍全球化的结果是不同国家之间在经济自由化和一体化之间相互缠绕,构成错综复杂的世界经济。我认为普遍全球化是由于它背后的技术和经济利益所引发的,当然中国也被牵扯其中。由于我们先有一个存在问题的经济结构,所以我们忍不住要问解决问题的方法在哪里?如果中国经济出现了问题,中国政府中就有各级官员为解决该问题而努力。如果美国有问题,他们比中国多的是人们寄予厚望的总统。那么世界的统治者在哪里?没有这样一个职位,所以我们需要一些政策协调工具。我不相信任何乌托邦,也不存在世界政府,但我们必须有全球治理。所以当今世界呼吁新的制度创新。我手里拿着的是我今天要提到的最后一本书《21世纪政治经济学》,它非常关心未来21世纪的全球治理,同样也将目光投射到世界未来的发展方向以及世界如何往这个方向行走,它告诉我们如何顺应潮流。

欧阳康:我认为您给我们提供了一个很新颖的观点,使我意识到中国也将对世界的未来有着巨大的影响。但最近我脑海中冒出一个疑问——是否确实存在一个世界经济体,所有国家的经济在全球化的过程中都朝着实现一个梦想和目标而努力?在去年这个时候,我们召开了另一个国际会议,我们称之为"全球治理与国家责任"。我得出的结论就是不同的国家在经济一体化和全球化的过程中变得越来越自私,他们都只顾着寻求并保护自己的利益,像美国和一些欧洲国家。中国试图加入全球治理,但很多国家似乎很排斥,它们的首要目标是必须保证各自国家的利益不受侵犯。所以在同一个过程中似乎是出现了不同的发展方向,我们该如何解决这个问题呢?我注意到你们中有一些人在批评自由主义,其中包括新自由主义。那么,新自由主义是全球化的入门基石还是有其他的规则或原则?

科勒德克:您可以从不同的角度分析这个问题,请忘记世界,我们现在身处中国,所以我们把世界放在一边,我们来聚焦中国。首先,我们需要明白什么是中国?中国的上海,那里的人均收入可能高达日本的水平,但是内蒙古的人均收入却只与孟加拉国差不多。所以现在您必须在一个漫长的时间段里来解决这些问题,这个时间段也许需要一百年或者三百年。美国提出的一些解决方案在五十多年的时间里已经被很多富国采用,但是中国还没有。美国提出可以转移0.37%的GDP用于贫穷国家的发展,斯堪的纳维亚国家和荷兰,他们做到了,但是美国的比例却不超过0.2%。一旦特朗普正式成为总统,他将什么都不会做。因为您知道他非常贪婪,并且不缴税,他认为聪明的人不缴税,只有愚蠢的人缴税,但正是这些看似愚蠢的人一直在帮助穷人。这是文化心态所导致的一些问题,也是需要我们共同协商解决的。我认为现在最糟糕的情况是气候,如果你想生存,并避免气候变暖对你的孩子造成影响,我们必须实施全球治理,这不能仅仅靠中国或美国来解决。如果特朗普真的认可他自己说的话,那些关于气候变暖的故事是一个愚蠢的阴谋,他将在至少四年里灰头土脸,这意味着在气候控制上没有进步反倒会有退步。期望他只是说说而已!

欧阳康:但就是发表了这么多奇谈怪论的特朗普当选了,这似乎让我们对选举民主有了更多的认识?

科勒德克:为什么美国人民选择了特朗普,或者英国人民选择了脱离欧洲。我不会说这些国家的居民是白痴,我十分尊重他们,但他们确实缺乏必要的知识。在英国,现在普遍存在的问题是,大多数英国人在投票时选择脱欧,但是他们不知道他们的投票意味着什么。在美国,大多数人投票给特朗普,因为他们不喜欢克林顿·希拉里,他们不能忍受她在电视上哪怕一分钟,更不要说四年或许八年,这就是为什么特朗普会当选的原因。有很多人没有知识去辨别事实,他们只是听信特朗普。因为来自中国的竞争确实使数百万美国人失去了工作,因为许多产品不是在美国,而是在中国制造。特朗普说,他将对中国征收关税,很多人都相信了他的观点。许多人认为拉丁美洲人在一些地方,特别是在加利福尼亚州、佛罗里达州和得克萨斯州,甚至在一些城市,他们是多数,正在造成一些问题。特朗普说,他会把他们送回去。通过表达大多数人想听的而获得他们的支持,这是特朗普廉价但是非常奏效的政治手法。但是你要记住他只是在竞选总统,他不会保证他说的都是真话。现在的问题是,这个人会多认真地对待自己的言论? 美国在世界舞台上角色的退化会导致很多全球性问题,这些问题离开了美国都不能以正确的方式解决。与此同时,美国角色的改变也将滋生欧盟内部一体化的问题,虽然我们一直力求保持同一个声音,并提出欧盟的联合观点。

另一个例子是关于军费,特朗普说,每个人都必须支付他自己的份额,在北约,每个成员应该花费GDP的2％用于国防力量发展。我们和爱沙尼亚都做到了,但其他大多数北约国家并没有做到。以德国为例,它的军费支出占GDP比重为1.3％,他们不想花费更多,他们认为我们是愚蠢的。如果美国想在西欧建立军事基地,那就让他们去吧。特朗普说,在我们需要美国帮助的时候他不会选择介入,除非我们遵守他制定的规则,这意味着我们必须付出更多的代价。在欧盟,一方面像德国和法国,他们国土面积大,国际地位重要且有影响力,但他们在国家军事力量建设上却不激进。另一方面,如波兰这样的国家,前身是社会主义共和国,现在是欧盟成员,却更激进并且准备花更多钱到军事上。因此,我们依然还有许多事情需要去完成。

欧阳康:全球治理仍然非常必要,但需要更多的治理组织和形式。

科勒德克:全球治理非常有意义,联合国、世界组织、世界银行和国际货币基金组织都有全球治理的功能,还有一些新兴组织,我们也在密切关注,像中国倡议的亚洲基础设施投资银行。它们不是替代已有的国际银行,而是对其的补充。就在一个星期前,我们签署了英国脱欧危机后第一项局域性协议,欧盟与加拿大签署了一项名为CETA(综合性经济贸易协议)的自由贸易协定。这是一个深层次的协议,另一个深层次的协议是TPP,但是这两个协议中都没有中国。

欧阳康:全球治理需要各国尤其是大国之间的合作,需要从全球视野和人类利益来看待和处理很多事情。

科勒德克:全球治理是包含着竞争和合作的,不管是将来还是现在,我们要学会从实际出发。实际上,我们所听到的,由政策制定者所制定的和我们将在现实中采取的措施之间都有巨大的差异。但是有时候我们可能要跳出国家框架,并且可能要反对国家框架。现在有一些保护环境和地球生态的游说集团,无视你在哪里,澳大利亚、阿根廷、波兰或者是中国,他们都存在。这些人可以反对自己的政府,也可以反对任何国家,他们是环境保护主义者、和平运动支持者或者消除性别歧视工作者,这些支持和反对国家框架的人群在未来还会增长。但问题是如何管理和支持健全的、进步的和可行的全球治理。

五、中国和波兰的关系

欧阳康:我想问的最后一个问题是关于中国和波兰的。您来过中国多次,并在过去与我们的领导人进行了会晤,您有什么建议可以给中国?因为中国的情况非常特殊,我们要快速地发展,但是却难以保证质量,同时环境问题也限制了我们。我们对未来有很好的规划,但问题在于如何实现。我们今年上半年GDP的增长率为6.7%,虽然挺不错,但低于我们的预期。

科勒德克:您是指中国上半年GDP增长6.7%吗?

欧阳康:是的。

科勒德克:这个速度太快了!你们是在通过污染环境和消耗资源而获得经济发展。你们必须发展得更慢一些。您可以读我的书,我相信您会喜欢它。中国是世界经济重要的一环,从增长的动态观点而言,中国经济增长得太快,而不是太慢。我们都希望更高的增长,因为它给我们更多的预算收入,减少失业人口,提高居民收入,但同时你想要一个清洁的环境,惊人的增长和可持续的发展,鱼与熊掌无法兼得,必须寻找到一个平衡。如果增长太过迅速,你们就会有生态问题。

在经历了最近的金融危机后,我们也希望有更高的增长,因为我们的经济增速已经开始放慢了。政府今年的经济增长目标是3.8%,但最近EC(欧洲共同体)对我们的预测3.1%,而EBRD(欧洲复兴开发银行)的预测仅为3.0%。当你谈论中波关系时,它不是类似于经济增长那样的东西,我们之间的关系正在改善,但还有很多事情需要去做。有时候,由于我不喜欢的原因,波兰现在的政府对世界过于保守,并与俄罗斯有深厚的关系。在西方国家当中,现任政府对美国的喜好比以德国为代表的西欧国家要更多一些。比如说现在国内有些人说波兰内部有太多的外国资本,就是意指西方国家在金融和制造行业的资本。除开俄罗斯和欧洲其他合作伙伴,波兰政府正在寻找新的合作伙伴,现在他们注意到了中国。因此,波兰政府正在同中国进行深入交流,倒不是因为他们有多么喜欢中国,但相比于德国,他们更加青睐中国。现在波兰资本多样化的观点是对的,我们有大量的美国资本、德国资本、法国资本、意大利资本,但资本来自其他国家却很少,像印度、韩国、日本,但最重要的是中国。特别是现在随着习主席的"16+1——一带一路"倡议的提出,我们会看到中国资本在波兰的增长。

欧阳康:中国也非常高兴能够加强与波兰的合作,中波合作大有可为!

科勒德克:欧盟的每个国家都需要欧盟的资源,但这将在2020年结束。现在我们邀请中国投资,修建道路,在铁路上投资和建设海港,以改善我们之间的经济联系。因为为了进入西欧,在过去你会使用船,但现在中国已经有火车可以从成都直接到达波兰,这是中间不停的火车。基于务实求真的原因,我们的关系正在改善,我们期待着中国在波兰的基础设施建设方面进行投资。中波关系的改善,将提高我们对中国的出口,并在某些制造业领域进行合作。我们的经济是多元化的,但有时候也是地域性的。因为在某种程度上,我们确实过分依赖欧盟和其中的某些国家。我们80%的对外进出口是与欧盟进行交易的,这意味着只有20%进入欧盟以外的世界其他地方。但正是欧盟以外的世界其他地方,占据了世界产出的80%。欧洲化让我们成为非常欧洲的一个国家,但我们的游戏世界依旧狭窄。我们可以去哥伦比亚,可以去巴西,可以去智利,可以去澳大利亚,我们可以在那里找到财富,但现在似乎什么也没找到。随着中波关系的改善,我们期待着中波大学和研究机构之间有着更紧密的合作。两年前,波兰副总理和教育部长访问了北京和成都,并切实加深了我们的合作。我们的关系是相对友好的,并且有着持续改善的承诺。我认为中国应该出现更多的波兰文化、电影和文学译本,就如中国希望的那样。还有一个非常重要的因素是我们交通状况的改善,现在我们有每天不中断的飞往北京的航线。从波兰到中国大概有两三条航线,使用的是波音787飞机。这次我们来的飞机上只有两个座位是空的,可以说几乎是满的。每天都有不同的人来到北京或者波兰,不仅中国人,不仅波兰人,还有其他人。但是如果中波航线变得更加简单,我想我们会在波兰看到越来越多的中国游客。波兰是一个有着丰富历史和文化、趣味的地方,并且是一个风景秀丽的国家,我非常乐意看到中国人到波兰各地自拍。

欧阳康:谢谢您给我们带来这么精彩的演讲,并认真回答我的所有问题。我知道这些问题中有的很难回答,而您帮助我们加深了对这些问题的认识。我们将有更多的机会来学习您的书和您的论文,并通过其他的方式向您请教!非常感谢!

附录 2

访谈：将制度优势更好地转化为治理效能[①]

党的十九届四中全会是我们党站在"两个一百年"奋斗目标历史交汇点上召开的一次十分重要的会议，明确回答了"坚持和巩固什么、完善和发展什么"这个重大政治问题。为了进一步学习（领会）习近平总书记在全会上的重要讲话（精神），领会全会精神，杨国斌对华中科技大学国家治理研究院院长欧阳康教授进行了访谈，就如何深刻认识中国特色社会主义制度和国家治理体系的科学内涵、本质特征和显著优势，如何把我国制度优势更好转化为国家治理效能等问题进行了深入分析。

一、制度优势在追寻治理效能的过程中形成

杨国斌：欧阳老师，您好！您作为华中科技大学国家治理研究院院长，这么多年（以）来一直致力于国家治理方面的研究，取得了丰硕的成果。党的十九届四中全会以来，作为中共湖北省委宣讲团成员，您多次宣讲四中全会精神并多次接受媒体采访，对全会提出的坚持和完善中国特色社会主义制度、推进国家治理体系和治

[①] 本内容为作者受邀华北水利水电大学马克思主义学院、社会科学处杨国斌教授专访整理而成，发表于《马克思主义理论学科研究》2020年总第6卷第1期。

理能力现代化的重大意义、总体要求、总体目标、重点任务和根本保证等问题,进行了深入阐述,产生了广泛的社会影响。我们注意到,您在四中全会精神的宣讲过程中特别关注全会提出的制度优势转化为治理效能这一重大问题的研究阐释。首先请您谈谈您对制度优势和治理效能之间关系的理解。

欧阳康:好的。十九届四中全会首次提出了把制度优势转化为治理效能的问题,这是一个非常重要的问题。党的十八届三中全会首次提出"推进国家治理体系和治理能力现代化",2014年2月12日华中科技大学成立我国首家国家治理研究院,我被聘为院长,开始致力于国家治理的研究,到现在为止快7年了。党的十九届四中全会将推进中国国家制度建设和国家治理现代化,我们感到我们工作所具有的特殊意义,备受鼓舞!近7年来,我们每年开一个全球治理东湖论坛,已经开了五届,先后讨论了全球治理与国家责任、绿色发展、国际组织、人类命运共同体和"一带一路"等的关系问题;每年开一个中国国家治理高峰论坛,已经开了六届,先后讨论了国家治理的"道"与"术"等诸多问题;其间还有很多专题性学术探讨,推出了不少研究成果。在十九届四中全会之前,包括新华社、《光明日报》《人民日报》等密集地对我进行了一些采访,约写和发表了一些文章,最近一直在忙于湖北省和武汉市的宣讲,还有湖北电视问政等,以不同的方式学习、宣传和贯彻十九届四中全会精神。

学习领会十九届四中全会精神,我认为很核心的内容之一就是制度优势和治理效能的关系。这个问题也是我们国家治理研究院一直在关注的问题,但是这个问题同时也是一个难度比较大的问题,尤其是说起来容易做起来很难。为什么呢?我们在建设、改革和拓展中国事业走向世界的历程中间,遇到了很多非常复杂的国际和国内挑战,为什么能够获得成功,最根本的还是靠的制度优势。如何更好地领会我们的制度优势?本次会议的《决定》一共列举了十三条,同时又强调了未来要继续坚持和完善的十三个方面的制度体系。如何真正地读懂它们,我觉得真正地需要做一些深层次的思考,重要的就是深刻认识这个制度优势与治理效能之间的内在相关互动性。不是说制度优势当然就能转化为治理效能,它们之间确实是深层次互动的。

杨国斌:关于制度优势和治理效能的关系,您已经开始了深入思考,您提出的一个重要观点是说制度优势是在追求治理效能的过程中逐步形成的,您能否对这一问题作一个深入的阐释?

欧阳康:说老实话,我不觉得中国共产党一开始就是为了创造一个制度优势而开始工作的,而是要解决中国问题。中国道路是在解决中国问题的进程中逐渐开拓和生成的。中国当时面临的最大的问题是什么?在1949年之前,我们是要探寻一条中国特色的革命和解放道路,新中国成立后我们是要探寻中国特色的建设和发展道路。1949年建立了基本的国体和政体,有了马克思主义的指导,有了中国共产党的领导,我们也有了人民民主专政的国家。1954年起我们有了人民代表大会制度。但是在这个制度的实施过程中,我们实际上是经历了曲折,犯过错误,甚至非常之严重,那就是"文化大革命"。习近平总书记在十九届四中全会上对《决定》的介绍中,首先就谈到了邓小平同志在总结"文化大革命"失误时的两段话,一段是,"领导制度、组织制度问题更带有根本性、全局性、稳定性和长期性"。一段是,"制度好可以使坏人无法任意横行,制度不好可以使好人无法充分做好事,甚至会走向反面"。邓小平同志说制度问题是根本的、全面的、稳定的、战略性的问题,需要我们来加以关注。正是在这样的背景下,邓小平同志提出建设中国特色社会主义,其实是对于社会主义制度的一种全新构建,它的核心目标是要建设中国、发展中国,这就是"面向世界、面向现代化、面向未来"这三个面向的问题。他更多地强调以经济建设为中心,从发展生产力的角度进一步地来探讨中国社会发展方向。坦率地讲当时对于制度建设应该走向何方并不十分清晰,最突出的特点就是"猫论"和"摸论"。"白猫、黑猫,抓住老鼠就是好猫","摸着石头过河",摸什么？摸我们的发展路径。从我们的农村家庭联产承包责任制,然后一直到城市的改革,从单一公有制到以公有制为主体、多种所有制并存,从单一按劳分配走向多种分配的方式,从计划经济走向社会主义市场经济,等等。这就在中国共产党领导的社会主义国家制度体系中注入了几个新的核心要素。

党的十四大召开的时候我正在加拿大访问,记得加拿大多伦多的一个英文报纸用了通栏的标题新闻来报道十四大,标题是《一个新的起点——中国共产党决定建立市场经济》。大家知道这对于社会主义的理念来说是一个革命性的突破。我们过去讲社会主义经济制度的三个特征,公有制、计划经济、按劳分配,我们现在在所有制上、在经济运行上、在分配方式上都作了很大调整,尤其是让市场经济在资源配置中由发挥基础性作用到发挥决定性作用。

伴随着中国的经济发展,我们的制度建设也在不断地探索。在探索中有三种资源发挥着作用。第一种资源是对马克思主义国家理论的再理解。我们过去有一段时间对马克思主义的核心内容的理解就是"无产阶级专政下继续革命的理论",这是一个根本性的理论误读。改革开放后,我们走向思想寻根,回到马克思,回到马克思的哲学、政治经济学、科学社会主义。在这个背景下我们重读马克思,马克思主义的核心还是要求一个社会快速地健康地发展社会生产力,创造美好生活,促进人的自由全面发展,构建自由人的联合体。这就回到了马克思的墓志铭所明示的,不仅要科学地认识世界,也要合理地改变世界。

杨国斌：是的,我们要努力走向寻根,回到马克思,坚持并不断完善马克思主义在意识形态领域指导地位的根本制度。在此基础上,要努力学习和借鉴吸收人类创造的一切优秀文化成果。

欧阳康：是这样的。我们的第二个方面资源是学习西方现代文明。改革开放以后我们努力学习现代化,加入经济全球化,并按照现代经济社会发展要求来健全中国国家制度。新中国成立后我们就开始学习现代化,但我们过去对现代化的理解是比较片面的,我们讲过工业、农业、科技和国防现代化,叫"四化"。后来我自己研究现代化的时候发现它其实还有更多内容,包含了理性化、工业化、市场化、都市化,尤其是民主化和法制化等。其实中国共产党人在延安的时候就强调民主,但是后来民主受到了破坏和伤害。改革开放以后我们把民主和法制建设纳入社会主义国家制度建设,努力建设社会主义民主,加强社会主义法治,直至提出全面依法治国。我们的第三种资源是向中国优秀传统政治文化学习,发掘中国历史上的治国理政经验,学习中国传统治理理论和思想精华。习近平总书记提出了一个重要的理念,就是推动中国优秀传统文化的创造性转化和创新性发展。以上三个方面的学习借鉴最终通过中国共产党人的治国理政实践而汇集和提升为中国特色社会主义现代化道路。我们一路走来,不断学习、借鉴、探索、创新,走到今天,形成了十九届四中全会总结的中国国家制度和国家治理体系的这十三条显著优势。从发生学的角度,这一些优势有的是中国人创造的,有的是西方人创造的,有的是来自中国历史文化的,有的是来自马克思主义。我觉得对中国共产党人来说最大的优势就是做了一种特殊的集成,把它们集成到了当代中国的经济、政治、社会、文化、生态、党建、国防、外交等各个方面。

正是经过了几十年的不断探析与创新,直到党的十八大,中国共产党人才建立起了"五位一体"总体布局和"四个全面"的战略布局。党的十八大以来把制度建设提到了更加重要的位置,十八届三中全会首次提出坚持和完善中国特色社会主义制度,推进国家治理体系和治理能力现代化。由此不难看出,我们的制度优势实际上是在促进中国社会发展中,根据生产力发展的需要和生产关系相应变革的需要来改进我们的经济基础和上层建筑,然后不断地去构建和完善国家制度。在这个过程中我觉得最突出的特点是马克思主义的改革开放的哲学让我们真正走进了现代化,走进了世界。

前不久中宣部和新华社在浙江湖州开了一个"'中国治理'的

世界意义"国际学术会议,邀请华中科技大学国家治理研究院作为协办单位。参加这个会议的有十几个国家的几十位外国学者,其中有的是外国前政要。会议邀请我做一个大会发言,我发言的题目是"'中国之治'何以具有世界意义"。我跟他们讲,中国道路是给中国人民准备的,中国治理是在持续不断地解决中国的发展问题中生成的,这是一个基本的前提。中国道路的根基是中国,目标是中国,成果是中国。那为什么中国道路对其他国家会有意义呢?就在于中国的发展和其他国家的发展当中有一些相似之处,而这些相似点决定着这些国家可以从中国谋求借鉴。但是,中国的成功就在于学习借鉴了迄今为止世界各国以至人类文明的所有积极的、健康的和适合于中国的东西,但最可宝贵的就在于没有照抄照搬任何东西,而是学习借鉴、改造、创新。所以我建议他们千万不要拿中国道路的任何一个东西照抄照搬,否则一定会出问题。那么可以向中国学习的是什么东西呢?中国共产党人和中国人民的坚持不断改革开放的这样一种心态。我说我走了几十个国家去参加学术会议和开展合作研究,还没有看到哪一个国家、哪一个政党能够像中国共产党这样,以如此开放的心态向世界上几乎所有模式学习,寻求发展借鉴。迄今为止世界现代化的模式,通过我自己的研究,一个是西欧模式,以英国为代表,后来的美国模式,接下来是苏东模式,然后是东亚模式,最后拉美模式等。围绕这些模式有很多的思想,很多的探索,很多的进步,我们都学习借鉴了,但是中国没有照抄照搬任何东西。这是中国的制度优势的产生历程,读懂了这个产生历程,才能够读懂"十三条",读出他们的深刻的历史和时代内涵。

二、国家制度优势通过治理效能得到展示和实现

杨国斌: 新中国成立 70 多年来,我们探索建立了很多卓有成效的制度,十九届四中全会概括为十三个方面的显著优势,请问您

怎么看这些制度的显著优势?

欧阳康:制度优势是优秀的治理效能的必要前提。我们在历史发展中生成了制度的优势,现在我们讲强化治理的效能,这个治理的效能首先是在中国的发展中得到了证明,也是习近平总书记讲到的,我们创造了世所罕见的两个奇迹的问题,一个是经济长期快速发展的奇迹,一个是社会长期稳定的奇迹。在人类近代文明史上,还真没有一个国家在 40 年里经济如此快速地增长,而社会没有发生动乱而是保持了长期稳定。1991 年我曾经去过阿根廷,前不久又去了巴西,注意到拉美国家按照"华盛顿共识"探寻现代化的道路,一度也曾经发展得很好,不久后陷入经济危机,出现社会巨大动荡。这一方面是经济危机的问题,从更深层次来说恐怕也是一个很大的社会危机问题。在这样的背景下我们可以看到,中国制度的显著优势,实际上是通过我们的治理效能来得到展示和实现的。这样我们才敢去信它,建立起道路自信、理论自信、制度自信和文化自信。

如何更好地认识中国国家制度和国家治理体系的这十三条显著优势? 我的看法是要综合性和整合性地来看。比如说在政治方面,在我们的十三条显著优势中的第 1~3 条,单独看各自成立,其实真正的制度优势是把这三个方面有机整合起来形成最佳政治效能。比如说党的领导、人民当家作主、依法治国,三条各自都非常重要,但真正的优势是在三者的有机整合中形成的。例如,中国共产党的坚强领导和全面领导是中国国家制度和国家治理的最大优势,而中国共产党的领导之根本就是确保人民当家做主,中国共产党人的初心和使命就是为中国人民谋幸福,为中华民族谋复兴,因此党的使命就是最大限度地造福最广大人民群众,归根于全心全意为人民服务。中国共产党人明确地宣布自己是没有人民利益以外的任何特殊利益的政党。那么怎么样来保障和实现人民利益,中国共产党的领导强调的是依法执政、科学执政、民主执政,而且在这个过程中我们努力把人民民主和法制建设内在地有机地结合起来。大家知道法治一般会被认为是约束人民,其实好的制度就像我在接受媒体采访中所说的,是一条大道,是无形的,叫"大道无形"。真正的好的制度是让各方面的民众能够在其中各居其位,各司其职,各尽其能,各得其所,安居乐业,奉献社会,实现自我。中国的制度优势还在于,中国共产党不仅努力服务于中国社会,还特别强调全面从严治党,加强党的自我净化、自我完善、自我革新、自我提高能力,并全面加强纪检监察制度建设,对所有公权力进行全面监督,确保良好的政治生态,推进社会政治文明建设。

比如说从经济的角度来看,刚才我谈到,中国的社会主义基本经济制度原来是公有制、计划经济、按劳分配,现在这三个方面都有了巨大的变化。中国共产党的独创在哪里?我们保留了公有制,保留了按劳分配,保留了国家的宏观经济调控,但是我们引入了多种所有制,引入了多种分配方式,引入了社会主义市场经济,而且把它们内在地有机结合起来。实际上正是这三者的有机结合才形成了优势。比如说从所有制的角度来看,我们的优势在于既能够有国有经济和国有企业的强大的力量,中国经济有了基本面和压舱石,可以说不管风吹浪打,胜似闲庭信步,但是我们又有各种形态的多种所有制,能够让我们社会的所有成员以尽可能多的方式,以丰富多彩的形式和最大的可能性空间来实现自我,这就有利于激发全民族的智慧和创造力,使社会充满活力。在这里还应注意到,与公有制为主体、多种所有制共同发展相适应和配套的是分配制度的相应变化,那就是以按劳分配为主,多种分配方式并存,而不同所有制和不同分配方式的内在协调是在社会主义市场经济体制中并通过市场经济的调节作用来实现的。在中国经济的发展历程中,市场经济在我国资源分配中的地位由基础性作用提升到了决定性作用,但我们并没有放弃政府的必要、可能和合理的宏观经济调控,从而既能最大限度地调动各种市场主体的积极性,又能尽最大努力防止出现市场风险和经济危机,确保经济和金融安全。这就是为什么既能让社会大多数人认同、参与、奉献、创造、享受和共同推动经济长期快速增长,又能保持社会长期稳定,通过治理效能充分展示出我国制度优势。

杨国斌:认清制度优势是实现治理效能的必要前提,也是推动制度优势与治理效能在实践中良性互动的前提。

欧阳康:是的。就以制度优势和治理效能两者的互动来看,实际上治理效能是检验制度是否真正优秀、优势的最根本的标准,这就是我们讲的实践是检验真理的唯一标准的具体应用。我记得在党的十九届四中全会召开之前,《光明日报》约我写了一篇文章,叫《大数据与国家治理现代化》。什么叫国家治理现代化?我仔细地琢磨了一下,将其界定为"五化",治理的理念时代化,治理的体系科学化,治理的目标合理化,治理的方式智能化和治理的成果实效化。当时围绕大数据如何促进国家治理现代化做了一些分析。我现在发现其实这五化就是在凸显我们的制度优势和治理效能的内在相关性。我们现在来追求最佳的治理的效能,实际上就是要更好地去彰显制度优势。

十九届四中全会解决了一个很重要的问题,就是中国国家制度与国家治理体系到底是什么关系。原来我们讲全面深化改革的总的目标就是坚持和完善中国特色社会主义制度,推进国家治理体系和治理能力现代化,那么两者到底是什么关系?十九届四中全会首次在中央文件里面把它们并列并做了很好说明。习近平总书记专门就此做了说明,就是制度是前提,治理能力实际上展现了对制度的要求,又对制度的实现具有非常重要的意义。也就是说这两者实际上是从不同角度描绘了一个社会的组织结构和它所具有的系统功能的关系。我们所说的治理优势就是组织结构的优化和治理的功能优化这两者之间的内在统一性问题。从这样一个角度来看今天的这个访谈话题,更显示出其特别重要性。

三、探索将制度优势转化为治理效能的合理途径

杨国斌：十九届四中全会明确提出要把制度优势转化为治理效能这一重大课题，就是要求我们不仅要清楚我们国家制度的优势所在，关键还要清楚如何把这种优势转化为治理效能，这是一个更加复杂艰巨的任务。您认为我们在实现制度优势向治理效能高效转化方面应该着力在哪些方面下功夫？

欧阳康：关于制度优势如何向治理效能有效转化的问题，这个问题确实也是一个非常复杂的和重大的问题，前些时间《长江日报》对我做专访，探讨制度优势与制度执行力问题，先后两期刊发①。因为记者提的几个问题很深入，也就专门强调了制度优势如何更好地转化为治理效能的很多问题。一个好的制度怎么样转化为优良的治理的效能？我想至少有以下三个方面：

第一，优势制度能否转化为社会共识。社会共识是制度能否很好发挥作用的基本前提。十九届四中全会文件从十三个方面概括了中国国家制度和国家治理体系的显著优势，我们社会各方面的成员能否真正实现他们对中国国家制度和国家治理体系的高度思想认同呢？这决定着制度能否很好发挥作用。一般来讲制度就像一个框架，一个刚性的体系，但是好的制度应该能够转化为社会成员的共识，转化为大家自觉的认同，转化为一种自觉遵循的规范。这也是我们讲到的好制度应当是"大道无形"的问题。从这个角度来看，我有一个特别的经历和感叹。前不久中共湖北省纪委、省监察委再次搞电视问政，在全国率先"坚决向形式主义和官僚主义亮剑"，邀请我去做点评嘉宾。这种点评其实是很难的。面对那些电视台记者通过明察暗访制作的电视短片，暴露出来的很多问

---

① 欧阳康."制度执行力"首先是思想认同[N].长江日报,2019-12-13;欧阳康.让制度真正"活"起来[N],长江日报,2019-12-19.

题,向地方党的领导问责,引起很大震撼。我仔细分析案例及其背后隐藏的东西,发现原因非常复杂,其中的重要方面是中央提出的很多好的思想理念并不被大家认知,甚至很多干部都不知道,没有传递下去,很难真正形成深度共识,甚至表浅共识都很难,所以制度优势也就无法发挥出来,更难转化为治理效能。

第二,优势制度能否转化为实施路径。十九届四中全会提出了我们应当自觉坚持和完善的十三个方面需要坚持的制度,具体分为五十五条。这些制度中有的是根本制度,有的是基本制度,有的是重要制度,构成了一个体系。现在的问题就是如何把它们转化为人们可以遵循的规章,转化为我们的行动路径,而且能够真正让它变成可以操作的规范。这是非常需要研究和认真落实的。这里要特别注意,十九届四中全会提出的要坚持的十三个方面制度不是完成态,不是都已经做好了,而是开启态,实际上是需要我们在未来不断地去探索,继续加强对它们的建设。而且这里面有一些制度是全新提出的,比如说建立"不忘初心、牢记使命"的制度,建立解决相对贫困的长效机制,健全人民文化权益保障制度,全面建立资源高效利用制度,建设人人有责、人人尽责、人人享有的社会治理共同体等。这些制度都是根据新的时代挑战提出来的新的制度建设,需要进一步探索如何把他们转化为可以得到实施的有效途径。

第三,如何转化为所有社会成员的行为规范。所有制度最终是需要人来执行的。我们经常会觉得制度自己会运动,这是一个错觉。制度的力量在于激发人的创造力和活力。但是人的行动一旦发动起来它就会产生两种复杂情况,要么不动,要么乱动。如何既有秩序又能保持活力,既有秩序又能够不断地创新?这对我们的制度建设是一个很大的挑战。所以在这个背景下,探讨制度优势向治理效能的转化,有很多的问题需要我们去做深度的研究和转化工作。我给我们国家治理研究院的同仁们说,我们殚精竭虑研究国家治理六七年了,当时别人做得不多,我们专门做,出了不少成果,比较引人关注,得到了好评。几个中国大学智库评估都把我们排在了前列。现在全中国都在研究国家治理问题,我们应该研究什么?我说我们应该站得高一点,看得远一点,想得深一点,谋得实一点,在这些方面继续保持我们已有的一些优势。

四、从提升治理效能高度优化制度建设

杨国斌: 刚才您谈了制度优势如何转化为治理效能的问题,如果转换一个角度,是否可以从治理效能来观察甚至评判制度和优化制度呢?

欧阳康: 当然可以,也是必须的。我们希望制度优势能够更好地转化为治理效能,我们也还有必要换个角度,从提升治理效能的角度来探讨如何进一步优化制度的问题,这也非常重要。如何进一步优化制度?这里面我觉得有几个比较大的问题需要探讨:

第一,自觉探析妨碍制度优势转化为治理效能的障碍问题。过去我们经常是喜欢讲一些顺风话,我做国家治理研究之后经常会逆向来想很多问题。例如,为什么我们有这么好的制度,社会生活中还会出现如此多的复杂的情况。制度优势要转化为治理效能,首先是要转化为思想,转化为政策,转化为行动。这里有一个系统构建的问题。系统构建过程中的任何一个方面或者环节出现问题都会妨碍到它从体系到理念、从制度到行动的有序转化,所以我们要深度地研究转化中的各种隐性和显性的障碍。其中我觉得最大的一个挑战就是在当前多种制度要素融为一个有机体系的时候,如何实现他们的有机整合。这一点现在看来我觉得很重要。比如说刚才我提到的一个例子,就是中国共产党的领导、人民当家作主、依法治国,这三者的有机统一,尤其是如何融为一体,这是说起来容易其实做起来很难的。比如说坚持党的领导如何确保司法独立的问题,比如说全面依法治国如何做到不是停留于形式公正,而是确保实质公正?这就是习近平总书记一直在强调的,让我们

的老百姓在每个案例都能够感受到社会公平正义。另外一方面我们要最大限度地调动人民的积极性,如何做到既有活力又有秩序?这都需要我们继续做深入的探析。

第二,要切实关注当代中国价值多元化。当代中国价值多元化对我们的制度优势转化为治理效能提出了非常严峻的挑战。从某种意义上可以说,当代中国社会是全世界最多样最多元的社会。比如说,我们以公有制为主体,多种所有制并存,这里的公有制本身就有多种形式,多种所有制的情况就更加复杂,有外资、独资、合资、民营,还有不同形式和比例的混合所有制。怎么样构建一个好的制度,既能够让公有制经济得到发挥,也能够让各种所有制经济都得到发挥?我们还必须看到,各种所有制都是有人群在其中的,都是不同的社会阶层生活于其中的。他们各自都有不同的生产方式作为支持,都有他们的生活方式,也都会有他们各自的不同的价值诉求、各自的政治诉求。而这些人物现在实际上已经以各种方式进入到我们的党内、政府、军队、人大、政协里,构成了"新社会组织"和"新社会阶层",他们实际上在以不同的方式影响着对制度的确认、实施、完善以及进一步的拓展,需要分别地加以研究和对待。过去我们一直把中国作为一个整体来加以看待和治理,这是有必要的,但是其实真正有价值、有效能的治理是有针对性的治理,是根据一把一把的锁去找一把一把的钥匙,但是一把一把锁之间又是相互制约的,从而也是需要相互协调的。

第三,要关注制度从上到下的贯通性的问题。我自己这么多年来一直跟踪党中央的政策发展,也是中共湖北省委宣讲团的历次中央重要会议的宣讲者。党的十九大以来,党和国家领导体制进行了革命性的重塑,这种重塑从组织上看已经从中央贯通到了地方甚至乡镇和社区。但我通过参加电视问政,发现了一个很细节但也很根本的问题,那就是国家制度和国家治理体系存在着末梢组织的打通和末梢功能的构建问题。我们的制度优势能否更好地转化为治理效能,很重要的是要使其深入到每一个边界每一个角落每一个场景,就好像人的心脏通过血液输出的营养必须通过毛细血管进入到我们的肌肉、进入到我们的皮肤、进入到我们的骨骼,才能发挥出作用。因此,国家治理的效能提升不仅要关注和重视高端,也要关注中端,也不能忘记末端。而且在中央加强顶层设计的背景下,基层问题尤其是末梢问题会更加清晰地凸显出来。

第四,要善于自觉统筹国际和国内两个大局。当前中国国家治理的突出背景是几乎所有的国内问题都和国际问题前所未有地融为一体,我们的宏观战略考量在很大的程度上直接与实现机制联系在一起了。一方面是战略决定方向,一方面是细节决定成败。我们要更加自觉和用心地把握国内和国际两个大局,将全球治理与国家治理、基层治理以致末梢治理统筹起来加以考虑,打通其中的所有环节和关节点,使之真正构成有机体系,真正做到系统完整、科学规范、运行有效,才能更好地展示出制度优势,更好地发挥出治理效能。

杨国斌:这次疫情很考验我们的制度优势和治理效能,面对这次来势汹汹的新冠肺炎疫情,华中科技大学展示了强大实力与责任担当,请问国家治理研究院在这方面有何举措?

欧阳康:新冠肺炎是当前中国以至世界面临最重大问题与挑战之一,世界卫生组织1月30日将武汉新冠肺炎疫情定性为"国际关注的突发公共卫生事件",对它的理论研究和政策建议应当伴随着实践探索相应展开。疫情爆发后,华中科技大学国家治理研究院很快成立了"新冠肺炎防治与公共卫生治理现代化的综合研究"课题组,我于1月28日设计了十个研究课题,包含"从新型冠状病毒及其变异与传播看人与自然关系新特点和人类社会新风险"、"历史上的重大卫生突发事件及其风险应对的经验教训与启示"等十个方面进行深入思考。为汇聚跨学科力量开展综合研究,我们向国内外公开发出邀请函,把学校公共卫生学院、医药管理学院、社会学院、马克思主义学院、教育科学研究院等相关院系的力量整合到研究团队中来。大家伴随着抗击疫情的进程深入开展调研，针对不同阶段存在的问题提出有针对性和可操作性的对策建议案，到现在已经先后编印了近600多期《国家治理参考》（抗击新冠肺炎专辑），我作为主编每期都仔细审查，希望确实言之有物，符合实际并具有可操作性。我们小团队已经撰写了15篇专题建议案，涉及一系列重大的理论和实际问题。我们的建议案每期都呈报湖北省委省政府和湖北省新冠肺炎疫情防控指挥部等，部分涉及国家全局的宏观层面的建议案则通过有关途径和新华社、光明日报社、人民日报社、教育部等渠道上报中央或公开发表。我们还完成了有关部委下达的重要课题。2月17日人民日报社主管的《国家治理》周刊刊发了我们关于抗击新冠肺炎疫情的第一篇文章《应对新冠肺炎疫情需强化国际公共卫生合作》，实际上这篇文章成稿于1月31日，就是我们专辑刊发的第一篇对策建议稿修改而成。我们的许多建议当天发，第二天就被采纳，并及时转化为具体措施和实践，我们感到很欣慰，这也是我们刚才谈的从提升治理效能高度优化制度建设的一个真实写照吧。

杨国斌：非常感谢您接受我们的专访！祝您学术之树常青！

附录 3

访谈：现代化视域中的中国共产党百年伟业[①]

中国共产党成立 100 周年，既是中国共产党和中国人民的盛事，也是载入人类史册的大事。在过去的 100 年间，中国共产党始终坚守为中国人民谋幸福、为中华民族谋复兴的初心使命，团结带领中国人民把马克思主义基本原理与中国具体实际相结合，开启了中华民族伟大复兴的历史征程，创造了中国式现代化新道路，创造了人类文明新形态，不仅为实现中华民族的伟大复兴，迈向社会主义现代化强国奠定了坚实的历史基础，而且为全人类探索更加积极健康的现代化新道路作出了重大贡献。为科学认识中国共产党团结带领中国人民不懈奋斗的 100 年，深入学习领会和贯彻落实习近平在庆祝中国共产党成立 100 周年的讲话精神，赵泽林对我国著名马克思主义理论家、华中科技大学国家治理研究院院长、哲学学院教授欧阳康进行了访谈，就如何从现代化这个全人类共有的基本视域，科学认识和正确理解中国共产党团结带领中国人民实现中华民族伟大复兴，创造中国式现代化新道路的历史进程、丰硕成果及其世界意义等问题进行了深入剖析。

赵泽林：尊敬的欧阳老师，您好！习近平在庆祝中国共产党成

[①] 本内容为作者受邀华中科技大学国家治理研究院赵泽林教授专访整理而成，发表于《马克思主义理论学科研究》2021 年总第 7 卷第 8 期。

立100周年大会上庄严宣告,"经过全党全国各族人民持续奋斗,我们实现了第一个百年奋斗目标,在中华大地上全面建成了小康社会,历史性地解决了绝对贫困问题,正在意气风发向着全面建成社会主义现代化强国的第二个百年奋斗目标迈进。这是中华民族的伟大光荣!这是中国人民的伟大光荣!这是中国共产党的伟大光荣!"①我们应当如何从总体上把握和理解习近平总书记所讲的这份"伟大光荣"?

欧阳康:习近平在庆祝中国共产党成立100周年大会上的讲话回顾历史,展望未来,既实事求是,又非常振奋人心,同时又给我们科学认识和正确理解中国共产党与中国社会逐步现代化的一百年提供了重要的思想指南。回顾历史,中国共产党已经走过了充满艰辛而又无比辉煌的一百年,引领和促进了中华民族伟大复兴的伟大历史进程。中国共产党通过百年努力所推动的中国社会进步史无前例,所创造的内容极为丰富,应当也可以从各种角度来理解这份"伟大光荣"。

我以为,这种理解既要从中国共产党团结带领中国人民从站起来、富起来,走向强起来看中国共产党的一百年,更要从现代化这个全人类共有的基本视域来看中国共产党的一百年。习近平在讲话中同时指出,"一百年来,中国共产党团结带领中国人民进行的一切奋斗、一切牺牲、一切创造,归结起来就是一个主题:实现中华民族伟大复兴。"②因此,科学认识和正确理解中国共产党的这一百年,就要站在全人类、全世界的高度去理解中国共产党团结带领中国人民不断实现现代化,不断推进中华民族伟大复兴的伟大历史进程。

为什么要从现代化的视域来看中华民族伟大复兴?我们可以先来设问和追问几个问题。大家知道,中华民族在伟大复兴中经

---

① 习近平.在庆祝中国共产党成立100周年大会上的讲话[M].北京:人民出版社,2021:2.
② 习近平.在庆祝中国共产党成立100周年大会上的讲话[M].北京:人民出版社,2021:3.

历着从站起来到富起来、强起来的伟大飞跃。那么,第一,我们是从什么意义上站起来?我们是从帝国主义借助于现代化的洋枪洋炮对中华民族的沉重打击甚至民族危亡的困境中站起来。第二,我们是通过什么富起来?我们是通过搞中国特色社会主义现代化而富起来。第三,我们如何更好地强起来?我们将在全面建设社会主义现代化强国的新征程中强起来。由此可以看出,无论是站起来、富起来还是强起来,都与现代化有着深度的内在关联性。而回首中国共产党百年伟业,正是通过引领中华民族加入世界现代化而创造出"经济快速发展"和"社会长期稳定"这两个"世所罕见"的奇迹,行进在中华民族伟大复兴的大道上,这是中国共产党团结带领中国人民创造百年伟业的关键点,也是我们从现代化这个特殊视域来梳理中国共产党百年伟业的特殊意义。

一、中国共产党领导的新民主主义革命与现代化事业的奠基

赵泽林:您刚刚讲到,我们可以从现代化的视域来看中国共产党团结带领中国人民开启中华民族伟大复兴的历史征程,您认为中国共产党与中华民族实现伟大复兴,迈向全面建成社会主义现代化强国具有怎样的内在历史联系?

欧阳康:习近平指出,"中国共产党一经诞生,就把为中国人民谋幸福、为中华民族谋复兴确立为自己的初心使命。"[①]我们讲一个民族是振兴还是复兴,二者的内涵是不一样的。讲振兴,任何民族任何国家在任何时候都可以讲,而要讲复兴,就需要两个条件。第一,这个民族在历史上曾经兴盛过,如果没有兴盛过,要谈复兴,就没有历史前提。第二,这个民族在兴盛后又衰败了,如果没有衰败,一直兴盛,也无所谓复兴。而这两个条件,对于中华民族都是最充分具备的,这就是我们讲"中华民族伟大复兴"的内在逻辑,也

---

① 习近平.在庆祝中国共产党成立100周年大会上的讲话[M].北京:人民出版社,2021:3.

是中国共产党团结带领中国人民实现中华民族伟大复兴,开启现代化征程的重要历史起点。

中华民族在历史上曾经有过自己特别辉煌的历史时期,但近代以来又严重衰败了,后来才在衰败的基础上,提出了走向复兴。我们在历史上究竟有多辉煌?据历史经济学家研究,从唐宋时期开始到1820年,中国经济在全球经济总份额中曾高达33%左右,可谓三分天下有其一。我们后来又有多衰败?到1949年中国经济在全球经济总份额中只剩下4.6%左右。从1840年鸦片战争开始,帝国主义历次入侵,清政府屡战屡败,丧权辱国,割地赔款,先后被迫签订《南京条约》《北京条约》《辛丑条约》等,先后割让香港岛、九龙等大片领土,被迫开放口岸,仅《辛丑条约》赔款本息便达9.8亿两白银。也正是在帝国主义的铁蹄下,中国由封建主义社会彻底沦为半殖民地半封建社会。当时我们到底败给了谁?直接的是败给了帝国主义的洋枪洋炮,从根本上讲就是败给了西方社会已经开启的现代化。

赵泽林:这是一个引人深思的视角和观点,中国曾经败给了"现代化",深受伤害,但我们又试图迈向现代化。那么中国共产党在团结带领中国人民实现中华民族伟大复兴中,所开启的现代化究竟是怎样的一种现代化?

欧阳康:现代化是近代以来人类文明的巨大进步,但变成了帝国主义入侵中国的工具和帮凶,造成中华民族的巨大灾难,把中华民族几乎带入到万劫不复之境。以这个历史事实来看,西方的"现代化"与中国一贯所讲的"现代化"就已经有了许多的不同。现代化不仅是指人们所讲的科学技术的现代化、精神文化的现代化等,也包含了现代化的实现方式、实现途径、价值指向等。中国的现代化历来主张和平发展,主张全世界人民和平共处、平等发展、共同发展,而不是侵略、掠夺。

一百多年前,西方帝国主义依靠率先实现的"西方现代化",给中国人民造成了极大的伤害。中国无数仁人志士奋起谋求中华民族的独立和人民的解放,从太平天国运动、洋务运动、义和团运动等一路走来,但都失败了。在这个背景下,中国共产党的诞生为中华民族伟大复兴创造一种新的现代化,发挥了开天辟地的革命性作用。毛泽东说,"中国有了共产党,这是一个开天辟地的大事变。"为什么叫"开天辟地"的大事变?中华民族由在现代化面前长期被动挨打,受尽凌辱,到主动奋起,在马克思列宁主义的指引下,在精神上由被动变为主动,主动谋求民族独立、国家主权和人民解放,并在此基础上开始中华民族的现代化道路探索,谋求中华民族的伟大复兴。这不仅深刻改变了近代以后中华民族发展的方向和进程,深刻改变了中国人民和中华民族的前途和命运,也深刻改变了世界发展的趋势和格局。在这样的意义上,从现代化的视角来看中国共产党百年伟业,我们就不难理解中华民族伟大复兴的深刻内涵,不难看到百年来中国社会的根本性进步,不难发现中国共产党团结带领中国人民为中国和世界作出的伟大贡献。

要在一个半殖民地半封建社会的旧中国搞社会主义现代化,其必要的前提是国家主权、民族独立和人民解放。自1921年中国共产党成立以后,面对着半殖民地半封建的旧中国,中国共产党将打倒帝国主义与打倒封建主义和官僚资本主义结合起来,团结带领中国人民进行28年的浴血奋战、百折不挠,创造了新民主主义革命的伟大成就,建立了人民当家作主的中华人民共和国。在这28年的历程里,中国共产党不仅以极大的努力,成功探索中国特色的无产阶级政党建设道路,由一个只有50多名党员的小党,变成了世界上人口最多国家的执政党,并且努力推进马克思主义中国化,形成毛泽东思想,成功探索中国特色的无产阶级革命道路,建立了人民民主专政的社会主义新中国,从而彻底结束了近代中国半殖民地半封建社会的历史,彻底结束了旧中国一盘散沙的局面,彻底废除了列强强加给中国的不平等条约和帝国主义在中国的一切特权,实现了中国从几千年封建专制政治向人民民主的伟大飞跃,也为开启中国特色的社会主义现代化建设道路提供了必要前提。从这个既有历史看,中国共产党团结带领中国人民要实现的现代化,从一开始就是主张反侵略、反掠夺的现代化,是主张和平发展、平等发展和共同发展的现代化,是以中华民族伟大复兴促进全世界不同民族、国家和地区共同发展的现代化,是美美与共的"中国式"现代化。

二、现代化内涵的复杂性与中国共产党探索现代化道路的艰难历程

赵泽林:要在一个经历近百年伤痛的民族和国家,探索新的现代化,实现中华民族的伟大复兴,并不容易。中国共产党在中华人民共和国成立之后,是如何团结带领中国人民进行中国式现代化探索的?

欧阳康:是的,要在经历近百年内外战争的国家探索中国式现代化,实现中华民族伟大复兴不仅不容易,更是一件前所未有的历史创举。从1949年中华人民共和国成立到1978年,中国共产党团结带领中国人民自力更生、发愤图强,完成了社会主义革命,确立社会主义基本制度,创造了社会主义革命和建设的伟大成就。这是中华民族有史以来最为广泛而深刻的社会变革,它为当代中国一切发展进步奠定了根本政治前提和制度基础,为中国繁荣富强、中国人民生活富裕奠定了坚实基础。这一段时期在中国发展历程中最重要的就是在建立了根本国家政治制度基础之后,开始了对社会主义现代化建设道路的艰难探索。之所以称作艰难探索,是由于当时国际国内形势的复杂性,也由于现代化的复杂性,尽管我们很早就提出了现代化的目标,但没有能够寻找到科学合理地实现社会主义现代化的道路,没有能够全面地有效地推进社会主义现代化。

早在1954年第一届全国人民代表大会第一次会议上,毛泽东就明确提出,"我们的总任务是……将我们这样一个经济上文化上

落后的国家,建设成为一个工业化的具有高度现代文化程度的伟大的国家。"①1964年第三届全国人民代表大会第一次会议上,周恩来根据毛泽东的建议,在《政府工作报告》中首次提出,在20世纪内,把中国建设成为一个具有现代农业、现代工业、现代国防和现代科学技术的社会主义强国,实现四个现代化目标的"两步走"设想。第一步,用15年时间,建立一个独立的、比较完整的工业体系和国民经济体系,使中国工业大体接近世界先进水平;第二步,力争在20世纪末,使中国工业走在世界前列,全面实现农业、工业、国防和科学技术的现代化。对此,习近平在谈到十四五规划时明确指出,"从第一个五年计划,到第十四个五年规划,一以贯之的主题,是把我国建设成为社会主义现代化国家。"②但遗憾的是,由于缺少足够的思想理论准备,加之极度复杂和多变的国际国内形势,中国现代化的后续发展在一定时期遭遇曲折。

赵泽林:您认为中国共产党在团结带领中国人民实现中华民族伟大复兴,探索中国式现代化道路中遭遇曲折的主要原因有哪些?

欧阳康:剖析中国共产党团结带领中国人民实现中华民族伟大复兴,探索中国式现代化道路的历史征程,既要考虑到现代化内涵本身的复杂性,更要考虑到中华民族自身历史发展的特殊性等问题,更要看到中国式现代化道路探索在人类社会发展历史上所具有的伟大开创性。

从理论准备上看,中国的社会主义和现代化在当时难以直接从马克思主义的理论中寻求现成答案。按照马克思、恩格斯当年的设想,无产阶级革命首先会发生在先进的资本主义国家,那里有强大的社会生产力,成熟的无产阶级,还有一个比较成型的社会制度,一旦无产阶级夺取政权,就可以依托于先进的社会生产力作为

---

① 习近平.论中国共产党历史[M].北京:中央文献出版社,2021:283.
② 毛泽东年谱(1949—1976),第2卷[M].北京:中央文献出版社,2013:304.

物质基础,依托于成熟的无产阶级作为阶级基础,建立无产阶级政权,借鉴已有的社会管理经验,来开展社会主义建设。但中国的无产阶级革命发生在半殖民地半封建社会,既没有先进的生产力,也没有强大和成熟的无产阶级,如何搞社会主义现代化,是一个历史提出的全新命题。

从国际形势看,中国的社会主义和现代化建设在当时也难以从国际的社会主义阵营寻求借鉴。十月革命一声炮响,给中国送来了马克思列宁主义。在革命初期,中国共产党在共产国际的"指导"下,曾经想走在俄国获得成功的以城市为中心的革命道路,但遭遇了失败。经过巨大牺牲,最后成功走出了一条"农村包围城市"的中国革命道路。新中国成立后,帝国主义对我们进行严厉封锁。本来我们以为可以"以苏为师",全面学习借鉴苏联的社会主义建设道路,但当我们在极度困难的条件下,以极大努力在1952年完成了农村的土地所有制改造,1956年年底完成社会主义改造,准备搞现代化时,苏联内部产生了赫鲁晓夫修正主义。赫鲁晓夫在1956年的苏共二十大抛出"秘密报告",彻底否定斯大林,引起苏联共产党的内部震荡,带来国际共产主义运动的内部分裂,也造成中国共产党人的极大困惑。中国共产党人迅速由"以苏为师"从根本上转变为"以苏为鉴",积极探索自己的社会主义现代化建设道路。

就具体实践而言,我们对于现代化的理解存在一个不断深入的过程。我们在1954年第一次提出要建设现代工业、现代农业、现代交通运输和现代国防,到1964年第三次全国人民代表大会上明确提出了搞工业、农业、科学技术和国防"四个现代化"。客观来说,我们当时重视现代化是很好的,但从历史和时代的高度来看,当时我们对现代化的认识还停留在比较局部的器物现代化。这样一种对现代化的理解,其实是传承了近代以来对现代化的器物性理解。近代以来被帝国主义的洋枪洋炮打败了,以为现代化就是洋枪洋炮。所以搞洋务运动,首先就是买枪买炮、造枪造炮,建福建水师、北洋水师等,其目的实质是要"师夷长技以制夷"。正是在这样的历史认识影响下,我们当时看到的现代化主要也是工业、农业、交通运输和国防等。

我们今天知道,现代化有着极其丰富而复杂的内涵,我曾经将其概括为"六化"。第一化是理性化,从欧洲文艺复兴开始的思想解放运动,从神性中解放人性,彰显理性力量。第二化是工业化,有了理性的解放,科学技术得以很好的发展,制造工具,开展分工与协作,一个新的生产体系得以构建,极大地提升劳动生产力。第三化是市场化,把为他人生产的产品交换出去,盘活生产和交换体系,构建出全要素、全时空的产品交易市场、劳动力市场、国内市场、全球市场等。第四化是都市化,有了大生产和大市场就一定要大都市,重构城乡劳动力、生产生活设施和社会公共服务体系。第五化是民主化,通过民主权利保障人民的物权、政治权、社会权、思想权、言论权等。第六化是法治化,有了民主就一定要有法治,没有法治,民主难以保障,没有民主仅有法治,难免陷入专制。现代化还有很多非常丰富的内容,它是一个社会从要素到关系到结构到体系的整体性构建。

由于当时我们对现代化的内涵理解比较简单,比较注重关注其器物方面,侧重于在工业、农业、科技和国防中的应用,既缺少思想前提,也缺少其社会支撑体系,难以全面构建现代化社会体系。同时,当时我们急于搞现代化,对其实施过程也看得比较简单,把现代化看作工业化,把工业化的重点放在发展重工业,觉得钢产量是关键因素,以为可以通过大炼钢铁,提升钢产量来实现现代化,甚至提出了"十年赶英、十五年超美"的发展目标。由于这种情况又与后来的三年自然灾害交织,加上"文化大革命",党和国家的现代化事业遭受巨大损失。

赵泽林:您刚才的讲述,不仅使我们认识到中国共产党团结带领中国人民实现中华民族复兴,探索中国式现代化极其不易,更使我们看到中国共产党团结带领中国人民实现中华民族复兴,探索中国式现代化的坚韧不拔。您认为,这段历史对于后来中国的现代化建设具有哪些重要的历史影响?

欧阳康:一个国家、一个民族在一段历史时期的发展出现挫折并不可怕,这也是人类社会历史发展的常态。中国共产党团结带领中国人民实现中华民族复兴,探索中国式现代化的艰难探索,极大激发了中国人民的智慧与勇气,战胜了帝国主义、霸权主义的颠覆破坏和武装挑衅,实现了中华民族有史以来最为广泛而深刻的社会变革,实现了由一穷二白、人口众多的东方大国大步迈进社会主义社会的伟大飞跃,也使我们对中国式现代化道路有了更加深刻、全面的认识。

在实践中,我们也逐渐认识到,实现中华民族伟大复兴,中国的现代化建设面临的根本问题是探索中国特色社会主义道路。对当时存在的困难,毛泽东其实是有察觉的。他在1956年的《论十大关系》中提出要从中国实际出发对社会主义道路进行新的思考,并指出,要像将马克思主义与中国革命的实际相结合,探索中国特色的革命道路一样,"我们要进行第二次结合,找出在中国怎样建设社会主义的道路"。① 遗憾的是,对于国际形势和国内社会主要矛盾的判断,使得全党的工作重心转向以阶级斗争为纲。邓小平也曾多次谈到,社会主义究竟怎么搞? 社会主义是什么,马克思主义是什么,过去我们并没有完全搞清楚。② 习近平也曾指出,"由于对国际国内形势的认识逐步发生偏差,指导思想也发生了偏差,最后发生了'文化大革命'这样的全局性的长时间的严重错误,可以说没有找到一条完全适合中国实际的建设社会主义的道路。"③

从历史的角度看,中国共产党团结带领中华民族寻找中国特色的成功的革命道路,用了28年时间,为了找到成功的社会主义现代化建设道路,也用了30年的时间。在这个过程中很庆幸的

---

① 毛泽东年谱(1949—1976),第2卷[M].北京:中央文献出版社,2013:557.
② 邓小平年谱(1975—1997),下卷[M].北京:中央文献出版社,2004:1069.
③ 习近平.论中国共产党历史[M].北京:中央文献出版社,2021:17.

是,第一,中国共产党人为新中国建立了根本的国体和政体,为当代中国一切发展进步奠定了根本政治前提和制度基础。第二,我们在非常困难的条件下建立了比较完整的工业生产体系和社会体系,为中国未来的发展与富强,为中国人民走向生活富裕奠定了坚实基础。第三,我们在极度复杂的国际国内格局中从总体上一直没有放松生产,包括高端科学技术的学习、开发和运用,成功研发"两弹一星",极大提升国力和国际影响力。这是任何时期都不可否认的具有重要成就的历史时期。绝不能拿改革开放之前的历史时期否定改革开放之后的历史时期,也不能拿改革开放之后的历史时期否定改革开放之前的历史时期。

三、现代化的实践创新与中国特色的社会主义现代化之路

赵泽林:您刚才特别提到,绝不能拿改革开放之前的历史时期否定改革开放之后的历史时期,也不能拿改革开放之后的历史时期否定改革开放之前的历史时期。在改革开放之后,中国共产党团结带领中国人民在实现中华民族复兴、探索中国式现代化道路方面作出了怎样的贡献?

欧阳康:改革开放之后,中国共产党团结带领中华民族在社会主义现代化的道路上迅速前进,极大地激发了广大人民群众的创造性,极大地解放和发展了社会生产力,人民生活显著改善,综合国力显著增强,国际地位显著提高,开辟了中国特色社会主义道路,形成了中国特色社会主义理论体系,确立了中国特色社会主义制度,建立了中国特色社会主义文化形态,实现了中国人民从站起来、富起来到强起来的伟大飞跃。如果从现代化的视域总体上把握改革开放40多年的成就,最为突出的那就是中国共产党团结带领中国人民,成功探索出中国特色社会主义现代化道路。

在理论上,中国共产党团结带领中国人民,将探索中国特色社会主义现代化道路作为中华民族伟大复兴的主任务和主旋律,不

断推进马克思主义中国化。经过"实践是检验真理的唯一标准"的大讨论,全党回归了马克思主义的正确思想路线,召开党的十一届三中全会,把工作重心转向经济建设,全力开启社会主义现代化建设。党的十一届六中全会作出《关于建国以来党的若干历史问题的决议》,妥善处置历史问题,全党团结一致走向未来。党的十二大确定"走自己的路,建设有中国特色的社会主义"。党的十三大提出,全党的工作以经济建设为中心,坚持四项基本原则、坚持改革开放这两个基本点,确保了社会主义现代化的发展方向。党的十四大确立建设社会主义市场经济,这是社会主义发展史上的重大创新,马克思主义发展史上的重大创新,也是中国特色社会主义现代化发展史上的重大创新,为中国经济的持续快速发展奠定了制度性基础。随着中国社会发展,先后确立了毛泽东思想、邓小平理论、"三个代表"重要思想和科学发展观、习近平新时代中国特色社会主义思想,极大地推进了马克思主义中国化的历史进程,也推动了中国共产党团结带领中国人民探索"中国式"现代化道路的实践进程。

在实践上,中国共产党团结带领中国人民坚持通过改革开放,持续探索和创新中国特色社会主义现代化建设实践。中国共产党团结带领全体中国人民从微观到宏观、从农村到城市、从战术到战略、从局部到全局推进社会主义现代化建设,留下了许多特别重要的标志性事件,构成了中国现代化史的重要节点,彰显出民族伟大复兴的内在逻辑。1977年恢复高考,为现代化建设做高端人才准备;1978年小岗村18户农民自主推进农村生产责任制,探索农村现代化发展之路;1979年在东南沿海设立经济特区,邓小平希望能够通过经济特区为中国特色现代化建设"杀出一条血路来";1982年确立家庭联产承包责任制,激活农业和社会生产活力;1984年提出有计划的商品经济,为由计划经济转向市场经济做必要准备;1987年提出"一个中心、两个基本点"基本路线,以经济建设为中心,将坚持社会主义原则和坚持改革开放内在结合起来;

1992年确立"三个有利于"标准,提出社会主义市场经济体制改革目标;1999年明确非公有制经济是社会主义市场经济的重要组成部分;2001年中国正式成为世界贸易组织成员,经济全球化发展获得新机遇;2005年废止农业税条例,提出建设社会主义新农村的重大历史任务;2006年作出构建社会主义和谐社会重大决定;2010年中国成为世界第二大经济体;2012年首次提出经济、政治、社会、文化和生态建设"五位一体"总体布局和"四个全面"战略布局;2013年首次提出国家治理体系和治理能力现代化,国家制度建设再上新台阶;2020年新冠肺炎疫情阻击战取得决定性成果,彰显中国共产党执政伟力;2021年在14亿多人的中国彻底消除绝对贫困,全面建成小康社会!

赵泽林:改革开放是中国人民和中华民族发展史上一次伟大的革命,同时也是中国共产党团结带领中国人民推进中华民族伟大复兴,探索中国式现代化建设的重要创新阶段。您认为我们应该如何从根本上理解这一历史阶段中国共产党的伟大贡献?

欧阳康:改革开放以来,中国共产党团结带领中国人民,解放思想、锐意进取,创造了改革开放和社会主义现代化建设的伟大成就,在探索中国特色社会主义现代化进程中极大拓展和丰富了中国式现代化的科学内涵。我们一是努力"回到马克思",纠正对于马克思主义的误解;二是纠正对于社会主义的误解,重新理解社会主义本质就是解放和发展生产力;三是重新理解中华优秀传统文化,通过创造性转化和创新性发展,使之成为现代文化的内在组成部分;四是重新理解世界现代化和经济全球化,以开放的心态向世界上的发达国家学习。我们向世界学习科学技术,学习生产方式,学习生活方式,学习现代教育,学习社会管理,学习加强民主与法治,极大地拓展和深化了我们对于现代化的理解,并根据中国的发展实际极大地丰富了现代化的内容。我们在新中国成立初期重视"四个现代化",改革开放以后的现代化建设一开始更多关注和重视物质文明,后来拓展到精神文明,强调两个文明一起抓,两手都要硬。党的十六大提出培养弘扬中华民族精神,党的十七大进一步提出建设中华民族共有精神家园,构建社会主义和谐社会。在改革开放初期的现代化建设中较多关注经济建设,后来进一步拓展到政治建设、社会建设、文化建设,直到党的十八大将生态建设纳入,形成"五位一体"总体布局。而在党的十九大,我们提出"建设富强民主文明和谐美丽的社会主义现代化强国",更是极大地拓展和深化了我们对于中国特色社会主义现代化的丰富内涵。

最根本的是,中国共产党团结带领中国人民,探索和建立了中国特色社会主义现代化的道路、理论、制度和文化体系,构建起中华民族伟大复兴的战略全局。改革开放后,我们对于现代化的探索和创造是从实践中推进的,一开始并不太清楚什么是社会主义,当时最根本的哲学指导思想就是"发展就是硬道理"。其改革路径就是从实际问题出发,切实解决发展中的问题,哪里好改,就从哪里改起,后来是哪里该改,就在哪里着力,逐渐地从局部问题发现全局问题,从要素问题看出体系问题,从谋略问题看出战略问题,从暂时性问题看出长远性问题,经过反复的探索与实验,构建起中国特色社会主义现代化的发展模式。这种模式,既吸收了世界上其他发展模式的长处,又依托于中国自己的特殊历史与现实,展示出特殊的制度优势和治理效能。我们知道,经过几百年的发展,世界上的现代化已经先后形成了多种主导模式,例如,本来意义上的欧洲模式,以西欧尤其英国发展模式为代表,后来形成了美国模式,以《五月花号公约》为其密码,继而有了苏东的大一统模式,后来有了东亚模式,强调权威主义和儒家伦理,还有拉美模式,以"华盛顿共识"为指导等。这些模式产生于不同的国度、背景和时代,各有其应用范围和特点,我们在发展中都不断地学习借鉴,但中国特色社会主义现代化模式不是任何模式的简单照搬,而是立足于中国实际而将各方面因素的内在有机组合与创造,走出了一条中国特色又具有世界意义的中国式社会主义现代化道路。

赵泽林:您刚才特别提到中国共产党团结带领中国人民实现

中华民族伟大复兴,最根本的是探索和走出了一条既具有中国特色又具有世界意义的中国式现代化道路。您认为应该如何理解这条道路的内涵?这条道路具有怎样的世界意义?

欧阳康:习近平在庆祝中国共产党成立100周年大会上指出,"中国特色社会主义是党和人民历经千辛万苦、付出巨大代价取得的根本成就,是实现中华民族伟大复兴的正确道路。我们坚持和发展中国特色社会主义,推动物质文明、政治文明、精神文明、社会文明、生态文明协调发展,创造了中国式现代化新道路,创造了人类文明新形态。"①这是对中国共产党团结带领中国人民实现中华民族伟大复兴,探索和走出一条中国式现代化新道路的集中论述,也是对中国共产党团结带领中国人民实现中华民族伟大复兴,探索和走出一条中国式现代化新道路及其世界意义的重要揭示。

中国特色社会主义现代化道路,有着非常丰富的内容,也展示出显著优势。在政治现代化建设方面,我们坚持中国共产党的全面领导,以马克思主义及其中国化成果为思想指导,把党的领导、人民当家作主和依法治国内在结合起来,通过中国共产党领导的多党合作与政治协商这种新型政党制度建设,形成选举民主和协商民主内在结合的社会主义新型民主政治,推进国家治理体系和治理能力现代化。在经济现代化建设方面,我们的内容更具整合性和丰富性,就所有制而言,我们将坚持公有制的主导地位和多种所有制并存结合起来,既能保持社会经济运行的总体稳定又能使之具有丰富性和多样性,为社会发展提供更深厚的基础和更广阔的空间;就资源配置方式而言,我们实行社会主义市场经济,充分发挥市场在资源配置中的决定性作用,又不放弃政府的宏观调控和社会服务,把有效市场和有为政府内在结合起来;就分配方式而言,我们以按劳分配为主体,多种分配方式并存,很好地处理了公平与效率之间的关系,不断推进共同富裕。就现代化建设而言,我

---

① 习近平.在庆祝中国共产党成立100周年大会上的讲话[M].北京:人民出版社,2021:14.

们以人民为中心推进社会现代化建设,始终坚守为中国人民谋幸福、为中华民族谋复兴的初心,就其底线而言在不长的时间里在中国消除绝对贫困,就其中期目标而言我们在14亿多人的中国全面建成小康社会,最后,我们努力在推进全体人民共同富裕方面取得实质性成就。在文化现代化建设方面,我们立足中华优秀传统文化,学习世界先进文化,尤其立足于中国实践,推进中华文化新形态构建。在生态文明现代化建设而言,我们倡导绿水青山就是金山银山的生态理念,全方位推进资源节约型和环境友好型社会建设,最近中国提出的2030年碳达峰和2060年达到碳中和,更是表明了中国共产党人特殊的责任意识和人类情怀。

正是在上述意义上,中国共产党人通过百年奋斗历程,已经将中华民族伟大复兴置放在并运行于中国特色社会主义现代化的方向和轨道上,不仅满足了中国人民的根本利益和根本需要,也顺应了人类文明的发展趋势和前进方向。从这个角度看,中国共产党在过去的一百年,既极大地推进了中华民族伟大复兴的历史进程,创造了中国式现代化新道路,也创造了人类文明的新形态,不仅为中华民族伟大复兴作出了重大历史贡献,也为世界人民探索更加积极健康的现代化新道路,作出了伟大的历史贡献,的确堪称百年伟业。

参考文献

[1] 习近平.习近平谈治国理政(第一卷)[M].北京:外文出版社,2014.
[2] 习近平.习近平谈治国理政(第二卷)[M].北京:外文出版社,2017.
[3] 习近平.习近平谈治国理政(第三卷)[M].北京:外文出版社,2020.
[4] 习近平.之江新语[M].杭州:浙江人民出版社,2007.
[5] 习近平.决胜全面建成小康社会 夺取新时代中国特色社会主义伟大胜利——在中国共产党第十九次全国代表大会上的报告[M].北京:人民出版社,2017.
[6] 马克思恩格斯选集(第1卷)[M].北京:人民出版社,1995.
[7] 马克思恩格斯选集(第3卷)[M].北京:人民出版社,1995.
[8] 马克思恩格斯选集(第9卷)[M].北京:人民出版社,2009.
[9] 苏为华.多指标综合评价理论与方法研究[M].北京:中国物价出版社,2001.
[10] 楚明坤.公共管理导论[M].武汉:华中科技大学出版社,2014.
[11] 黄仁宇.现代中国的历程[M].北京:中华书局,2011.
[12] [德]康德.逻辑学讲义[M].许景行,译.北京:商务印书馆,2011.
[13] [美]约瑟夫·斯蒂格利茨.对我们生活的误测:为什么GDP增长不等于社会进步[M].阮江平,等,译.北京:新华出版社,2011.
[14] [美]罗伯特·弗兰克,[美]本·伯南克.宏观经济学原理[M].李明志,译.北京:清华大学出版社,2010.
[15] [美]珍妮特·V.登哈特.新公共服务:服务,而不是掌舵[M].丁煌,译.北京:中国人民大学出版社,2004.
[16] [美]拉塞尔·M.林登.无缝隙政府:公共部门再造指南[M].汪大海,译.北京:中国人民大学出版社,2002.
[17] [美]弗雷德·特纳.数字乌托邦:从反主流文化到赛博文化[M].张行舟,译.北京:电子工业出版社,2013.